Raúl Eduardo Chao

Clásicos Cubanos de los Años Decisivos

Un selecto grupo de escritos vigorosos, emotivos y un tanto temerarios, que son de obligada lectura para conocer cómo son los Cubanos, y qué preceptos han sido decisivos en la formación de su manera de ser.

DEL MISMO AUTOR:

Historia de la Química Industrial
Total Quality and Productivity Management
Performance Management
Strategic Planning
Management Development
Process Improvement Teams
Quality Strategies
Gestión de Futuro

Contramaestre
Baraguá
Poemas y Memorias de Cuba
Jimaguayú
Guáimaro
Freedom Embattled
Colonial Cuba
Republican Cuba
Exiled Cuba
Three Days in March
Raíces cubanas
Álbum de Cuba
Rescatando a Martí
Un Festín de Palabras
Damn the Revolution
Madame Secretary
La Gran Estafa
La Memorias del Almirante Cervera
Matanzas en la Independencia de Cuba
La Guerra del 1868
La Tregua Fecunda
La Guerra del 95
Our Consul in Havana
El Diario de Guerra de Máximo Gómez
Cuba bajo la Bandera Norteamericana
Cuba en 1958
Cuba en 1959
Cataclysm or Hoax
Marxists at the Gate
Marxistas en las Puertas
Crowds
¡Viva España!
2020
Land That We Love
The Marxists are Already Here
Through the Night in America
Viejas Estampas Cubanas
Clásicos Cubanos de los Años Decisivos
American Milestone Documents

COLECCIÓN CLASICOS CUBANOS # 25

DEDICATORIA

A miles de Cubanos del exilio
que aun llevan en sus recuerdos
la Cuba a que se refiere este libro,
Y que desafortunadamente
ha dejado de existir
para siempre después
de la traición
Comunista.

EDICIONES UNIVERSAL, Miami, Florida, 2021

Carlos Enriquez, **El Rapto de las Mulatas**, 1938.

Raúl Eduardo Chao

Clásicos Cubanos de los Años Decisivos

Un selecto grupo de escritos vigorosos, emotivos y un tanto temerarios, que son de obligada lectura para conocer cómo son los Cubanos, y qué preceptos han sido decisivos en la formación de su manera de ser.

Copyright © 2021 by Raúl Eduardo Chao

Primera edición, 2021

EDICIONES UNIVERSAL
P.O. Box 450353 (Shenandoah Station)
Miami, FL 33245-0353. USA
(Desde 1965)

e-mail: ediciones@ediciones.com
http://www.ediciones.com

Library of Congress Catalog No.: 2021942443

ISBN: 978-1-59388-324-9

PORTADAS:

Portada delantera: Fotos de Autores Clásicos Cubanos. *Arriba a debajo, izquierda a derecha.*
José Agustín Caballero, Pbro. Félix Varela, José Antonio Saco, Felipe Poey, José de la Luz y Caballero, Gaspar Cisneros, Domingo del Monte, La Avellaneda, Rafael María de Mendive, José Martí, Máximo Gómez, Esteban Borrero, Enrique José Varona, Julián del Casal, Fernando Ortiz, Agustín Acosta, Juan J. Remos, Jorge Mañach, José Lezama Lima, Gastón Baquero, Lundi Aguilar.

Portada trasera: Un palmar Cubano.

Diseño de las Portadas: Luis García Fresquet

Todos los derechos son reservados. Ninguna parte de este libro puede ser reproducida o transmitida en ninguna forma o por ningún medio electrónico o mecánico, incluyendo fotocopiadoras, grabadoras o sistemas computarizados, sin el permiso por escrito del autor, excepto en el caso de breves citas incorporadas en artículos críticos o en revistas. Para obtener información diríjase a **Ediciones Universal**.

Índice Temático

La Cuba Española de Finales del Siglo XIX	8
La Cuba Independiente de principios del Siglo XX	12
José Agustín Caballero	21
Félix Valera, Pbro.	32
José Antonio Saco	43
Felipe Poey	53
José de la Luz y Caballero	61
Gaspar Betancourt Cisneros	80
Domingo del Monte	88
Gertrudis Gómez de Avellaneda	96
Rafael María de Mendive	104
José Martí y Pérez	113
Máximo Gómez y Páez	140
Esteban Borrero Echeverría	151
Enrique José Varona	162
Julián del Casal y de Lastra	176
Fernando Ortiz	196
Agustín Acosta Bello	203
Juan J. Remos	215
Jorge Mañach y Robato	226
José Lezama Lima	239
Gastón Baquero	252
Luis Aguilar León	267

La Cuba Española de Finales del Siglo XIX

El **13 de Agosto de 1885**, una oleada de ardor patriótico recorría toda España. Alemania había levantado su bandera en la isla de **Yap**, en el Archipiélago de las **Carolinas.** Situadas en medio del Pacífico, junto con las **Marianas** y **Palaos**, las Carolinas habían sido descubiertas por navegantes Españoles y desde el siglo XVI pertenecían a España, aunque nunca hubo una presencia Española notable. A finales del siglo XIX, sin embargo, un nuevo imperialismo y una febril expansión colonial se estaba imponiendo en el mundo, causadas por las necesidades de materias primas y la mentalidad que la revolución industrial y el nacionalismo habían hecho imprescindibles. Unos meses antes, en Febrero, los países **Europeos** y los **Estados Unidos** habían acordado que, entre los criterios para repartirse territorios en África, bastaba solo un asentamiento comprobable en una región para asegurar su dominio; no valía la apelación a derechos históricos.

Los Alemanes habían declarado su protectorado sobre **las Carolinas**, porque las consideraban territorio abierto y en ellas ya tenían instalados varios de sus negocios de ultramar, como, por ejemplo, las factorías de **copra** (pulpa seca de coco para extraer aceite). Dicha acción provocó una gran indignación en la opinión pública Española. Por todas partes surgieron encendidos manifiestos apelando a la virilidad y recordando las grandes hazañas del pasado, desde Viriato a Covadonga, los tercios de Flandes y el 2 de Mayo. Y al mismo tiempo, convocadas por la prensa y sociedades civiles y militares, hubo manifestaciones de protesta al grito de **¡Viva España! ¡Viva la integridad nacional!**

La primera fue en Madrid el 21 Agosto y en Galicia la de Vigo el 23 y la de la Coruña el 26. Según informó la **Voz de Galicia**... «*Esta última partió del café de Méndez Núñez, al comienzo de la calle Real, donde un retrato al óleo recordaba al marino gallego que había bombardeado en 1866 los puertos de Valparaíso en Chile y de El Callao en Perú.*» Una clara alusión bélica. Según **El Regional**… «*Más de veinte mil Coruñeses acudieron, y marcharon por Rúa Nova, San Andrés, Juana de Vega, los Cantones, calle Real, Rego de Agua, calle Santiago, plaza de la Constitución, Damas, la plaza de María Pita, terminando en la plazuela de San Agustín, frente al Ayuntamiento*»

Durante ambos trayectos, los manifestantes agitaron sombreros, dieron vivas atronadores. En Vigo… «*pararon, en Juana de Vega, delante del consulado de Francia, enemiga de Alemania, y del local de la Reunión de Artesanos, donde vieron colgados, en el piso del Hotel Iberia, capotes toreros, con los colores de España y Francia, de la cuadrilla del diestro Luis Mazzantini, que gritó ¡Viva la raza Española!, siendo respondidos con grandes aplausos. Personalidades monárquicas, Maximiliano Linares Rivas, y republicanas, Antonio Prieto Puga y Ramón Pérez Costales, pronunciaron entusiastas discursos con amenazas a Alemania imposibles de cumplir…*»

La realidad escapaba la imaginación de los Españoles, pocos de los cuales sabían dónde estaban las Carolinas. Prácticamente ninguno conocía algo sobre las islas, ni conocía a alguien que las hubiera visitado.

El conflicto se resolvió con el arbitraje del papa **León XIII**. En Enero de 1886 se acordó que **las Carolinas** seguirían siendo Españolas, obteniendo los Alemanes ventajas comerciales. La recomendación papal fue principalmente apoyada por Inglaterra, que no veía con buenos ojos las actividades coloniales Alemanas. Fue uno de los pocos respaldos que recibía una España desgastada por las guerras y los conflictos internos. España siguió con su honra, pero el destino fue cruel. En 1898 sería derrotada en la **Guerra Hispano-Cubanoamericana**, y los Estados Unidos se quedarían con sus colonias y, para mayor humillación, un año después venderían **las Carolinas** a Alemania.

El problema serio de España era que las guerras y los conflictos internos, costaban más de lo que podía recaudar la hacienda Española. Teniendo posesiones muy dispersas, de poca y muy cara presencia civil, todas resistiéndose cada vez más fuertemente a tarifas, monopolios e impuestos, España dejó de atender, renovar, e intensificar el juego de alianzas que las naciones débiles necesitan para mantener sus colonias en caso de conflicto. Lo que en España los políticos caracterizaban como **"neutralidad global,"** las potencias mundiales veían como un **"aislamiento suicida."**

Peor todavía, España fue aplazando la modernización de su ejército y la marina, confiando, al parecer, que... *«bastaba con gritar para atemorizar a los barcos enemigos,»* según comentara Lord Salisbury festivamente en 1895.

A finales del siglo XIX, España había dejado a un lado la práctica de pronunciamientos, asonadas militares, cuartelazos y otros métodos con los que los militares Españoles accedían al poder político a todo lo largo del siglo XIX, y adoptó un sistema político en el que el ejército ocupaba el papel de garante de la defensa nacional, pero se mantenía significativamente alejado de la vida y las disputas políticas. Comenzaron a alternarse en el poder dos partidos que no respondían a ideologías sino a **intereses** equitativos, con marcado patronazgo o clientelismo de unos políticos sobre otros, dentro de una armazón financiera e ideológica puesta al servicio de estos grupos de *"políticos notables."* La formación de gobierno por parte de cada uno de ellos no dependía del triunfo en las elecciones, sino de la decisión del Rey en función de una crisis política o de desgaste en el poder del partido gobernante; **Práxedes Mateo Sagasta** o **Antonio Cánovas del Castillo**. Esta práctica artificial acabó con el limitado pluralismo político existente, rompiendo la práctica del reinado de **Isabel II**, cuando el monopolio del gobierno lo tenían los moderados (Cánovas), por lo que los progresistas (Sagasta) solo tenían la vía del levantamiento para alcanzar el poder.

En este arreglo *"entre caballeros,"* en ausencia de asonadas, las clases militares perdieron importancia y sufrieron cortes presupuestales que impidieron la **modernización** tecnológica, el **mantenimiento** de la infraestructura militar y naval y el **entrenamiento** de los proscriptos. Uno de los resultados visibles fueron los cañones simulados de cartón y madera con que Cervera acudió al rescate de Cuba en 1898.

Junto al aislamiento, una característica que definía la actitud Española en política exterior era el **pesimismo**. Un pesimismo resultante del reconocimiento de ser ya una potencia de segundo orden, al margen de la fiebre colonial que invadía a Alemanes, Norteamericanos, Franceses e Ingleses. Los aires de prestigio Español se habían esfumado con la pérdida del imperio en el Nuevo Mundo y ahora, a fines de siglo, eran amenazados más aun por la situación en Cuba y en las Filipinas.

Tanto Liberales como Conservadores estaban interesados en el mantenimiento de Cuba como colonia, no ya por el comercio que generaba, sino porque, a los ojos de las bolsas de París o Londres, Cuba era la mejor garantía de la deuda pública Española, y ese beneficio era superior a la productividad de la isla como colonia. Ciegamente, los empréstitos de guerra Españoles fueron convertidos por numerosos ilustres ciudadanos en Madrid, Barcelona y Bilbao en negocios altamente especulativos. La cotización de esas deudas dependía de las victorias que se fueran produciendo principalmente frente a los revoltosos en tierra Cubana, de ahí el triunfalismo militar y naval que envió a Cuba cientos de reclutas mal entrenados y analfabetos. Solo así puede explicarse el mantenimiento de una colonia que tantos gastos generaban y la audacia de contestar al desembarco Americano en Cuba con la esperanza de una victoria naval bajo el mando de Cervera.

La España de finales del siglo XIX era toda una contradicción. Al no conseguir su venta, estuvo a punto de transigir en su independencia, pero fue asesinado cuando esas gestiones estaban muy avanzadas. **Pi y Margall**, Presidente de la Primera República Española en 1873, y **Camilo García de Polavieja**, Ministro de las Colonias bajo Cánovas en 1892, fueron también significativos en sus posturas en favor de la independencia Cubana. Ambos pensaban que Cuba independiente pudiera convertirse en el vínculo cultural y comercial entre los Estados Unidos y España.

En definitiva, en palabras de Polavieja *"no hay una política colonial Española, cada ministro tiene la suya propia."* Bien intencionados pero sin conocer a ciencia cierta lo que pasaba en Cuba, los políticos y los Ministros de Ultramar Españoles de fines del siglo XIX, mal informados unos, perezosos casi todos, fueron un desastre para España. Liberales y Conservadores dieron el mismo resultado, y no fueron los turnos y cambios de gobierno la causa de lo ocurrido en el 98.

Los jefes de gobierno en España fracasaron en Cuba en todas las estrategias que trataron, desde el esfuerzo conciliador del héroe del 68, Arsenio Martínez Campos, a la atroz crueldad de Valeriano Weyler y la ilusión de Ramón Blanco de acelerar la autonomía a la isla.

La Cuba Independiente de principios del Siglo XX

La prensa de los Estados Unidos recogió los eventos del **20 de Mayo de 1902** en los siguientes términos:

> «*El regocijo popular fue inmenso; desde horas de la madrugada el júbilo se desbordaba por todas partes, y se manifestaba en todas las formas en que puede exteriorizarse el entusiasmo y el alborozo. Los Cubanos estaban delirantes, y no había hogar, por modesto que fuera, que no apareciese en alguna forma engalanado. En la noche, los fuegos artificiales, los clamores, las ovaciones, los aleluyas y las músicas saludaban, desde la puesta del sol, hasta las primeras luces del alba y con estruendosa algazara, la que para todos era una nueva aurora de gratas ilusiones, la consagración definitiva de un anhelo por el cual se había suspirado desde hacía 35 años.*»

Como si se tratara de una película de estreno, los hombres de letras y poetas del patio en ese segundo año del siglo XX esbozaron con sus escritos el **estado de ánimo** de los Cubanos, los vítores con los que toda la población estaba recibiendo a la República, con sus promesas de progreso, renovación y democracia, la atmósfera de júbilo ante el fin cuatro siglos de colonialismo Español, y los aires de paz y libertad que embriagaban a los hombres y mujeres tras tantos **años de guerra**.

La gente en las calles, los balcones, plazas, avenidas y comercios adornados esperaban con una alegría desbordante la vista de la bandera Cubana izada por primera vez en el Morro. Las muchedumbres, desde las primeras horas de la mañana, avanzaban hacia el **Palacio de los Capitanes Generales**, situado en el centro de La Habana. Venían desde distintos puntos de la capital, la Punta, la Calzada San Lázaro, el Cerro, la Avenida de Paula, el Parque de Isabel II, la loma de los Catalanes y el barrio de Colón. En este ambiente festivo se producía el nacimiento de una nueva soberanía y el fin del orden colonial Español. En los oídos de todos los Cubanos retumbaba una salva de veintiún cañonazos.

El nacimiento de la República Cubana, con un pueblo ávido de expectativas, fue celebrado con numerosas entonaciones de la

Bayamesa, que la multitud una y otra vez acompañaba con vivas a **Cuba Libre** y demandas de ¡Arriba con el Himno!

> *Habaneros, a gozar,*
> *cesó la dominación,*
> *y el hispano pabellón*
> *a las doce se ha de arriar.*
> *En su lugar subirá*
> *en un brinco la Cubana.*
> *¡ Habaneros, a gozar !*

Al igual que en La Habana, en todas las ciudades de la isla se celebraron las mismas ceremonias; gran solemnidad en las fortalezas y en los edificios públicos. En Matanzas, a las doce menos diez minutos, se abrieron las puertas del Castillo de San Severiano. A las doce en punto, tras el disparo de un **cañonazo**, la Comisión nombrada para hacer la entrega de poderes en la fortaleza comenzó a izar la bandera Cubana. Fue un momento solemne, **"casi religioso."** A esa misma hora, en el Palacio de Gobierno de Matanzas se llevaba a cabo una ceremonia inolvidable.

En todas las ciudades y pueblos de la isla la situación fue similar. Se celebraron bailes y recepciones y, como en la Habana, se levantaron **arcos triunfales** con la bandera y el escudo de Cuba Libre. En la Habana se hizo uno en la Calzada de San Lázaro, esquina a Prado. Esos arcos no sólo significaban el fin de la soberanía de España, sino que representaban el advenimiento nuevos tiempos, que todos pensaban que ponían fin al desorden de la guerra, el fin de la opresión colonial y el nacimiento de una Cuba *"con todos y para el bien de todos,"* como había anticipado José Martí.

Así, fundada la República, los Cubanos recibieron mensajes que contenían sin duda nuevos contenidos y valores políticos, morales y cívicos. Uno de ellos fue del presidente de México:

> «...*Cuba tiene ahora un futuro de paz, tranquilidad, trabajo para sí misma, el respeto a la ley y a las autoridades, así como la confraternidad de todos los hombres sin diferencias de procedencia o ideales políticos...*»

Esos momentos de júbilo habían sido precedidos por un sentimiento de amargura, impotencia e indefensión ante el gobierno interventor Norteamericano. A pesar de la nueva euforia generalizada, no faltaron las críticas a la ocupación Americana. No sólo eran los sectores pro-Españoles los que habían mirado con recelo la intervención; también lo hicieron aquellos que consideraron que la libertad lograda no era aún ni completa ni real. Algunos poetas, como **Bonifacio Byrne**, habían plasmado su pesimismo y amargura en una popular poesía:

Al volver de distantes riberas
con el alma enlutada y sombría
afanoso busqué mi bandera
y otra he visto, además de la mía...

Con la fe de las almas austeras
hoy sostengo con honda energía
que no deben flotar dos banderas
donde basta con una: ¡la mía!...

Si deshecha en menudos pedazos
llega a ser mi bandera algún día...
nuestros muertos alzando los brazos
la sabrán defender todavía...

En esos primeros momentos de la República, no solo se sustituyó una bandera por otra con el cambio de símbolos y la redefinición del poder político, sino también se unieron por arte de magia los valores tradicionales **Hispanos**, con los aires de novedad y progreso que contenía todo lo procedente de **Estados Unidos**, desde los más pequeños elementos materiales, muy útiles en la vida cotidiana, hasta las ideas políticas, las convenciones sociales y las prácticas culturales. Lo Americano caló en gran parte de la población, que le dio seguimiento a muchas de las prácticas y costumbres de los Americanos. La alegría y buena acogida a tales medidas se combinaron, en muchos aspectos de la vida Cubana, con críticas anti-Americanas.

Los Cubanos Españolistas, consciente o inconscientemente, se expresaron con imaginación, ironía y agilidad en sus versos pro-España. Las *Décimas de un peninsular*, escritas por *Javier de Burgos*, el político Madrileño, periodista, dramaturgo y traductor Español, rezaron así:

*Os han quitado ya el **In***
Para que seáis dependientes
*Y el **de** para que pendientes*
Del amo quedéis al fin.

Víctimas de usura ruin
Ni dientes os dejarán
*Porque hasta el **pendi** os quitarán:*

Y ya norteamericanos,
De independientes Cubanos
*En **entes** os dejarán.*

A lo que contestó anónimamente un Cubano desconocido con una popular décima que en toda Cuba se conoció gracias a la impresionante divulgación de la radio en los primeros años de la República:

¿Qué nuestra estrella apagar
puede el sol americano?
es cosa, querido hermano,
que no os debe preocupar.
Pues la estrella que brillar
se ve en la tierra Cubana
será siempre soberana,
y muy lejos de morir
más luz ha de recibir
de la antorcha Americana.

Haciendo caso omiso de las coplas y décimas, el nuevo gobierno Cubano comenzó a crear imágenes propias, fabricar la memoria y la historia del país como modo de mostrar que Cuba era una nación, **una nación soberana** con su propia identidad, capaz de ser libre, de tener un gobierno propio con el que se gobernase a sí misma. Fueron momentos de **rupturas**, de cortas **vacilaciones** y geniales **continuidades**. Comenzaron a surgir leyes y decretos impuestos por el primer gobierno democrático Cubano, dirigidos a controlar el espacio público e incluso el espacio privado, en tanto y en cuanto pudiera atentar al orden público. El cierre de locales públicos donde se vendía alcohol, como **barras y cafés**, se movió de la 1:00 AM a las 9.30 PM, rompiendo la tradición Madrileña, se puso fin a lo que se consideraba atraso y barbarie, como eran las **Corridas de Toros**. Sin embargo, se autorizaron los **eventos pugilísticos** donde la crueldad permitida era de hombre a hombre y no de hombre a animal. Se comenzaron a cambiar los nombres de las calles, avenidas y plazas, los emblemas de hoteles, bodegas y todo tipo de comercios, se Cubanizaron los deportes y los espacios deportivos, así como cualesquiera expresiones visibles que pusiera en duda la ruptura con el pasado, como, por ejemplo, el izar en territorio nacional las banderas de España o los Estados Unidos.

Como en la época de Saco, Varela, Luz y Caballero, comenzaron a surgir corrientes de pensamiento e ideologías que daban respuesta a las indagaciones sobre el futuro y analizaban las tensiones culturales, sociales, raciales, políticas y culturales. Las rupturas caracterizaron el nuevo momento Cubano. Por muchos años, casi medio siglo, Cuba se lanzó a la búsqueda y definición de su propia identidad cultural. Sin ser ni anti-Americana ni anti-Española, en Cuba tuvo lugar una reafirmación de lo propio junto a lo bien heredado, ya que *"el punto de partida prefigura el punto de llegada."* Las huellas del pasado ayudaron a aceptar, rechazar, recrear y reinventar tradiciones y valores de la cultura Cubana; contribuyeron a marcar las semejanzas y diferencias con España, y a hallar las claves de lo que muchos contemporáneos percibían como defectos que impedirían o al menos dificultarían la creación de una Cuba moderna.

El más profundo de los pensadores que participó la construcción de esa Cuba fue **Enrique José Varona**. Su intensa y larga vida, desde 1849 a 1933, le hizo ser testigo y protagonista de muchos de los cambios que Cuba experimentó desde finales del siglo XIX al XX. Varona se movió del autonomismo al independentismo, y propulsó las ideas de que la sociedad Cubana debía dar la bienvenida a cambios radicales como única manera de modernizarse. El cambio y el progreso, no necesariamente tenía que ser lento. Por el contrario, puede presentarse como un viento huracanado, que despoja al árbol de flores y hojas, pero no quebrantan siquiera las ramas ni las raíces.

Desde esa perspectiva, Varona apoyó el cambio de algunas costumbres y tradiciones Hispanas, que podían obstaculizar el desarrollo y la modernización de la sociedad, actuando como una pesada carga de la cual el pueblo Cubano le era muy difícil librarse. El abandono de esas costumbres y tradiciones Españolas, debía ser compensada por la educación como factor de regeneración, ya que dotaba a los Cubanos con los instrumentos y fuerza suficientes para contrarrestar las influencias ajenas y poder desarraigar las costumbres limitantes del pasado; esto es, la educación ayudaría a consolidar la nacionalidad Cubana y a mantener la soberanía nacional.

En lo económico, **Varona** llamó la atención sobre la necesidad de lograr una economía diversificada, crear una industria propia y controlar la riqueza y los medios de producción, ya que de ello dependía la consolidación de la soberanía nacional. Fue Varona el primero que dio la alarma de que Cuba estaba expuesta a ser *"una factoría gobernada por Cubanos, pero explotada por extranjeros."*

Varona rechazó siempre firmemente la posición **Marxista**, pero no por ello dejó de alertar sobre los peligros de estar tan cerca de los Estados Unidos, cuando estos se encontraban en medio de un feroz crecimiento económico.

Sin lugar a dudas, el miedo a la absorción política y económica pero también cultural por parte de Estados Unidos y la preocupación continua por la pérdida de los valores y de la moral cívica, motivó que la **identidad** fuera uno de los grandes temas de debate en Cuba a lo largo del siglo XX. En otras palabras, **consolidar la identidad nacional** llevaba implícito alcanzar el lugar que a Cuba le correspondía entre las naciones civilizadas y mantener la **soberanía** nacional.

En los primeros años republicanos en Cuba, se notaron las inquietudes de pensadores, maestros, políticos que veían desaparecer o no emerger los anhelos de libertad y soberanía nacional. Una población **poco instruida** con una diversa **composición étnica** dio lugar a ello al menos durante las dos primeras décadas del siglo XX. Al entrever una falta de cohesión e integridad de la sociedad Cubana, era evidente que, como consecuencia, existiera una debilidad e inestabilidad de Cuba como Estado. Desafortunadamente muchos Cubanos creyeron que la cohesión y el grado de integración de la sociedad dependía fuertemente de la **homogeneidad** de su población; bajo esa premisa la **selección étnica** pasó a tener un lugar prioritario en el diseño de la política gubernamental y en el imaginario nacional de la elite criolla, que trató de restringir la identidad a un grupo e intentó por todos los medios de retrasar la inclusión de los otros grupos no blancos.

Junto a la voz de Enrique José Varona, en esos primeros años, hasta muy entrada la década de 1920, se escucharon las opiniones de otros intelectuales que clamaban por el **desarrollo cultural** del país, el fortalecimiento de la **integridad cultural**, la **soberanía nacional** y la **independencia económica**.

En sus obras de carácter histórico y literario dichos intelectuales, preocupados por definir la esencia de la nacionalidad Cubana y por el mantenimiento de la Cubanidad en contra de la injerencia extranjera, también abordaron el tema de la **inmigración**. Junto a éstos, es interesante destacar los debates surgidos desde otros ámbitos científicos, como la antropología y la medicina, sobre todo por los médicos higienistas y los defensores de la eugenesia, sobre los beneficios y perjuicios que la mezcla racial había ocasionado a la población Cubana, la peligrosidad de algunos de sus elementos, así como sobre los nuevos ingresos de inmigrantes.

La admisión en 1927 de catorce mil Haitianos y Jamaicanos, *"contra toda conveniencia económica desde el punto de vista nacional, sanitario y social"*, fue criticada por algunos que pese a reconocer el importante papel de los jornaleros y su contribución al crecimiento económico, exponían con alarma la posibilidad de que la provincia de Oriente se **africanizara** y diera lugar a *"un problema de raza que debilitara a la nación Cubana."* Las grandes emigraciones extranjeras han sido caracterizadas como un peligro de disolución para las nacionalidades que las reciben o por lo menos una rémora que sobrecarga sus energías. En el caso de los negros antillanos en Cuba, esos inconvenientes se agudizaron por varios motivos, principalmente los mutuos prejuicios de raza, las notables diferencias en el nivel de la cultura, y el hablar lenguas distintas al Español de los Cubanos y de otros blancos residentes en Cuba. En tales circunstancias la asimilación pudiera ser difícil o casi imposible, pero el peligro máximo fue siempre la posibilidad de que se debilitara o disolviera la nacionalidad.

Clásicos Cubanos de los Años Decisivos

José Agustín Caballero (1762-1835)
Félix Valera, Pbro. (1788-1853)
José Antonio Saco (1797-1879)
Felipe Poey (1799-1891)
José de la Luz y Caballero (1800-1862)
Gaspar Betancourt Cisneros (1803-1866)
Domingo del Monte (1804-1853)
Gertrudis Gómez de Avellaneda (1814-1873)
Rafael María de Mendive (1821-1886)
José Martí y Pérez (1853-1895)
Máximo Gómez y Páez (1836-1905)
Esteban Borrero Echeverría (1849-1906)
Enrique José Varona (1849-1933)
Julián del Casal y de Lastra (1863-1893)
Fernando Ortiz (1881-1969)
Agustín Acosta Bello (1886-1979)
Juan J. Remos (1896-1969)
Jorge Mañach y Robato (1898-1961)
José Lezama Lima (1910-1976)
Gastón Baquero (1914-1997)
Luis Aguilar León (1925-2008)

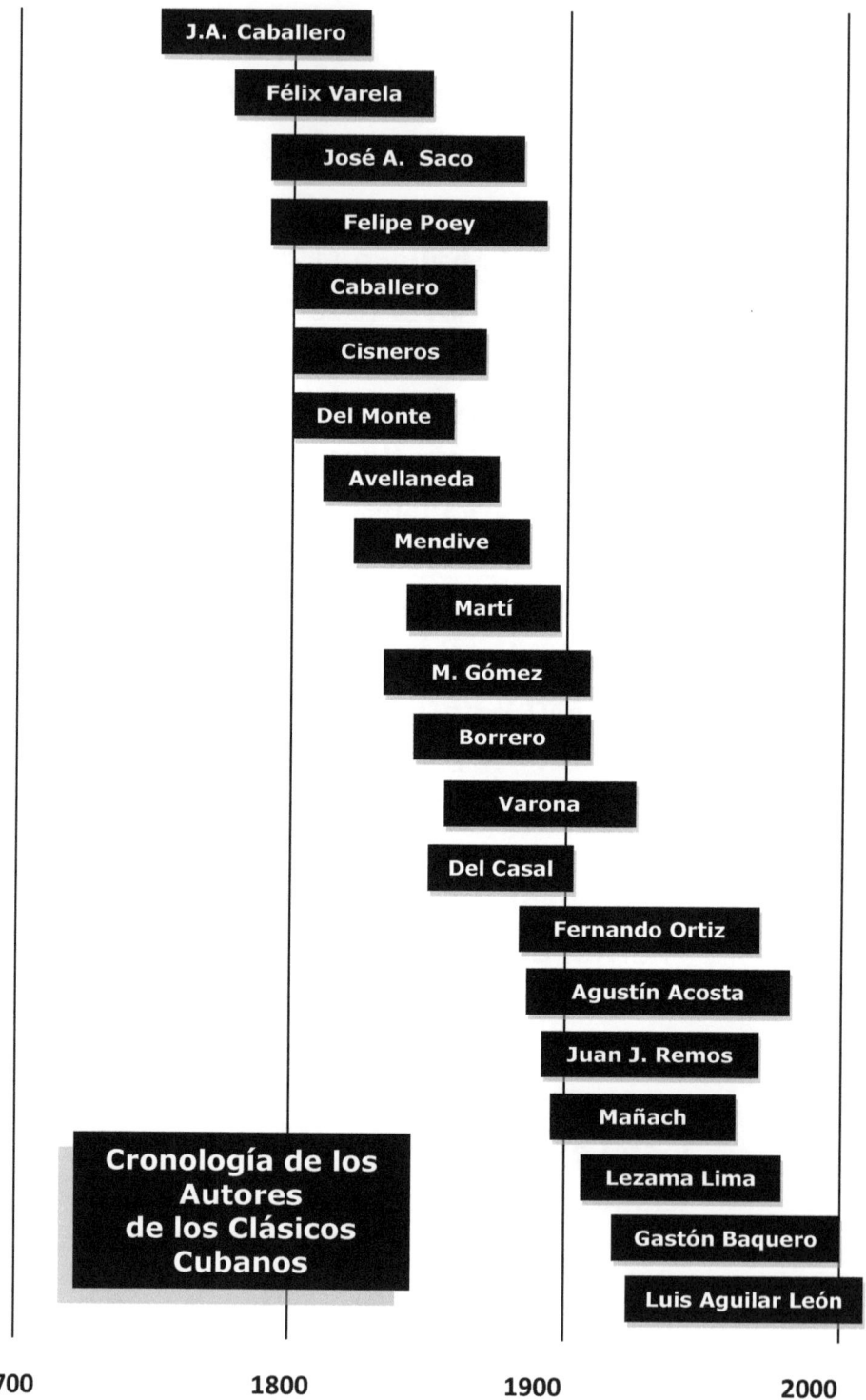

José Agustín Caballero

José Agustín Caballero (La Habana, 28 de Agosto de 1762—La Habana, 6 de Abril de 1835), fue un sacerdote, teólogo y filósofo Cubano, considerado como el primer iniciador de las teorías Cartesianas en la isla de Cuba Mostró desde su juventud especial vocación por la carrera eclesiástica, e ingresó en el **Real Seminario de San Carlos**, donde, siendo aún estudiante, adquirió fama de profundo teólogo y orador elocuente. Hizo con brillantez los estudios necesarios hasta graduarse de **Doctor en Sagrados Cánones** en la **Universidad de la Habana** el 12 de Abril de 1786; obtuvo por oposición una cátedra de Filosofía en el indicado Seminario; ocupó los cargos de tesorero de la Universidad. Hombre de notable erudición, tanto en las ciencias teológicas como en las filosóficas, poseía grandes conocimientos lingüísticos; dominaba el latín hasta el punto de escribirlo y hablarlo con igual pureza que el castellano; colaboró en la prensa Cubana, y fue uno de los primeros redactores del **Papel Periódico**, semilla del periodismo de Cuba. Hábil y elocuente orador, escribió varios sermones notables, figurando entre ellos el pronunciadlo el 19 de Enero de 1796 en las *Honras Fúnebres de Cristóbal Colón*, impreso en esa fecha y reimpreso en 1838; el *Panegírico de don Luis de las Casas*, publicado el 1820 en *El Observador Habanero*. Escribió además una *Memoria sobre la necesidad de reformar los Establecimientos Universitarios*; unas *Lecciones de Filosofía Eclesiástica*, que permanecieron inéditas y fueron dadas a conocer después de su fallecimiento, y la *Historia de América.* También vertió del Francés los escritos del abate Condillac, y compuso en latín un epigrama a la muerte del Ilmo. **Obispo Espada**, poesía inserta en *El Diario de la Habana* el 22 de Octubre de 1832, y que constaba de 32 versos espondeos.

Sobre José Agustín Caballero

Junto a **Francisco Arango y Parreño**, Caballero fue un pionero del reformismo en Cuba. Nacido en La Habana, fue ordenado sacerdote en 1785. Fue profesor de Filosofía (1785) y luego director del Seminario de San Carlos, donde supo influir en la formación intelectual del padre **Félix Varela y Morales**, sin duda el más famoso de todos sus discípulos. Orador elocuente y talentoso escritor y crítico, Caballero puso sus excepcionales habilidades a disposición de la *Sociedad Patriótica de Cuba*, una respetable institución colonial donde abogaba constantemente por un enfoque más flexible de los problemas humanos. Junto con sus artículos periodísticos y sus discursos (algunos de los cuales son magníficas piezas retóricas), nos dejó un *Tratado de Lógica* escrito en latín, y *Lecciones de Filosofía Electiva* (1796), el primer texto para la enseñanza de la filosofía jamás producido en Cuba por un cubano.

Aunque menciona en su obra a pensadores empiristas como John Locke, Francis Bacon y Étienne Bonnot de Condillac, Caballero no fue en absoluto **un innovador radical**. Básicamente fue seguidor del pensador Español Benito Jerónimo Feijóo, cuya principal preocupación era liberar a la filosofía de su sometimiento a Aristóteles y de la escolástica, sosteniendo que todas las autoridades eran aceptables siempre que enseñaran la verdad. La contribución de Caballero a la modernidad, por tanto, nunca fue más allá de intentar reconciliar el Racionalismo Cartesiano con el Aristotelismo. Fiel a la Iglesia, nunca dudó en colocar la fe por encima de la razón, aunque sí favoreció la enseñanza de la física experimental y abogó por una mayor libertad para los profesores universitarios y sus técnicas de investigación más amplias y profundas.

Caballero también era un creyente en el **autogobierno**, y en 1811 presentó una propuesta para el establecimiento de un gobierno cuasi Autonomista en Cuba. Nunca favoreció la separación de Cuba de España, fue un moderado, política y socialmente. Además, pensó que, dadas las condiciones imperantes, **la esclavitud** era un crimen inevitable, aunque escribió numerosos artículos instando a los dueños de esclavos a tratar mejor a sus esclavos. A pesar de su moderación, a Caballero se le debe atribuir el mérito de sentar las bases sobre las que los Cubanos posteriores construyeron sus pensamientos más radicales.

El ambiente reinante a finales del siglo XVIII en Cuba favorecía el desarrollo de transformaciones en las ideas, así como la introducción de métodos más modernos en la enseñanza. Al graduarse de Doctor en Teología, **José Agustín Caballero** formó parte de una nueva generación de reformistas criollos, en quienes se evidenciaban las doctrinas de la **Ilustración**. Integró el grupo de colaboradores del gobierno de **Don Luis de Las Casas** y gracias a su notable actividad como profesor del Seminario y colaborador del **Papel Periódico**, además de *la Real Sociedad Patriótica de Amigos del País*, trabajó sin descanso por la satisfacción de los nuevos reclamos socioeconómicos y culturales de los hacendados criollos.

Sus escritos reflejaron la preocupación por el **atraso** de la isla en materia de educación, ciencia y cultura. Abogó por la reforma y la libertad de la pedagogía, así como por la enseñanza de la lengua materna. Desplegó un trabajo meritorio dentro de la *Sociedad Económica de Amigos del País* a favor de la educación de los más pobres. La influencia ejercida en la información científica de sus conciudadanos, mediante la labor en el *Papel Periódico de la Habana* tuvo un carácter loable y fundacional. Caballero, como pilar de la cultura Cubana, fue un gran escritor y el primer crítico teatral Cubano.

Asistido de un alto sentido de justicia, denunció los males de la sociedad colonial Cubana en todas las tribunas donde expuso su pensamiento. Sus ideas políticas lo motivaron a encauzar reformas para aliviar las condiciones de opresión en que vivían los nacidos en Cuba. En toda la obra de Caballero subyace una filosofía renovadora —fruto de la interpretación del pensamiento más avanzado de Europa. la cual puso al servicio de los factores imprescindibles para la formación de la nacionalidad: la **identidad cultural**, el **patriotismo** y la **educación**.

En 1813 se ocupó en la educación de su sobrino **José de la Luz y Caballero**, lo cual representó una nueva y valiosa contribución. Inició la reforma filosófica en Cuba. Como parte de ella escribió, con fines docentes, su **Filosofía Electiva** —considerada la primera obra de esa rama del saber en la Isla— uno de los intentos iniciales por sistematizar los conocimientos filosóficos en el país. También en su **Discurso sobre la Física** trató de sacudir el yugo de la Escolástica e incentivar la observación de la naturaleza, mediante el abandono de la tendencia a la repetición mecánica y la defensa del método de la experimentación en la Física, la Química y todas las Ciencias Naturales.

Según **Luz y Caballero**, Agustín fue el que descargó los primeros golpes contra el escolasticismo y uno de los pioneros en el fomento al desarrollo de las letras y el patriotismo en Cuba.

Portador de las nuevas doctrinas, influyó en el despertar de las inquietudes filosóficas, en materia de educación, así como en lo relativo a cuestiones de moral pública. Comprendió la realidad Cubana de su momento y la necesidad de abordarla sin copiar esquemas, a través de la aplicación de nuevas soluciones.

Para **Agustín Caballero**, el verdadero sentido de la educación residía en formar hombres capaces y activos que pudieran servir a la patria; mientras recomendaba a los maestros utilizar el ejemplo personal y profesional en toda la labor educativa, con la finalidad de formar en los estudiantes una conducta positiva ante sus deberes e influir en el logro de una adecuada autodeterminación ante la vida. Consideraba este método idóneo para educar a jóvenes comprometidos con su realidad y su tiempo.

Según quienes lo conocieron, **Agustín Caballero** era un ameno conversador y hombre de buen talante, sin dejar de lado un elevado sentido crítico. Educador y guía de **Félix Varela**, **José Antonio Saco**, **Luz y Caballero**, al prominente intelectual lo distinguían la dignidad, "su alma grande y generosa" -tal afirmara Varela-, su pensamiento original, su voluntad y su carácter optimista y emprendedor.

Padre fundador, como lo nombrara **Martí**, José Agustín Caballero devino forjador de conciencia, que vio en la educación el medio eficaz de hacer brotar hombres para la prosperidad de la patria.

Busto de José Agustín Caballero a la entrada del **Real Seminario de San Carlos** en La Habana.

I
En Defensa del Esclavo

Nobilísimos cosecheros de azúcar, señores amos de ingenios, mis predilectos paisanos:

Muy persuadido de mis cortos talentos, poco ejercitada mi pluma en asuntos políticos, nada adornado del espíritu de economía con que deben tratarse las materias domésticas, y muy desconfiado de poseer el tino filosófico necesario a mi asunto, dirijo mis toscos, pero ingenuos caritativos ecos a vuestra generosa piedad. Desesperaría del remedio si no os conociese: sofocaría en mi pecho, y ahogaría en su cuna las ideas que me punzan si no supiera que el amor a nuestros semejantes es la mayor y más favorecida de nuestras virtudes. Así me lo enseñan vuestras operaciones; así lo practicasteis con la oficialidad y empleados del gran convoy de tropas y marinería que vino a este puerto en la última guerra, cuyo testimonio dan ellos mismos desde Europa en sus cartas y tertulias; así, en fin, lo acredita todo aquel que saca esta dote del vientre de su madre, la bebe con la leche de sus nutrices y alimenta con el ejemplo de sus padres.

A vosotros, pues, que sois la más noble y selecta porción de esta República, los vecinos más útiles al Estado y a la Patria de toda la Isla, los que fabricáis el más precioso grano que produce nuestro suelo feroz, los que cargáis la multitud de embarcaciones que zarpan de esta amplia bahía para Europa, los que con vuestra industria, inmensos gastos y sudores de muerte cubrís de exquisitos dulces y sabrosos caramelos las mesas de la Corte, los que mantenéis el comercio de La Habana, y dais movimiento a la rueda mercantil de exportación e importación, toca remediar luego un mal que en vuestras mismas azucarerías ejecutan vuestros dependientes, y en que acaso hasta ahora no habéis hecho alto. El amor que os debo tributar a todos respectos, la caridad sola, y no una gloria vana, pasajera de aparentar patriotismo, esfuerza mi débil voz, y os acuerda con harta sensibilidad que en nuestros ingenios hay unos calabozos, y en ellos un cepo donde ponen a los negros de prisiones para que pasen la noche, y evitar por este medio su fuga.

Bien sé yo que en los ingenios sólo se ponen prisioneros por delitos graves; que éstas no son perpetuas, sino duran el tiempo necesario en la corrección y castigo de los delincuentes para impedir la deserción a que tanto propenden estos africanos; que su carácter indócil, suspicaz, infiel, recalcitrante sobre aleve, exige estos castigos; que el silencio y oscuridad de la noche los convida a fugarse; que a no encerrarlos sería preciso velasen muchos en su custodia, lo que no puede ser; y vemos que en las cárceles públicas se toman precauciones nocturnas contra los aprisionados, que constituidos en medio de un vasto campo sin puertas, y atraídos del amor innato a la libertad, acechan continuos lances, y aprovechan los momentos de descuido para repetir sus ruinosas huidas, y desmandarse en los montes, forajidos, salteadores, robando cuanto pueden, y aun cometiendo homicidios; pero se pueden elegir otros medios más suaves para los mismos efectos, porque la caridad tiene muchos recursos.

No es mi ánimo hacer una descripción patética y horrible de estos calabozos, ni poner en uso coloridos sangrientos, para pintarlos más crueles que mazmorras de mahometanos; ya se ve, que siendo prisioneros no pueden respirar un olor santo, ni tener camas de rosas; pero al mismo tiempo que proscribo su práctica, me guardo de no acreditar con mi pluma las imposturas que se han elevado a la Corte representándonos más crueles con los negros que con los cristianos, los enemigos antiguos del nombre de Jesús. ¡Ah!, si yo dibujase la inflexibilidad de ellos, veríamos si necesitan grillos, cepos, azotes; remedios que imponen las leyes y ordenanzas contra los criminales. Con todo, para que dichos calabozos exciten mi compasión basta saber que In *his jacet multitudo languentium, cludorum, aridorum,* y para inflamaros a destruirlos, que reflexionéis si interesa a vuestra propia utilidad, y el bien público: aquélla, porque estas prisiones son muy malsanas; el aire demasiado craso e impuro de tales encierros, las espurcicias que exhalan los cuerpos negros, el gran calor, la vecindad a la casa de calderas, los excrementos que dejan, todo esto produce efectos perniciosos, e influye mucho en la salud. Yo he visto sacar uno sofocado del calabozo, vivir muy pocas horas y expirar sin confesión. No tengo los principios químicos que necesita la operación del aire extraído de allí: me atrevería a asegurar tiene más de ocho grados menos de origen (o aire vital que respiramos) que el de la plazuela de las Claras, por ejemplo; así lo creo, es un aire encerrado donde jamás se pone hombre para rarefacerlo, nunca se zahuman los sitios, no se riegan con vinagre, ni se usa algún anti mefítico.

Dije que en destruir los calabozos se interesaba el bien público, porque siendo imperdonable mantener a muchos negros con prisiones por algún tiempo, y de consiguiente que duerman en estas piezas; dejando persuadido que son muy enfermizas y perjudiciales, es forzoso acorten la vida de los esclavos, o la hagan muy trabajosa, lánguida, enervada. ¿Y qué resulta? Que esos brazos menos tiene la agricultura, el comercio, la populación, y esa plata más a los extranjeros, porque a proporción de los que mueren o se inutilizan, que es más de lo que se piensa, necesitamos nuevas colonias de armazones, al paso que cuidándolos, curándolos oportunamente, no agobiamos demasiado con el trabajo a los que entran, e inoculándolos, a pesar de lo que dice la preocupación, contra esta saludable práctica, tendríamos al cabo un surtido de negros capaz de talar los campos, cultivarlos y construir la azúcar de modo que por cálculo exacto llegaría tiempo, y no muy tarde, que no necesitáramos traerlos de la costa de África, o serían muchos menos.

Por todas estas razones os suplico coloquéis un cepo fuerte en parte ventilada para que duerman seguros los presos; no quede piedra sobre piedra de calabozos, destruyan hasta su memoria, indigna del marcial nombre habano, y no sepa la posteridad que hubo tiempos de hierro en que se usaron. Cuando he visto a estos miserables que, después de haber sufrido el peso del día, haraposos, encadenados, y tal vez hambrientos, bajan la escalerilla de la casa de molienda para entrar en su prisión, no he podido menos que volver el rostro para no mirarlos, horrorizado de que nuestros antiguos nos dejasen esta práctica. Práctica nociva que a la madrugada los extrae de aquellos lúgubres encierros, y exhalados en sudor, abiertos los poros, los saca al campo, al aire húmedo, al frío, y les produce constipaciones, pulmonías, dolores pleuríticos que acaban con ellos, y nuestro dinero.

Tan tristes efectos, y el clamor de estas infelices víctimas de la malicia humana (que así los llamo porque creo es la esclavitud la mayor maldad civil que han cometido los hombres cuando la introdujeron), que desde el fondo de sus prisiones parece que me dicen: *Educ de custodia animan meam*. Es lo único que me mueve a escribir esta carta esperanzado de mejorar la suerte de estos desgraciados, y contribuir según puedo a la felicidad común; si no se remediare, no será porque callé; conozco el daño, penetro sus efectos, quiero precaverlos, escrupulizo ocultarlos, y creo no ofendo: *Non contristavi in epistola*. Muchos lo conocen mejor que yo, porque no se necesita para ello talentos superiores; pero no quieren hablar; y aunque hace algún tiempo que vivo penetrado de esta calamidad, no me he resuelto hasta que la generosidad de los juiciosos diaristas del Periódico han brindado su papel para que cada uno, sin ser descubierto, estampe sus producciones. Hasta ahora no se había visto en la Habana igual franquicia. Sólo sus luces y cortesanía la ofrecieran.

Quiera Dios que esta hojilla produzca los buenos efectos que me propongo y espero ver coronados, en los que me sigan cuando oigan del Supremo Juez, estaba encarcelado y me visitaste, esto es, me aliviaste redimiendo de estrecheces tan amargas a unos entes de nuestro mismo calibre, a nuestros hermanos y prójimos que debemos tributar la más sincera compasión y benevolencia; a unos brazos que sostienen nuestros trenes, mueblan nuestras casas, cubren nuestras mesas, equipan nuestros roperos, mueven nuestros carruajes, y nos hacen gozar los placeres de la abundancia. Desmienta nuestra dulzura con ellos la sevicia insana con que nos han afrentado a los ojos de la Metrópoli, y pueda cada amo decir con ingenuidad a sus esclavos: *Testis mihi est Deus, quomodo cupiam vos in visceribus Jesu Christi*. Vos, Señor, sois buen testigo de lo mucho que amo a mis hermanos, en las entrañas de Jesucristo, quien guarde a V. V. S. S. los muchos años que desea. El Amigo de los Esclavos. *Servi obedite dominis carnalibus... servientes sicut Domino. Et vos domini...* remittentes minas scientes... quia personarum acceptio non est apud Deum. S. Paul.

II
Consideraciones sobre la Esclavitud en Cuba

PRIMERA CONSIDERACIÓN SOBRE LA ESCLAVITUD

Resultan de la esclavitud de los africanos graves consecuencias que merecen la mayor atención. Es la primera, que el pie de nuestra población o, por mejor decir, la de la clase servil, no sigue el curso ordinario conocido de la natural multiplicación de la raza humana, sino que dicha clase de hombre se aumenta o se puede aumentar conforme al número más o menos crecido de nuevos esclavos que de Ultramar se introducen en el país, o, en otros términos, que conforme fuesen mayores los capitales que se dedicasen a la introducción de esclavos, mayor sería en esta parte nuestra población; circunstancia que distingue a nuestra agricultura y no existe en los países donde no es admitida la esclavitud. En estos últimos, al cabo, el cultivo no puede contar más que con un número de brazos proporcionado a la población total y propia del país, cuando acá el cultivo no tiene más límite, que el de los fondos que se le aplican, o lo que es lo mismo, que la agricultura es o debe ser una empresa cuyos progresos caminan, precisamente, en proporción del caudal que a ella se dedican. Nuestro comercio metropolitano no hace el comercio de negros, y los extranjeros son los que de ellos nos proveen. El comercio de la Habana no tiene en sus manos fondos tan cortos y escasos que apenas bastan a levantar las cosechas, cuanto menos a fomentar al hacendado que todavía no logra cosechar. De manera que se debe inferir, precisamente, que nuestra metrópoli se ha empeñado en hacer de esta colonia un país cultivador sin tener medios directos ni proporcionados para sostener la agricultura, y que por consecuencia vivimos en una total dependencia de las naciones extranjeras rivales de la nuestra; reducida, por consiguiente, a no esperar otros aumentos en nuestra agricultura que los que resulten de los ahorros de una corta población, pues es evidente que los capitales empleados en la compra de esclavos proceden, o de frutos sobrantes de fondos ahorrados, o de fondos prestados; ahora bien, no teniendo nuestro comercio los necesarios, como lo comprueba el alto precio del dinero anticipado sobre frutos hipotecados, es claro que las nuevas empresas han de comenzar con fondos ahorrados en el país mismo y no suplimos por el comercio nacional.

SEGUNDA CONSIDERACIÓN SOBRE LA ESCLAVITUD

La segunda consideración que arroja de sí la esclavitud es que gozando todos, los libres o señores, del derecho de compra de esclavos, siempre que tengan con qué pagarlos, el dinero proporciona para las empresas en este país una palanca artificial que no se halla en otra parte, es decir, que aquí no basta la inteligencia, la industria y la inteligencia sin el dinero; que todas las empresas llevan por esta misma razón el carácter de especulaciones o aventuras humanamente regidas por los inconvenientes inseparables de la esclavitud. Que, por consecuencia, nuestras leyes debían abrir más puertas a la industria y tenerla más libre y desembarazada que con otro país alguno. Vemos bien, sin embargo, que ciertas especies de industrias nos son enteramente prohibidas, o en mucha parte restrictas o sujetas a tantas formalidades que equivalen a una prohibición, retrayendo de estos ramos a los hombres acaudalados que son los que en todas partes dan el tono y pueden correr el riesgo de las grandes empresas; tales son el cultivo del tabaco; el uso de las tierras y bosques mientras conservan maderas privilegiadas, el beneficio de acarreo de maderas en los montes, la construcción de buques mercantes; mientras otras, las demás que se consideran en clase de libres, están gravadas y obstruidas en la disposición que más adelante se habrá de explicar.

TERCERA CONSIDERACIÓN SOBRE LA ESCLAVITUD

Otra consideración de la mayor importancia en la materia es que siendo admitida la esclavitud en nuestro suelo, es decir, habiendo entre nosotros una clase de hombres que no tienen estado, persona, ni propiedad, parece que debía esmerarse la legislación en dar a los hombres libres o señores una educación proporcionada a la situación tan elevada y superior de éstos sobre aquéllos; una educación que templase el vigor del despotismo que el amo naturalmente propende a ejercer sobre su esclavo; que le inspirase aquellas virtudes, aquella alta dignidad propias del hombre que está llamado a poseer un derecho tan peligroso como el de reconocer dominio y propiedad sobre sus semejantes; que le enseñase desde muy tierna edad aquellos conocimientos propios de una industria activa e ilustrada; igual debía ser inherente a los hombres que gozan del insigne privilegio de ejercer de su cuenta, en su solo y propio beneficio, las útiles y pingües empresas de la industria; en lugar de este recomendable y saludable sistema, qué providencias se han tomado: la educación de nuestra población campestre, la mayor en número y quizás la más juiciosa comparada con la de otras islas extranjeras, yace en total abandono. Aun la de nuestros urbanos no está calculada con más acierto, pues aunque tenemos universidades y seminarios para el estudio de lo que se llama las cuatro facultades mayores, destinadas a un cortísimo número de hombres en la República, los que componen el cuerpo de la población, lejos de lograr en su país la más leve trinchera de aquellos otros conocimientos elementales, más indispensables en las diversas carreras a que son destinados, carecen hasta de escuelas de primeras letras constituidas como era necesario. Verdad que a nadie mejor consta, ni nadie lo deplora más que el Cuerpo Patriótico a que se dirige este discurso. ¡Qué trastorno de ideas! ¡Qué orden tan inverso al que convenía!

Lo que hemos dicho hasta ahora está cedido a la clase de los señores; si pasamos a examinar la condición del siervo, podemos decir quizás con verdad que el Código que las protege peca quizás por la extrema benignidad. En efecto, por un impulso que manifiesta más religión y humanidad que experiencia o meditación, abre acaso demasiadas puertas a la manumisión, atribuye a los libertos derechos y privilegios demasiado extremos, pues en todo se igualan a los del hombre que nació en la clase de señores; mientras, por otro lado, ni las leyes generales que rigen estos dominios, ni las particulares de esta Isla, nada contienen que al caso venga para mejorar la condición o la felicidad de estos últimos, como aparecerá más extensamente en el curso del presente examen.

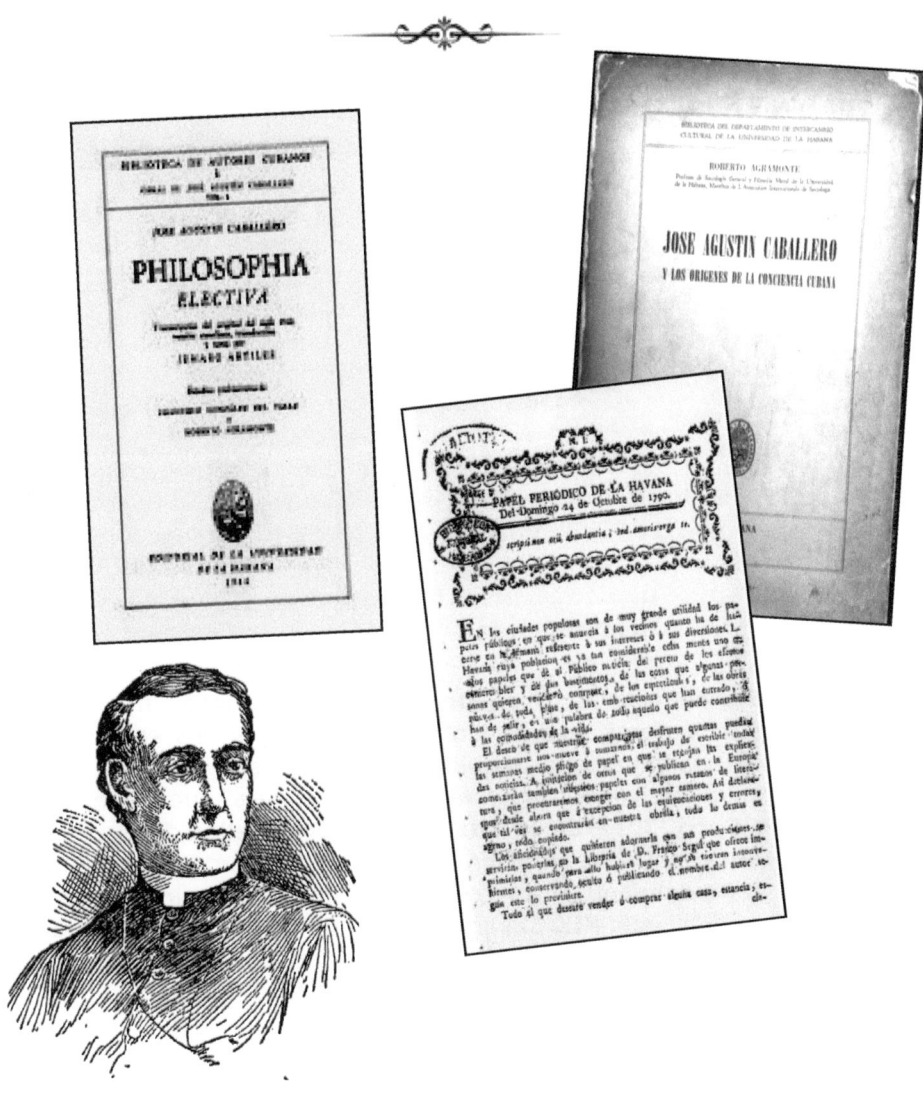

Félix Valera, Pbro.

Félix Varela (Noviembre 20, 1788—Febrero 25, 1853) fue un extraordinario pensador, filósofo y sacerdote Cubano. Nació el 20 de noviembre de 1788 en La Habana (Cuba). Se ordenó Sacerdote a los 23 años. Fue profesor en el **Colegio-Seminario de San Carlos de La Habana** y de la primera universidad de Cuba. En 1821 fue elegido para representar a Cuba en las **Cortes de España**, donde abogó por las causas justas y reclamó la libertad de los negros esclavos. En 1823, al restablecerse el Absolutismo Real en España, se trasladó a Nueva York desde donde proclamó el derecho de Cuba a ser una nación independiente y soberana. Contrario del escolasticismo imperante en el ambiente filosófico de su tiempo, introdujo en Cuba y los Estados Unidos la Filosofía Cartesiana y Empirista de John Locke y Étienne Bonnot de Condillac. En sus **Instituciones de Filosofía Ecléctica** (1812), propone un tipo peculiar de filosofía que denominó con ese nombre, basada en la razón y en la experiencia, únicas fuentes adecuadas del conocimiento. Félix Varela falleció el 25 de Febrero de 1853 en San Agustín, Florida. Sus restos mortales descansan en el **Aula Magna de la Universidad de La Habana**. En 1985 la Santa Sede autorizó al Episcopado de Cuba a iniciar proceso canónico de Santificación. Entre sus obras principales se cuentan **Instituciones de Filosofía Ecléctica para el uso de la Juventud Estudiosa** (1813), **Lecciones de Filosofía** (1818), **Miscelánea Filosófica** (1819), y **Cartas a Elpidio** (1835).

Félix Varela, definido por **José de la Luz y Caballero**, uno de sus discípulos y continuadores más brillantes, como *"el que nos enseñó primero en pensar"*, es la personalidad intelectual Cubana de la que surge y se expande ese extraordinario movimiento intelectual al que pertenecen **José Antonio Saco**, **José de la Luz y Caballero**, **Felipe Poey** y **Domingo del Monte**, entre otros. Fueron ellos los que dieron nacimiento a las Ciencias, al Pensamiento y a la cultura Cubana, ese espiral de continuidad que fue en el siglo XIX Cubano el inicio de la mentalidad de **pensar más en el deber ser que en la conformidad** con lo ya establecido y que tendrá su punto culminante en las Obras de **José Martí**.

Unidos entrañablemente por lazos profundos que van más allá de la comunión de ideas y propósitos, otras dos figuras se unen a la de Félix Varela como sus mentores y formadores. La primera la de su maestro y amigo, el sacerdote **José Agustín Caballero**, la segunda la del Obispo

Juan José Díaz de Espada y Fernández de Landa. No puede estar ausente de ese grupo la figura que más influyó en las proyecciones económicas, sociales y políticas de las relaciones España-Cuba, y cuyas brillantes ideas dieron origen a un modelo de desarrollo esclavista de características propias que también tenía como finalidad la construcción de Cuba, **Francisco de Arango y Parreño**, el más preclaro expositor de la problemática socioeconómica de la época de los orígenes de la nacionalidad Cubana. Ese conjunto, de un modo u otro, merece, y en ellos está presente, el título de **Padre Fundador de la nación Cubana**.

Dos comentarios del Padre Varela sobre la gente de las Américas:

El Americano, el que se siente conforme de haber nacido y vivir en el Nuevo Mundo, oye constantemente la imperiosa voz de la naturaleza que le dice: Yo te he puesto en un suelo que te hostiga con sus riquezas y te asalta con sus frutos; un inmenso océano te separa de esa Europa donde la tiranía ultrajándome, hoya mis dones y aflige a los pueblos; no la temas: sus esfuerzos son impotentes; recupera la libertad de que tú mismo te has despojado por una sumisión hija más de la timidez que de la necesidad; vive libre e independiente; y prepara asilo a los seres honestos que quieren ser libres y viven en otros países menos afortunados que el tuyo; ellos son tus hermanos. **Félix Varela** (1824)

Cuando yo ocupaba la Cátedra de Filosofía del Colegio de S. Carlos de la Habana pensaba como Americano; cuando mi patria se sirvió hacerme el honroso encargo de representarla en Cortes, pensé como Americano; en los momentos difíciles en que acaso estaban en lucha mis intereses particulares con los de mi patria, pensé como Americano; cuando el desenlace político de los negocios de España me obligó a buscar un asilo en un país extranjero [Estados Unidos] por no ser víctima en una patria, cuyos mandatos había procurado cumplir hasta el último momento, pensé como Americano, y yo espero descender al sepulcro pensando como Americano. **Félix Varela** (1826).

Demostración de la influencia de la ideología en la sociedad, y medios de rectificar este ramo.

Discurso leído por el presbítero D. Félix Varela, Catedrático de Filosofía en el Real Seminario de San Carlos, en la primera junta de la Sociedad Patriótica de La Habana, a que asistió después de su admisión en dicho cuerpo. (1817)

La naturaleza prescribe al hombre ciertos deberes respecto de sí mismo, en los que conviene con todos sus semejantes: la sociedad le impone otros no menos sagrados, que dirigiéndose al bien común, le pertenecen particularmente según el puesto que ocupa en el sistema social. Todos deben aspirar a la ilustración de su entendimiento. Este es un dictamen de la naturaleza. Los que se encargan de la enseñanza pública deben no excusar medios algunos de hacerse capaces de tan arduas funciones. He aquí un precepto de la sociedad. Uno y otro me impelen a proporcionarme los conocimientos necesarios para indicar los pasos del espíritu humano, y exponer las obras del Ser supremo a una porción escogida de la juventud que asiste a mis lecciones públicas.

Por tanto, en una época en que a esfuerzos de una mano protectora ofrece esta corporación los más abundantes frutos a la literatura, me he creído estrechamente obligado a acogerme a ella, para recibir las rectificadas ideas que exige el ministerio que ejerzo.

Este es el motivo, Señores, que me trae a vuestra sociedad. He juzgado siempre que el libro maestro de la filosofía es el trato de los sabios, y que nuestros conocimientos adquieren la última perfección, cuando se comunican mutuamente en un cuerpo destinado a fomentarlos. Yo seré en lo sucesivo el órgano por donde lleguen vuestras ideas a la juventud que miráis con tanto aprecio. Nada más análogo al celo que os anima que proporcionaos un conducto tan inmediato para esparcir los verdaderos conocimientos filosóficos, y nada más honorífico para mí que ser yo este conducto de vuestras últimas instrucciones.

La juventud está bajo vuestra protección. Lo están los maestros. Tengo un doble derecho para reclamar en mi favor, y en el de mis discípulos vuestras luces, siendo un deber respecto del público, lo que en orden a mí no es, sino un efecto de vuestra bondad, que me inspira el más profundo reconocimiento.

Doy, pues, a esta corporación las más respetuosas gracias por el honor que me ha dispensado en admitirme; y en cumplimiento de sus mandatos, pasaré a desenvolver el tema, que su muy digno Director se ha servido darme en estos términos.

Influencia de la ideología en la sociedad, y medios de perfeccionar este ramo.

Reducir las ideas del hombre a su verdadero origen, indicando los pasos con que se fueron desenvolviendo las facultades intelectuales y morales, y la relación de los conocimientos adquiridos, es el objeto de la ciencia que llamamos ideología. De modo que lo que al principio no fue otra cosa que una sucesión de sanciones con que los objetos exteriores obligaron al hombre a poner en uso la actividad de su espíritu vino a formar un plan científico, que será tanto más exacto, cuanto más conforme a los dechados naturales que sirvieron a su formación.

Es por tanto absolutamente necesario que observemos al hombre y sus relaciones, para encontrar los fundamentos de la ideología. Yo no me detendré en el pormenor del sistema ideológico, hablando a una corporación ilustrada que sin duda percibe estas cosas con la mayor exactitud. Reflexionaré únicamente sobre aquellos puntos que tienen una relación estrecha con el objeto de mi discurso.

En el hombre hay unas sensaciones que producen el deseo de obtener sus objetos, o de separarlos. Estas llamamos necesidades. Un deseo permanente de ocurrir a dichas necesidades forma la pasión, y en consecuencia el hombre se constituye un ser sensible y apasionado. Sus ideas le dieron uno y otro atributo, y todo el sistema del hombre moral, depende inmediatamente del hombre ideal, si puedo valerme de esta expresión.

Ya me parece que veo, Señores, que vuestro entendimiento sumamente exacto y diestro concluye el raciocinio que yo he empezado a formar. Sí, me parece que os oigo decir tácitamente: supuesto que el hombre moral forma los elementos de la sociedad, y este ser sensible y apasionado es el producto del sistema ideológico, la ideología es la base del cuerpo social.

Cultivemos, pues, un ramo del que ha de nacer el frondoso árbol de la felicidad pública. El hombre será menos vicioso cuando sea menos ignorante. Se hará más rectamente apasionado cuando se haga más exacto pensador. ¡Qué abundantes reflexiones se deducen de este principio! ¿Cuál será el estado del hombre en la sociedad, en que no tenga una directa influencia el sistema de sus ideas? ¡Cuáles las ventajas que puede sacar el conjunto social de la rectificación de cada uno de los individuos!

Si conducimos al hombre, por decirlo así, desde la cuna, con unos pasos fundados en la naturaleza, enseñándole a combinar sus ideas, y apreciarlas según los grados de exactitud que ellas tengan, le veremos formar un plan científico el más luminoso, una prudencia práctica la más ventajosa a la sociedad. Pero si por el contrario le abandonamos en manos del pueblo ignorante, y dejamos que sus ideas tomen el giro que el capricho ha querido prescribirlas, entonces la preocupación será el fruto de su desarreglo, la inexactitud el distintivo de sus pasos, la fiereza el impulso de sus operaciones. Le veremos adquirir un conjunto informe de ideas que llamará ciencias; pero su espíritu estará envuelto en tinieblas tanto más densas e incapaces de disiparse, cuanto menos pueda penetrar a lo interior de esta mansión lóbrega de abstracción, vagos sistemas, inexactas nomenclaturas y conocimientos adocenados, la luz benéfica de la verdadera filosofía.

No es la multitud de ideas la que constituye las ciencias; es sí, el orden de ellas el que forma los sabios. Un magnífico edificio nunca pudo provenir de la aglomeración desarreglada de diversos materiales: así también es imposible que el orden armonioso de la ciencia sea el producto de infinitas nociones mal combinadas. Necesitamos que un exacto sistema ideológico ponga orden en nuestros conocimientos, clasificándolos según sus objetos; y de lo contrario las ciencias vendrán a ser unos grandes pesos que agobien nuestro espíritu.

El recto juicio tan deseado de todos, tan interesante al bien público, tan necesario a cada uno de los estados del hombre social, no es sino un efecto del plan ideológico. ¿Queremos juzgar bien de las cosas y sus relaciones? No hay otro medio que el de analizarlas. ¿Queremos analizarlas rectamente? Observemos el orden con que la naturaleza nos fue dando las ideas de estas mismas cosas y relaciones. ¿Queremos aprender a observar? Ejercitémonos en la ideología, en esta ciencia que dividiendo por decirlo así el espíritu del hombre, nos presenta en un cuadro el más bello, la armonía de sus conocimientos, y la relación de sus facultades. La ideología, pues, forma el buen juicio; y en consecuencia ella es la fuente abundante de los bienes de la sociedad.

"Si en todas las ciencias, dice un sabio ideólogo, es preciso proceder 'de lo conocido a lo desconocido'," no hay duda de que la ideología es la base de todas las demás, porque "no conocemos los objetos exteriores, sino por nuestras ideas"; pues "lo que está fuera de nosotros no se conoce, sino por lo que está dentro de nosotros". Por tanto, para llegar "al conocimiento de los objetos, es preciso aplicarse antes a conocer nuestras mismas ideas, su origen y relación".1

Tú, don excelso de la palabra, que el cónsul filósofo te llama el distintivo de la especie humana, tú eres un retrato fiel de los pensamientos, y participas de las mismas perfecciones o deformidades que en ellos se encuentran. El que piensa bien habla bien. Jamás un correcto lenguaje fue el compañero de unas ideas inexactas. Elocuencia, delicias de la sociedad, tú que tienes las llaves del corazón humano, que le das libertad, o le aprisionas según tus designios, tu imperio todo está fundado en la ideología. Enseñas a los mortales, cuando se te suministran ideas bien desenvueltas y ordenadas según los pasos del análisis. Deleitas cuando percibes las relaciones de los objetos con nuestra sensibilidad. Mueves, cuando adviertes iguales relaciones con los intereses del hombre apasionado. Debías prestarme ahora todos tus giros y bellezas en favor de la ideología. De la ideología que te ha despojado de aquel atavío de fórmulas y figuras con que te vistieron los que buscaron tu origen en el capricho de los hombres, y no es en las sendas de la naturaleza. Yo reclamo estos derechos a tu protección en beneficio de tu misma causa. Pero me he excedido; ya oigo tus voces: ellas me advierten que cuando los objetos se prestan por sí mismos, conviene dejarlos aparecer bajo su natural sencillez. La ideología es un resultado de las leyes naturales, y cuando la naturaleza habla, el hombre debe escucharla en silencio.

He dicho, Señores, bien poco de lo que podría exponerse acerca de la influencia de la ideología en la sociedad, pero demasiado para hablar en una reunión de literatos, que, por un mero bosquejo de una imagen científica, sabe formar ideas de sus últimos coloridos. Paso, pues, al análisis del segundo miembro del tema propuesto.

Para encontrar los medios de rectificar un ramo de las ciencias, es preciso primeramente observar el estado en que se halla, y las causas que producen este efecto. Me es muy sensible; pero absolutamente necesario exponer que la ideología está entre nosotros en la mayor imperfección. La prudencia no dicta que yo pruebe este aserto, refiriéndome a las personas que habiendo ya salido de las clases ejercen la literatura, porque estoy bien persuadido que entre esta especie de gente hay muy pocos que quieran ver, menor número que vea, y muchos que obstinadamente se opongan a todo lo que no es conforme a las ideas con que fueron educados. Hablaré solamente de la juventud, que aún está en disposición de recibir el influjo benéfico del cuerpo patriótico, si percibimos los males que la aquejan y sus causas.

Tengo probado por experiencia lo que habrán conocido todos los que se hayan dedicado a reflexionar sobre la educación pública, y es que la juventud bajo el plan puramente mecánico de enseñanza que se observa casi en todas partes adquiere unos obstáculos insuperables para el estudio de la ideología, y es preciso que tenga un gran empeño en olvidar lo que ha aprendido con tantas fatigas. ¡Desgraciada suerte de la juventud! No me acuerdo de que haya venido a oír las primeras lecciones de filosofía un joven cuyas ideas hayan sido bien conducidas en la primera enseñanza. Se les encuentra inexactos, precipitados, propensos a afirmar o negar cualquier cosa sin examinarla, y sólo porque se lo dicen, llenos de nomenclaturas vagas, sin entender una palabra de ellas; tan habituados al orden mecánico de repetir de memoria sin poner atención en nada de lo que dicen, que cuesta un trabajo inmenso hacerles atender; y se hallan en unas regiones absolutamente desconocidas, cuando se les manifiesta que toda esa rutina es despreciable, y que en orden a las ciencias no han dado un paso, siendo perdidos casi todos sus trabajos anteriores.

Tal es la situación, Señores, de la juventud habanera. Yo no temo ser desmentido, la experiencia es muy constante. A los quince años, los más de nuestros jóvenes han sido como unos depósitos en los que se han almacenado infinitas ideas, las más extravagantes, o como unos campos en que se han sembrado indistintamente diversos granos, cuyos frutos mezclados con irregularidad presentan el trabajo más penoso para clasificarlos, rara vez se consigue.

Investigando el origen de estos males encuentro que provienen principalmente de la preocupación que reina en muchos, de creer que los niños son incapaces de combinar ideas, y que debe enseñárseles tan mecánicamente como se enseñaría a un irracional. Nosotros somos, dice el gran maestro del duque de Parma, nosotros somos los irreflexivos, cuando atribuimos a la incapacidad de los niños lo que es un efecto de nuestro método y lenguaje.

Efectivamente, Señores, si conducimos un niño por los pasos que la naturaleza indica, veremos que sus primeras ideas no son numerosas; pero sí tan exactas como las del filósofo más profundo. Hablemos en el lenguaje de los niños, y ellos nos entenderán. Es temerario el empeño de querer que sus primeros pasos sean tan rápidos como los del hombre ya versado; pero es igualmente un error prohibirles que los den, o a lo menos no excitarlos a este efecto.

Se dice vulgarmente que llegando al uso de la razón pensarán con acierto, y que a las clases de filosofía pertenece desenvolver los talentos de la juventud. Preocupación perjudicial, que ha causado grandes daños a la sociedad. El hombre usa de su razón desde el momento en que tiene facultades y necesidades, que, es decir, desde que presentándose como un nuevo individuo en el teatro de los seres, inmutan estos sus órganos sensorios, y le hacen percibir las relaciones que ha contraído con el universo. La filosofía empieza para el hombre cuando nace, y concluye cuando desciende al sepulcro, dejándole aún espacios inmensos que no ha recorrido. Los que enseñan no son más que unos compañeros del que aprende, que por haber pasado antes el camino, pueden cuidar que no se separe de la dirección que prescribe el análisis. El verdadero maestro del hombre es la naturaleza.

Estas consideraciones me conducen a pensar que la ideología puede perfeccionarse mucho en esta ciudad, si se establece un nuevo sistema en la primera educación, y dejando el método de enseñar por preceptos generales aislados, y pocas veces entendidos, aunque relatados de memoria, se sustituye una enseñanza totalmente analítica, en que la memoria tenga muy poca parte, y el convencimiento lo haga todo.

No es mi ánimo sobrecargar a los jóvenes con el gran peso de prolijas meditaciones. Tampoco pretendo que un aparato científico, lleno de todos los adornos que suelen ponerse a las obras del ingenio para darlas el mérito que no tienen, venga a deslumbrar los tiernos ojos de la niñez. Muy lejos de esto. Estoy persuadido que el gran arte de enseñar consiste en saber fingir que no se enseña. Yo creo que todas las reglas que con tanto magisterio se suelen presentar, vienen a ser como unas columnas de humo, que las disipa el menor viento, si no están fundadas en investigaciones anteriores, siendo el resultado de unos pasos analíticos, cuya relación se haya percibido.

Las reglas son el término de nuestras investigaciones, y no pueden ser el principio de ellas. Las proposiciones generales resultan del análisis de muchos individuos que forman como una gran cadena, y si el entendimiento no percibe la unión de sus eslabones, todos los axiomas son inútiles, diré más, son perjudiciales, porque alucinan al espíritu con su evidencia mal aplicada, y el hombre será tanto más ignorante, cuanto menos cree serlo. Es preciso concluir por donde ahora se empieza. Esta proposición parecería una paradoja a la vista de hombres poco instruidos, más yo creo que es una verdad muy clara para vosotros que no ignoráis los trabajos inmortales de los célebres ideólogos.

Los fundamentos de la ideología no pueden darse sino cuando se ha hecho pensar bien al hombre, sin que él perciba que el ánimo era formar un plan ideológico; pues entonces la historia por decirlo así, de sus aciertos compendiada en cortas expresiones, formará su lógica perfectamente entendida porque no será más que lo que él mismo haya hecho.

Entonces, podrá verificarse que los jóvenes cuando pasen a las clases de filosofía vayan a rectificar su entendimiento, esto es, a observar los pasos que ellos mismos habían dado sin saber que los daban, a rectificar algunos de ellos y facilitarse la carrera de las ciencias, y no como sucede actualmente que sólo van a aprender lo que es costumbre se aprenda, quedándose sobre poco más o menos con los mismos defectos intelectuales que antes tenían.

Esta regla no es universal; vuestra prudencia lo conoce. Yo haría un agravio a los profesores públicos de filosofía que tanto fruto han dado y están actualmente dando, si dijera esto de todos los jóvenes que han cursado y cursan dichas clases. Yo mismo me privaría del honor que me hacen muchos de mis discípulos, si agraviando su mérito negara la rectitud de sus ideas. Pero esto lo deben a las luces con que la naturaleza quiso favorecerlos, a su aplicación y genio filosófico, y algún tanto a mis cuidados.

Propongo, pues, que la Sociedad mande formar, por alguno de los muchos sujetos instruidos que la componen, una obra elemental para la primera educación. Por mi dictamen, esta obra debe ser la más breve y clara que sea posible. No debe encontrarse en ella ninguna voz técnica, ni palabra alguna que los niños no hayan oído millares de veces todas las divisiones y subdivisiones inútiles deben desterrarse. Por seguir lo que siempre se ha seguido, no caigamos siempre en los mismos errores. Vale más acertar con pocos, que errar con todos.

Reputo esta obra como un ensayo práctico, y base fundamental de la ideología teórica que se aprenderá a su tiempo. Para esto conviene se elijan las materias más interesantes, y que con más frecuencia deben tratarse, a saber, nuestra santa religión y las obligaciones del hombre social.

Estos objetos que forman nuestra felicidad son los mismos más ignorados. Un catecismo repetido de memoria en forma de diálogo, esperando al niño la última sílaba de la pregunta para empezar la primera de su respuesta, es el medio más eficaz para perder el recto juicio sin instruirse en la doctrina cristiana. El Diálogo no es para las obras elementales, y el aprender de memoria es el mayor de los absurdos. Yo no me detengo en probarlo, porque la Sociedad, sobre manera ilustrada, no puede menos que percibir claramente los fundamentos de esta proposición.

Creo, Señores, que, ensayados los jóvenes en pensar bien sobre unos objetos tan familiares como dignos, se harán capaces de percibir los principios de la gramática universal, que deben ser el complemento de la obra que propongo.

Me persuado igualmente de que con estos ensayos podrán aprender la gramática de su lengua, la del idioma latino y cualquiera otra, sin más trabajo que procurar los maestros, conducirlos por los mismos pasos que los han visto dar en esta primera educación.

La Sociedad, con su acostumbrado acierto, ha prevenido muchos de los medios de rectificación de la enseñanza pública que podrían ser objeto de mi discurso, como causas que influyen notablemente en la ideología. Veo con mucha complacencia que el bello sexo es atendido. La Habana se promete muchas ventajas de este esmero. Dos amigos han desempeñado con la mayor propiedad el encargo que se les hizo en orden a las escuelas de niñas, y su informe prueba bien por lo claro la necesidad que hay de mejorarlas. Tengo entendido, que se ha encargado la formación del plan general de enseñanza a uno de nuestros amigos, que lo es mío por relaciones particulares, y cuya instrucción me es tan conocida que no puedo menos que prometerme los más felices resultados.

De todo lo expuesto se deduce lo interesante que debe ser para vosotros enseñar al hombre a pensar desde sus primeros años, o mejor dicho, quitarle los obstáculos de que piense. Yo he insinuado algunos medios, vuestra inteligencia les dará el valor que tuvieren, y suministrará otros muchos ventajosos, pues yo no dudo que tendréis siempre en consideración la influencia de la ideología en la sociedad, y los medios de rectificar este ramo.

[Félix Varela: Demostración de la influencia de la ideología en la sociedad y medios de rectificar este ramo. En: Memorias de la Real Sociedad Económica de La Habana, No. 7, julio de 1817.]

José Antonio Saco

José Antonio Saco (1797-1879), fue un prominente intelectual cubano. Fue reconocido por su ideología antiesclavista y nacionalista. A través de sus obras y ensayos criticó el comercio de esclavos en Cuba. En el 1934 la Corona española lo expulsó de Cuba por sus ideales políticos y liberales y Saco partió al exilio en Europa. Allí, él continuó defendiendo sus ideales a través de sus escritos. Entre sus obras se encuentran los ensayos: **Supresión del tráfico de esclavos en Cuba** (1845) e **Ideas sobre la incorporación de Cuba a los Estados Unidos** (1848). Estos ensayos fueron publicados mientras residía en París. Desde el siglo XVI hasta el año 1886 la esclavitud era muy prominente en Cuba. Durante la ocupación Británica en la isla en el 1762, los colonizadores expandieron la práctica de la esclavitud ya que proveía una gran fuerza laboral para las haciendas azucareras, la cual era la base de la economía en la isla. Años después, a pesar de los movimientos abolicionistas en *La Española* y la prohibición del comercio atlántico de esclavos en Estados Unidos y Gran Bretaña, Cuba todavía dependía de la esclavitud. No fue hasta finales del siglo XIX que cesó el comercio de esclavos en Cuba.

A los veinte años, Saco se graduó de Bachiller en Derecho Civil en el **Seminario San Basilio el Magno**, en Santiago de Cuba. Se trasladó entonces a La Habana y asistió a las clases de Filosofía que impartía **Félix Varela** en el **Seminario San Carlos**. Saco trabajaría junto a Varela, a quien sustituyó como profesor en el Seminario San Carlos. Aunque Saco no fue un independentista como Varela, sino un **Reformista**, si mantuvo una muy fuerte posición en contra de la anexión de Cuba por los Estados Unidos. José Antonio Saco vivió 45 años en el destierro, desde 1834 hasta su muerte en Barcelona en 1879.

Escritos de Saco sobre la Vagancia en Cuba

Ya desde principios del siglo XIX, era alarmante la anomalía de la vagancia en Cuba, generalmente asociada con depravación y criminalidad. La *Sociedad Económica de Amigos del País* (llamada entonces *Real Sociedad Patriótica*), decidió estudiar el tema y proponer soluciones. En 1831, la Sociedad escogió a **José Antonio Saco**, para escribir un estudio sobre la vagancia, que titularon "**Memoria sobre la vagancia en la Isla de Cuba**," con el propósito de indagar sobre las causas del fenómeno y proponer soluciones apropiadas.

La **Memoria** fue un serio estudio sociológico de mucho interés por la descripción de la realidad Cubana de la época (1820-1830). Una de las primeras afirmaciones de Saco fue que la vagancia era un mal que afectaba no sólo a ciertas barriadas o lugares sino a **todo el país**. Saco no encontró en sus viajes por el territorio Cubano una sola ciudad o pueblo donde no se vivieran las espantosas consecuencias de la vagancia.

Para Saco, una de las causas fundamentales que favorecían la vagancia eran los **juegos al azar** y las consecuentes **apuestas**. Encontró que se jugaba desde la punta de Maisí hasta el Cabo de San Antonio. El vicio cubría todo el territorio nacional y, para enfrentarlo, era necesario, pero no suficiente, una **fuerte acción represiva** por parte de las autoridades. Saco apeló al clero, los padres de familia, y los maestros como **células primarias** de educación para prevenir que los jóvenes se conviertan en adictos a semejante vicio que tantas **desgracias** traía a las personas esclavizadas por el juego y a sus amistades y familiares. Según sus palabras... «*El juego es una manifestación falsa y anómala estrategia de esperanza para mejorar las condiciones de vida y de fortuna. Los adictos, no solo dañan sus propias vidas y las de sus familiares cercanos, sino que el tiempo que dedican a este vicio va en detrimento de la labor útil a la sociedad.*»

Saco expone la existencia de *"casas de lotería,"* en las que se jugaba a diario. Su público principal eran jóvenes blancos de mediana posición en adelante. Las *"vallas de gallos,"* en cambio, resultaban, según Saco, *"una democracia perfecta"* pues allí se reunían blancos y negros y mestizos, jóvenes y viejos, hombres, mujeres y niños, ricos y pobres.

Al reflexionar sobre estos casos, Saco se pregunta si el Gobierno estaba tan debilitado que carecía de **medios** para emplear a los ociosos, de **fuerza** para contenerlos y de **energía** para castigarlos. Y seguidamente planteaba que había que dar al pueblo instrucción y ocupación, alentando la industria y **persiguiendo la indolencia**. Pide que la ley se arme para herir a los delincuentes y librar a la sociedad de esa plaga.

Otros sitios que convidan al juego son los "*billares*," y se queja de la falta de lugares útiles para que la gente ocupe su tiempo libre, tales como ateneos, bibliotecas, museos, paseos bien acondicionados y seguros. El favorece la organización de fiestas en las que se cante y baile, pero que se excluyan los *juegos de azar*. Otro elemento que según Saco contribuye a la vagancia es la **numerosa cantidad de días festivos**, principalmente por celebraciones religiosas, los que, sumados a los domingos, abarcan la cuarta parte del año.

En relación con los campesinos, Saco indica que la **falta de caminos** contribuye también a la indolencia en la zona rural. La ausencia de caminos apropiados dificulta el transporte de las mercancías hacia los pueblos y ciudades, lo que provoca que se queden cosechas en el campo y se pierda el esfuerzo realizado por el campesino y su economía se afecte. Si hubiera caminos adecuados, el campesino tendría las vías para hacer llegar sus productos y también muchas personas ociosas podrían dedicarse a la transportación y comercialización de los frutos del campo.

Saco recomienda también que se abran **casas para albergar a los pobres** y asilos para los **niños desvalidos**. En ambos casos, se les podría preparar para la realización de trabajos útiles. Ocurría en esa época, que las familias blancas desdeñaban los trabajos manuales de artesanos y obreros como algo denigrante. Eso era tarea de negros y mestizos. El prejuicio esclavista hacia el trabajo físico había perneado a toda la sociedad blanca. Las cárceles, según Saco, deben también ser reorganizadas para convertirlas en centros en los que el recluso aprenda oficios y desarrolle **amor al trabajo**.

Junto a las cárceles, debe reformarse el **sistema judicial**, cargado de corrupción y abusos. La enseñanza superior debe diversificarse y salir del reducidísimo marco, para las familias blancas, de los estudio eclesiásticos, de jurisprudencia y de medicina, principales carreras además de la militar, fuera de las cuales el resto es desdeñado. Saco reconoce que aunque es lícito que todo hombre escoja la carrera que prefiera, la sociedad tiene el innegable derecho a impedir o coartar las que considere perjudiciales.

Saco pone mucho énfasis en la necesidad de la **educación**, desde la enseñanza primaria. Le da la mayor importancia a la **educación doméstica**, que puede recibirse en el seno de la familia misma. También insiste en la enseñanza para la **niñez campesina**. Llega a proponer maestros voluntarios o pagar alguna suma si fuere necesario. Para las situaciones extremas propone, al menos, escuelas dominicales matutinas con una suerte de estudios dirigidos.

En la enseñanza secundaria y superior propone que, en lugar de aprender lenguas muertas como el latín, se estudie Inglés o Francés para ayudar al comercio y al conocimiento de lo actual.

Trata de que en el esfuerzo educativo se movilicen todas las fuerzas posibles: los **ayuntamientos**, las **sociedades**, las **iglesias**. Para buscar fondos llega a plantear la revisión de las estructuras de la administración pública vigentes y ver las que se pueden eliminar o reducir para liberar **fondos con destino a la educación**. También apela a fondos de la iglesia, de aquellos de los que pueden disponer, para obras piadosas, los Obispos diocesanos. A los ricos pide que dejen parte de su herencia para fines educativos. A estas formas añade la organización de **conciertos**, **obras teatrales**, etc. de carácter **benéfico** y hasta tomar fondos de las loterías oficiales y la posibilidad de una suerte de impuesto personal destinado a sufragar los gastos de la educación.

Saco aboga para se dejen de enseñar **cosas inútiles** y se de preferencia al establecimiento de cátedras de aquellas **ciencias** que sirvan mejor a la situación del país y su prosperidad futura, no enseñando en abstracto, sino con la aplicación a ramas particulares. Entre las cosas nuevas que propone están los estudios **náuticos** que preparen el personal para una **marina mercante**.

Cree Saco que hay que insistir en la enseñanza de **oficios**, las ocupaciones **artesanales** y de **jornaleros** para que no se vean como ocupaciones **indignas** de los blancos y solo adecuadas para negros y mestizos. Esto ayudaría a luchar contra la vagancia porque abriría nuevas oportunidades de empleos. Saco expresa: *«Yo no espero que los ricos se conviertan en artesanos; pido tan solo que no los insulten con su necio orgullo.»*

Saco desmiente que *« la fertilidad de las tierras de Cuba provocan que se propenda a la pereza, a diferencia de tierras europeas de clima duro que obligan a trabajo arduo.*» También rechaza la "teoría" de que «nuestro clima cálido provoca la vagancia,» y pone numerosos ejemplos de civilizaciones humanas extraordinarias en climas cálidos como la Asiria, la Egipcia, la Fenicia, la Romana.

Esta es una lista de sus **recomendaciones**:

1- La autoridad debe compeler a los vagos a que busquen alguna ocupación, la que prefieran, dentro de un plazo determinado.
2- Si no lo hacen por su cuenta, la autoridad los forzará y ubicará en alguna ocupación.
3- Si no aceptan lo anterior se les dará un plazo para que abandonen el país.
4- Si no acatan esto serán condenados a realizar trabajos públicos.

Para el **control** de la vagancia Saco propone:

1- Crear juntas que se ocupen del asunto.
2- Dividir los territorios en cuarteles con un miembro de la junta al frente para realizar un censo.
3- En el censo deben consignarse los siguientes datos de los censados: nombre, patria, edad, estado civil, profesión, bienes, calle y número de la casa en que vive, y datos del lugar en que trabaje.

Saco nunca criticó España o a la sociedad Colonial en sí misma; simplemente propuso reformas como correspondía al hombre de pensamiento más avanzado de la aristocracia criolla del momento. Las observaciones hechas por Saco en su **Memoria sobre la vagancia en la Isla de Cuba** retrataron las condiciones sociales de su tiempo y proponían soluciones accesibles. La contribución de Saco fue parte esencial del patrimonio Cubano, de la maduración del pensamiento nacional que años más tarde sustentaría la lucha por la independencia de Cuba.

Escritos de Saco sobre el Juego en Cuba

«No hay ciudad, pueblo, ni rincón de la isla de Cuba, hasta donde no se haya difundido este cáncer devorador. La vagancia es quizá el menor de los males que produce, pues hay otros de naturaleza tan grave, que sólo podrán mirarse con indiferencia, cuando ya se hayan apagado en el corazón los sentimientos de justicia y de moralidad. Las casas de juego son la guarida de nuestros hombres ociosos, la escuela de corrupción para la juventud, el sepulcro de la fortuna de las familias, y el origen funesto de la mayor parte de los delitos que infestan la sociedad en que vivimos. Si pudiéramos empadronar las personas entregadas a este vicio infame, y computar el valor de lo que ganarían trabajando, durante el tiempo que emplean en el juego: si pudiéramos saber, aunque fuese aproximadamente, a cuánto ascienden las cantidades perdidas, y seguir la larga cadena de desastres que necesariamente acarrea, entonces conoceríamos nuestra deplorable situación, cesaríamos de llamarnos opulentos y felices. ¿Puede ser opulento y feliz un pueblo donde muchos de sus habitantes son víctimas de las enfermedades morales? No hay felicidad sin la paz y el contento del alma, no hay paz ni contento sin virtudes, sin virtudes no hay amor ni constancia en el trabajo, y sin trabajo no hay riquezas verdaderas.

Llámennos en buena hora opulentos y felices, aquellos que trastornando el nombre de las cosas, pretenden arrullarnos con el acento de esas palabras encantadoras; pero el hombre reflexivo que sabe distinguir las operaciones de la naturaleza, de los esfuerzos de la industria; y que no confunde las combinaciones de la prudencia con los resultados de la casualidad, jamás dirá, que es feliz un pueblo, donde hay dolencias morales tan difíciles de curar, como de grave trascendencia. La que ahora lamento, es de las más funestas, porque sus consecuencias son terribles: la más general de todas, porque se juega desde la punta de Maisí hasta el cabo de San Antonio; y quizá también la de más difícil curación, porque aunque este vicio no es de aquellos que tienen su fundamento en la naturaleza, está, sin embargo, muy arraigado entre nosotros, y no es probable que en todas partes se persiga con igual tesón; y aun cuando así sea, puede practicarse ocultamente, burlando algunas veces la vigilancia de la autoridad.

Mas, a pesar de estos inconvenientes, yo creo, que si se le ataca con firmeza, en breve se producirán grandes bienes, pues aunque es imposible extinguirle, porque en todos los países hay siempre hombres para todo, el mal quedará reducido a un corto número de jugadores. El feliz ensayo que de tiempo en tiempo se ha hecho en algunos pueblos de la Isla, es el mejor agüero de las ventajas que se pueden alcanzar. Muchos juegan por la facilidad que en todas partes se les ofrece, y por la impunidad con que cuentan; pero cuando aquélla se obstruya, y ésta no exista, el número de jugadores se disminuirá. Nunca debe olvidarse, que el hábito tiene a veces en los vicios más influjo que la perversidad del corazón, y de aquí es, que muchos hombres, conociendo el mal que hacen, y aun arrepintiéndose de sus acciones, no pueden, sin embargo, contenerse, y vuelven a perpetrar lo mismo que poco antes detestaran. ¡Cuántos padres de familia, que hoy viven dados al juego, no se alegrarían de ver cerradas para siempre las mismas casas que hoy frecuentan a su pesar, y que son el origen de su ruina!

Otros, que juegan por especulación, o que tienen cifrada la subsistencia en esta carrera infame, buscarían otra decente, al ver que aquélla ya no les produce lo que apetecen; y si todavía perseveran en ella, las inquietudes que ha de causarles la persecución constante de la justicia, el riesgo de perder su dinero si son sorprendidos por ella, y el temor al castigo que irremisiblemente debe imponérseles, retraerán a muchos de una vida tan angustiada, quedando tan sólo en ella, los que connaturalizados con el vicio, no den esperanza alguna de mejora. Aun el número de éstos también disminuirá, si se les aplican las penas de la ley, pues como miembros corrompidos, deben cortarse para que no infesten el cuerpo social. Pero es preciso que lo digamos con franqueza: tan grandes ventajas no pueden lograrse sin energía en las autoridades, y sin formar, por decirlo así, una conspiración general contra el juego; porque si un alcalde persigue, y la opinión le censura; si otro protege o disimula, y la opinión le celebra: si los esfuerzos del que ha empeñado la vara en el año anterior, no son sostenidos por los del sucesor; y si mientras se cierra una de esas sentinas, se abren otras por empeños o consideraciones, entonces estamos perdidos, y yo confieso que malgasto el tiempo en escribir esta Memoria.

Yo no sólo quisiera ver cerradas todas las casas de juego, sino que éste tampoco se permitiese en las fiestas y ferias, que con varios pretextos se celebran en La Habana y fuera de ella. Que el pueblo baile y cante, que meriende y se pasee, racional y provechoso es; pero que casi nunca se oiga sonar una cuerda, ni se vean reunidas 10 o 20 personas sin que tropecemos con el vergonzoso espectáculo de una mesa de juego, cosa es que jamás se debe tolerar. Nada importa que estas prácticas viciosas quieran cubrirse con el velo de la religión, o con las apariencias de bien público. Ni aquélla, ni éste, deben sostenerse con tan infames recursos, pues cada moneda que a nombre del juego entra en el santuario o en las arcas públicas, es una profanación de este ser a quien se tributan, y una ofensa mortal que se hace a las leyes y a las costumbres. Tales juegos son muy peligrosos, porque expuestos a la vista del público, acompañados casi siempre de la música o el canto, concurridos de nuestras señoritas y matronas, de nuestros jóvenes y ancianos, y exentos del aire sombrío que cubre las casas permanentes de juego, estimulan y halagan a muchos que en otras circunstancias no se atreverían a pisar ni aun sus umbrales.

Si examináramos la historia de los individuos que han caído en vicio tan detestable, descubriríamos que en estas ferias fue donde muchos de ellos dieron los primeros pasos. Empezaron quizá por mero entretenimiento, o por satisfacer una curiosidad; pero asaltándoles después el deseo de ganar o de reparar las pérdidas; y aumentándose este deseo con aquella especie de grata sensación que causa la incertidumbre de los lances de cada juego, porque si bien atormenta, también complace el espíritu, fueron formando poco a poco el hábito, y encendiendo una pasión que ya no pueden reprimir. El gobierno, pues, debe mirar estas ferias como las escuelas donde la incauta juventud hace las más veces su funesto aprendizaje; y si bien debe permitir en ellas que el pueblo se divierta sin desorden, jamás debe consentir que se corra ni una carta.

Mucho se habrá adelantado, cuando ya no existan juegos, ni en las ferias, ni en las casas públicas; pero este vicio no podrá extirparse, mientras prevalezca la costumbre de jugar en casas particulares, porque gozando algunas de prestigio, y concurriendo a ellas personas de distinción, se presenta a las clases inferiores un ejemplo pernicioso. Este mismo prestigio y esta misma distinción quizá servirán de contrapeso a la autoridad, que no atreviéndose a entrar en lucha con un enemigo que se cree fuerte, tan sólo porque no se le combate, se verá reducida a sufrir en silencio el quebrantamiento de las leyes y la continuación de los males que deploramos. Bien veo, que atendida nuestra condición, no es probable que todas las autoridades tengan la energía de arrostrar respetos y consideraciones; pero también sé, que ha habido, y habrá algunas que cumpliendo su deber, ofrecerán a las demás ejemplo digno de imitación.

Es innegable, que la persecución será uno de los medios más eficaces para acabar con el juego; pero no debe fiarse a ella sola tan grande empresa. Es preciso ir haciendo una revolución en las costumbres, que aunque lenta, no por eso dejará de ser cierta. Nada es más común entre nosotros, que emplear mucha parte del tiempo en juegos de baraja, que si bien están permitidos, producen, sin embargo, bastante daño. Después de concluidos los trabajos del día, juegan algunos por recreo; pero hay otros, que abandonando aun sus obligaciones más sagradas, pasan muchas horas entregados a unos juegos que se llaman inocentes, a pesar de que a veces se pierden en ellos grandes cantidades de dinero. A tales hombres podrá dárseles el nombre que se quiera; pero en realidad no son más que ociosos encubiertos.

Ni paran aquí los daños que se originan con estos juegos, que yo llamaría domésticos: el más lamentable de todos es el que se causa a la niñez; pues apenas empezamos a abrir los ojos, y a desenvolver nuestra razón, cuando ya no sólo tenemos un conocimiento perfecto de los naipes, sino que también entendemos varios juegos. Aquella edad en que los niños debieran tan sólo ver ejemplos de buenas acciones y escuchar los consejos saludables de la moral, es cabalmente la misma en que a todas horas se les presenta el espectáculo de una mesa rodeada del padre, de la madre y de otras personas con los naipes en la mano, y en que resuenan en sus oídos las pláticas peligrosas que corren sobre los lances del juego. Cualquiera que reflexione sobre el influjo de los objetos en la formación de las ideas, y sobre el de éstas en las acciones humanas, muy pronto conocerá, que con semejantes modelos, el vicio del juego debe estar muy padres, dan a éstos sobre el corazón de aquéllos un ascendiente que los hace ser sus mejores institutores; pero si este ascendiente es de una tendencia perjudicial, poco podrán contra él las teorías de los libros y los preceptos de las leyes.

Estas razones cobran más fuerza si se atiende al estado de nuestra sociedad doméstica. Hay países, donde los vínculos de familia no son tan estrechos como entre nosotros, pues siendo común que los padres fíen a manos extrañas la educación de sus hijos, y todavía más común, que éstos abandonen desde una edad muy temprana la casa que los vio nacer, el influjo paterno está muy debilitado, y puede decirse, que el corazón de los hijos recibe del mundo más que de los padres, gran parte de las impresiones que han de dirigir su conducta. Mas no sucede así en Cuba, pues separándose los hijos pocas veces del lado de sus padres, y viviendo y muriendo juntos bajo el mismo techo, los ejemplos paternales, ora beneficiosos, ora perniciosos, producen en los hijos un efecto más trascendental.

Convendría, pues, que los buenos padres de familia y todos los que se interesan en el bien del país, hicieran el corto sacrificio, si es que tal puede llamarse, de abstenerse de los juegos domésticos, e influir con su ejemplo y sus consejos en crear y fortificar la opinión contra ellos. Para sostener este abuso, se dirá que estos juegos forman, aun en los pueblos más civilizados, una parte principal de sus entretenimientos domésticos; pero sin examinar ahora si todos los usos y costumbres de aquellos pueblos son dignos de aprobación, creo que nosotros no debemos seguir su ejemplo; porque los países donde el juego no es un vicio dominante, y donde las leyes y la opinión infaman a los jugadores, los juegos domésticos no producirán fatales consecuencias; pero en los pueblos donde esta pasión es una enfermedad, las consecuencias son trágicas y difíciles de erradicar. »

Felipe Poey

Felipe Poey Aloy (1799-1891) Científico Cubano, profesor e investigador en el campo de las ciencias naturales. Cursó estudios en el **Seminario de San Carlos**, donde fue alumno de **Félix Varela**, así como en la Cátedra de Derecho Patrio, y recibió el título de Bachiller en Leyes en 1821, tras lo cual viajó a España con vistas a alcanzar en Madrid el de abogado.

Cuatro años más tarde viajó a Francia, donde estableció relaciones con Jorge Cuvier sobre temas relacionados con la ictiología, y fue socio fundador de la Sociedad Entomológica de París, en 1832. En ese mismo año publicó allí su obra *Centuria de Lepidópteros de la Isla de Cuba*.

De regreso a la Isla en 1835, impartió las asignaturas de Geografía Moderna y Geografía de Cuba, así como lenguas Francesa y Latina, en el **Colegio Carraguao** de Luz y Caballero.

Dio clases de las asignaturas de Zoología y Anatomía Comparada, y las de Botánica y Mineralogía, con nociones de Geología, en la **Real y Literaria Universidad de La Habana**, tras la secularización de la enseñanza, en 1842.

Publicó colaboraciones en *El Faro Industrial de la Habana* y *La Honesta Cubana*. Durante 1849 apareció su trabajo *Revista Zoológica de la Isla de Cuba*, en *Anales de la Sociedad de Historia Natural de Madrid*, y en *Anales del Liceo de Historia Natural de Nueva York*.

En 1883 envió a la *Exposición Colonial de Amsterdam* una versión manuscrita, con el respectivo Atlas, de su *Ictiología Cubana*, fruto de su trabajo de más de cincuenta años, la cual resultó premiada con medalla de oro y un diploma de honor. Dos años más tarde esa obra se depositó en la *Biblioteca del Museo de Historia Natural de Madrid*.

Poey ingresó en la *Real Sociedad Económica de Amigos del País (SEAP) de La Habana* en 1837, y al año siguiente le fue otorgada la condición de Miembro de Mérito. En 1861 formó parte del grupo de los treinta miembros fundadores de la *Real Academia de Ciencias Médicas, Físicas y Naturales de La Habana*, en la que, por su especialidad, pasó a formar parte de la Comisión de Ciencias Naturales, con la condición de Académico de Mérito. El 4 de septiembre de 1877 fue propuesto como Miembro de Número de la *Sociedad Antropológica de la Isla de Cuba*, en la que doce días más tarde resultó electo presidente.

En su labor de difusión cultural, promovió conocidas tertulias y asistió a otras como las del abogado *Nicolás Azcárate*, en Guanabacoa. Presidió la *Sección de Literatura del Liceo de La Habana*, en 1858 y 1862; pronunció el discurso «*Unidad de la especie humana*» en el Liceo de Guanabacoa, que en 1861 lo destacó como Socio de Honor, y en 1885 integró la *Sección de Ciencias Naturales del Nuevo Liceo de La Habana*.

Fue nombrado en 1851 corresponsal del *Liceo de Historia Natural de Nueva York*, y miembro de honor de la *Sociedad de Ciencias de Buffalo* en 1863. Le fue otorgada la membresía de la *Sociedad Estomatológica de Filadelfia* y la de corresponsal de la *Sociedad de Historia Natural de Boston* en 1864. La *Sociedad de Historia Natural y Horticultura de Massachussets* lo incorporó como miembro corresponsal en el mismo año, y la *Academia de Ciencias de Filadelfia* le otorgó en 1873 similar responsabilidad. Fue miembro de instituciones europeas como la *Sociedad de Amigos de la Historia Natural Berlinesa* -de la cual fue en 1864 miembro de bonicultor, la *Sociedad Española de Historia Natural*, desde 1872, y la *Real Sociedad Científica de Londres* en 1836.

Ejerció como propietario la *Cátedra de Geografía de Vertebrados*, y fue *Decano de la Facultad de Ciencias*. De una gran altura intelectual, Poey ha pasado a la posteridad como uno de los máximos representantes de la ciencia Cubana decimonónica.

La Divinidad

> **Nota de Felipe Poey**: Este artículo sobre La Divinidad fue escrito por mí en 1856. Algunos años más tarde, en vista de las doctrinas de Lamarck, Darwin y Spencer, le hubiera dado otra forma y otra significación. Ninguno de estos grandes pensadores ha negado la causa primera: Lamarck la afirma con el nombre de Dios; Compte y Darwin no se ocupan; Spencer la deja en los campos ilimitados de lo incognoscible.

He entrado en el mundo con un torrente de esperanzas: mi corazón iba en pos de la fraternidad, de la amistad, del amor; mi vista, enajenada por las bellezas de la creación, interrogaba al cielo y a la tierra; todo me halagaba, todo me sonreía. Creía ¡ay de mí!, que la amistad era desinteresada, que el amor era perpetuo. Cuando veía una exhalación atmosférica en medio de un cielo puro, oscurecido por el manto de la noche, creía que era el alma de un mortal que ascendía a las regiones empíreas, y preguntaba quién se había muerto. Danzaban para mi entretenimiento las hadas a la dudosa claridad de la luna, en las encrucijadas de los bosques poblados de nocturnos insectos: algunos de ellos luminosos, discurrían por entre las ramas de un árbol corpulento, y me parecían estrellas que habían bajado del cielo para recrearse conmigo. Si pasaba por las veredas cercadas de matas verdosas, entre las cuales la *Ipomoea bona nox3* abría sus pálidas corolas, oía un silbido repentino que me hacía volver la cabeza: ¿quién llama? —preguntaba—; y prestando un oído atento, escuchaba un sonido metálico semejante al de una campanilla de oro, que parecía convidarme a un palacio encantado. Vivía de ilusiones.

Bajando más tarde el sendero de la vida, mis amadas ilusiones han ido desapareciendo una a una. He visto cara a cara el interés, la mentira, la traición; a veces la calumnia ha turbado mi inocencia; la amistad me ha desamparado; el amor me ha apagado sus antorchas. Vine a saber que las estrellas errantes por la atmósfera eran partículas de hierro combinados con el nickel; no he vuelto a encontrar a las amables hadas, y en su lugar temí más de una vez ver salir de la espesura a un hombre, un hermano armado contra mi vida; la voz que me silbaba era de un humilde insecto, las luces que discurrían eran las del Eláter noctíluco,4 la campanilla era la garganta de una rana. Derribáronse mis palacios encantados. Apenas empecé a dudar de las estrellas, estuve en peligro de dudar de todo, aun de la mano invisible que las mantiene equilibradas en el firmamento.

Con todo, hay compensaciones en la vida: la meditación, la instrucción que se saca de los estudios y de los años, han restablecido en mi ánimo las creencias abandonadas; y a los desvanecidos misterios de la primera edad han sucedidos misterios más profundos. Cuando los hombres mudaban para mí, la naturaleza se mostró siempre la misma: las aves conservaron sus cantares, el arroyo sus murmurantes quejas, el árbol su verde cabellera, el rocío sus fuegos diamantinos; el sol penetra aún mi cuerpo fatigado, y mi imaginación se enciende a su presencia. En medios de corazones endurecidos y perversos, he encontrado otros corazones más amantes que el mío, caracteres desinteresados, heroicos, hombres mejores que yo bajo de todos aspectos; y me he reconocido indigno de tocar la cinta de su calzado. El hallazgo de estos pocos me ha reconciliado con la humanidad entera. El hombre es naturalmente bueno, decía; las instituciones imperfectas y la errada educación lo hacen malo.

Desde entonces me eché en brazos de la Divinidad, dispuesto, si era mi postrera ilusión, a no dejármela arrebatar; para que, cuando mi vida decline, como el sol en el ocaso, pueda aún contemplar a Dios en sus obras, y dormir con calma en su seno. Desde entonces nunca anduve solo, tuve con quien conversar,5 en las llanuras solitarias y en la cima inhospitalaria de los montes. En mis viajes transatlánticos, miraba hacia el horizonte, las puertas de sus brillantes Edenes, vestidas por el sol de púrpura y oro; y cuando las aguas se alzaron amenazando tragar al frágil pino que nos tenía suspensos entre el océano y el cielo, pude ver la mano de Dios tendida sobre las olas, y aplacando mansamente sus iras.

La crédula humanidad ha visto desaparecer, como yo, sus brillantes ilusiones. El sol fuera al principio el rubicundo de Dios que con nombre de Apolo ocupaba un trono de marfil con ruedas de platas y radios de oro, guiando por el espacio, desde Cáncer a Capricornio, sus fogosos caballos Pírois, Eous, Ethon y Flegon. Fue después un globo encendido; más tarde, un cuerpo opaco envuelto en una atmósfera luminosa; y con el tiempo, tal vez, la física, de acuerdo con la astronomía, lo desnudará de esa túnica resplandeciente, que ya ha empezado a rasgar en algunos puntos, pues descubre por ellos las manchas de su núcleo. Ya la luna es un planeta sin luz propia. La triple Hécate no tiene más que una cara, la que constantemente tiene vuelta hacia la tierra: no es Diana la cazadora, la que en el silencio de la noche, enamorada de Endimión, visitaba las soledades de nuestro orbe; la hija de Latona, que con nombre de Lucina, presidía a los partos; la compañera de Mercurio, en comunicación con los manes infernales. Ya Neptuno no sacude su tridente, estremeciendo la tierra, y apaciguando los vientos con una amenaza: es una ola tras de otra ola, a la merced de los ciegos elementos, ya azotando las rocas con insano furor, ya expirando sin aliento en la playa. Eco no es la ninfa adolorida que clama por Narciso, y lamenta su hermosura desdeñada; es una voz que sale de la peña insensible, y responde al llanto no menos que a la risa y al sarcasmo.

Es cierto que los que hemos nacidos en el gremio de la iglesia, tenemos que lamentar la pérdida de tan ingeniosas ficciones; no vemos una ninfa en cada fuente, ni a Dafne en un laurel, ni a Siringa en una caña; los Faunos y Silvanos no pueblan la espesura de nuestros bosques; los tritones y las focas no pasean a nuestra vista por el mar salado el trono de Amphitrite; pero otros espectáculos nos reservan la ciencia. Si admiramos un cometa cuando muestra a la tierra su globo encendido y su brillante cabellera, mucho más sorprende nuestra imaginación cuando, trazada su órbita por los cálculos astronómicos, lo vemos dirigirse al sol con una velocidad acelerada, como quien quiere perderse en su seno, y luego evitar su encuentro y lanzarse con igual impulso a las inmensidades del cielo. Si es bello el sol cuando se contempla inmóvil, cercado de un coro de planetas que a distancia prescritas enlazan y desenlazan sus comparsas, más bello es cuando consideramos que se acerca con ellas a la constelación de Hércules, describiendo una órbita inmensa alrededor de un centro desconocido, donde tal vez se esconde el trono del Omnipotente.

¿Qué es el mundo para el ateo? Un reloj sin relojero, un cuerpo sin alma. ¿Qué son para él las olas del mar que quiebran en una roca? Una espuma tras de otra espuma.

¡Dichoso el que cree en Dios! Escucha con Pitágoras la música de los astros, oye la hierba crecer, las aves suspirar, los vientos gemir, las aguas murmurar. Yo también —dice el ateo— porque soy sensible, y tengo imaginación; yo también hablo con la naturaleza, pero no hablo con Dios, porque no lo veo. —¡Oh insensato! No hablas, no, con la naturaleza, si desconoces a su autor, si me prohíbes hablar con él. Cuando el viento enamora mis oídos, consientes que hable con el viento; cuando el árbol caído entristece mi ánimo, me das triste endechas para llorar su pompa abatida por el suelo; y cuando la majestad divina se revela a mi mente y penetra en mi corazón, ¿me niegas un himno de gratitud? Ya sé que no eres insensible: te estremeces con el rayo, te conmueve la borrasca que rompe la nave en el escollo, y el tristísimo lamento de los náufragos; tal vez la paloma desgarrada por el gavilán, y el cordero palpitante bajo el diente de la pantera; te complacen los corceles de tendidas crines, y el contraste de una garza que cruza por el aire, mientras que el cocodrilo atraviesa el río con remos sosegados. Pero dime, si ves dos cisnes volar a regiones desconocidas, ¿cuándo los pierdes de vista, va en pos de ellos tu pensamiento? ¿Va más allá? Si entras en una iglesia gótica, donde las puertas se labran en ojiva, donde las flechas se lanzan al cielo, donde las columnas se pierden en las bóvedas elevadas, y sus relieves afiligranados desaparecen a la simple vista, ¿hasta dónde remonta el vuelo tu atrevida imaginación? Dime, te ruego, tú que no crees en la Divinidad, y has visto con placer la luna pasearse majestuosamente por el limpio cielo, encubierta a ratos con nubes trasparentes; que te has detenido a considerar un rayo de esa luna sobre el mar, por las trémulas olas reflejado, ¿te agrada verla por una abertura del follaje, como quien nos quiere mostrar un resquicio de la bienaventuranza? Chateaubriand me da la respuesta: el espectáculo está en el espectador; porque el espectáculo de la naturaleza es nulo —dice Humboldt— cuando no tiene relación con la vida interna y misteriosa del hombre.

¡Oh ciego! ¿No ves a Dios? "Yo lo veo en todas partes —dice Rousseau—; no solo en mí mismo, sino en la rotación de los cielos, en el sol que nos alumbra, en el cordero que pace, en el ave que vuela, en la piedra que cae, en la arista arrebatada por un torbellino". "Lo veo —dice Lamartine— en las olas, en las nubes, en las sombras de la noche; lo descubro en la fragancia de las flores, lo columbro más allá de lo que alcanza la vista, allá donde pierde sus alas el pensamiento". Yo también, no menos que Rousseau y Lamartine, en todas partes lo veo: en los hojosos bosques de la tierra, en su fauna animada y la flora de sus praderas; me lo muestran las montañas inaccesibles, los volcanes en erupción, los valles amenos, los desiertos arenosos, los llanos cubiertos de altas gramíneas, los ríos y cascadas, el inmenso océano, el sol naciente, las noches serenas, las auroras boreales, los silbidos del huracán, la concordia y la discordia de los elementos, y el arco que resplandeció cuando se sosegaron las aguas del diluvio. Su espíritu domina en las alturas y reposa en los valles; su voz se hace oír en medio del desierto, suena con el Aquilón, se alza con las tempestades; su nombre está escrito en el firmamento, en el cuello del colibrí y en el ala de una mariposa.

Él dijo desde un principio: Sea la luz, y la luz fue.

Él puso al hombre sobre la tierra, vestida y poblada con todos los animales; y le dio la mujer por compañera.

Él ha creado el sol para presidir al día, y la luna para embellecer la callada noche con su modesta claridad.

Él encierra perpetuamente los planetas en sus órbitas elípticas.

Él enseñó a **Klepero** la legislación de los astros.

Él puso en la cabeza de **Newton** el punto de apoyo que Arquímedes buscaba para pesar la tierra.

Él armó la mano de **Franklin** con la cometa que robó la electricidad a las nubes.

Él abrió a **Colón** un nuevo mundo.

Él dio a **Lavoisier** la mecha con que encendió el hidrógeno y el oxígeno, con ruidosa detonación, para producir el agua.

Él que dictó a **Linneo** el nombre de las plantas y de los animales.

Él derrama sobre nuestras frentes la benigna influencia de las estrellas.

Él refrena el mar espantoso, y dice a sus olas: no pasaréis de aquí.

Él desgarra las nubes, y sacude los cimientos de las altas montañas.

Él organizó al avestruz y el camello para los áridos desiertos de África y Arabia.

Él enseñó al castor la arquitectura, y a la abeja la geometría.

Él ha señalado a la garza por el aire un rumbo certero, desde los valles Escandinavos hasta las vertientes del Níger, desde el lago del Niágara hasta la cuenca del Oriente.

Él tiñe el cielo de azul, y cubre la tierra de verde alfombra.

Él distribuye la lluvia a los sembrados, cernida por las nubes en menudos aljófares.

Él moja las alas de la brisa sobre la superficie del mar, para refrescar las tierras abrasadas por el sol.

Aquel cuyo nombre verdadero no podemos deletrear; que, en la zarza ardiente, interrogado por Moisés, dijo: *soy quien soy*; que sobre el monte Sinaí se denominó Jehová, y que en nuestra lengua mortal, con filial ternura, apellidamos **Dios**.

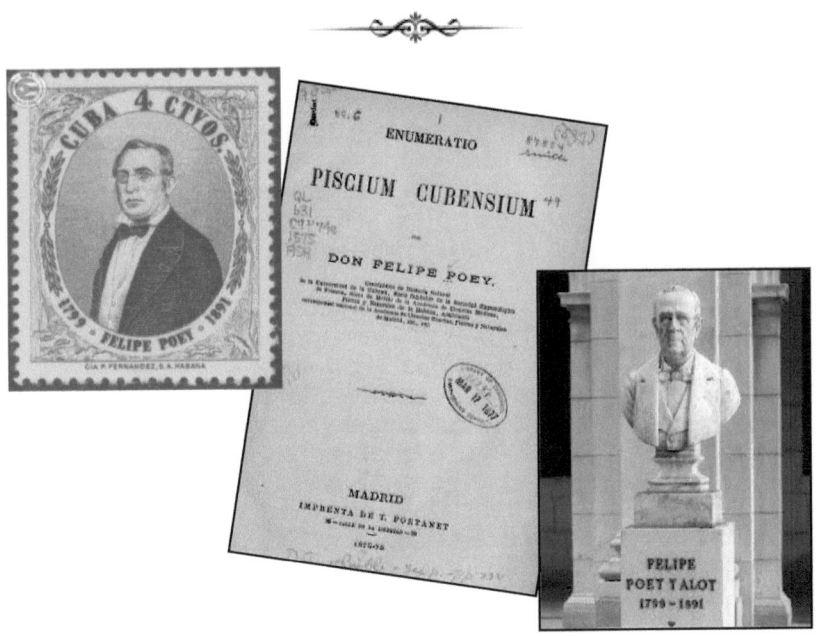

La Poesía de Felipe Poey

EL SUSPIRO

Huye del claro sol la llama ardiente
El pajarillo oculto en la enramada,
Y a su dulce trinar, de amor guiada,
Llega su compañera diligente.

A los brazos del árbol eminente
Sube la bejuquera enamorada,
Y allí tiene su nido con su amada
La tórtola que arrulla mansamente.

Llama a su par el ruiseñor quejoso,
Y a los ecos envía suspirando
De su garganta el canto melodioso.

Todos sienten de amor el fuego blando,
Todos aman, y yo, menos dichoso,
Sin voz ni amor suspiraré callando

DECIMAS DE AMISTAD Y AMOR

La dicha del corazón
En ti, Guadalupe, estriba;
para ti sola se aviva
mi desmayada afición.
   Renuevas dulce ilusión
de mi juventud primera;
y si bien se considera,
soy tronco que reverdece
con tus hojas, y florece
en tu verde primavera.

El encanto de mi vida
fuiste tres meses apenas,
cuando en lisonjas amenas –
quedaba mi alma adormida.
   Y aunque despierta afligida
en solitario quebranto,
siempre que enjugues mi llanto.
con delicada amistad,
siempre serás con verdad
de mi vida el dulce encanto

José de la Luz y Caballero

José de la Luz y Caballero (1800–1862) fue uno de los hombres de ética y moralidad más pura y elevada que América ha producido. Es esta cualidad la que le reserva su lugar entre los escritores más destacados de Cuba, aparte de su habilidad literaria, histórica y gramatical.

La pedagogía fue la labor a la que dedicó su vida, no la escritura. Sin embargo, dado el caso de defender una tesis filosófica o una crítica literaria, de la Luz y Caballero fue capaz de entablar polémicas con cualquiera de sus amigos o enemigos. Colaboró con artículos en las publicaciones del momento. Escribió libros de texto, efectuó traducciones, y compuso discursos fúnebres. Tal vez su obra más sorprendente haya sido sus **Aforismos**, notas breves que fue escribiendo durante su vida, datos y observaciones relacionados con todo lo que le llamaba la atención. Pensamientos religiosos, científicos, humanos, que en muchos casos logran alcanzar un profundo misticismo

Estudió teología en el **Seminario San Carlos**, del cual fue profesor de filosofía durante tres años, ocupación que aumentó en él su amor por la enseñanza. Comprendiendo que ésta no estaba en Cuba a la altura que en otros países, emprendió un viaje por Europa (1828-1830), visitando los principales centros de cultura y teniendo ocasión de entablar relaciones con los más eminentes hombres de ciencia, entre ellos **Humboldt**. Regresó a la Habana, y en 1832 fundó un Colegio según sus proyectos, comenzando las clases bajo los auspicios más lisonjeros, pero una penosa enfermedad le obligó a interrumpir la obra que tanto fruto prometía. En 1838 fue nombrado presidente de la **Sociedad Económica** y en 1839 **Profesor de Filosofía** de esta.

No obstante el delicado estado de su salud, Caballero desplegaba gran actividad literaria y pedagógica. Debido a su débil naturaleza no podía resistir tanto trabajo, cayó enfermo de nuevo y marchó a Europa (1841), pero sus enemigos aprovecharon su ausencia para acusarle de complicidad en la conspiración contra los Españoles, si bien logró probar su inocencia. Después fundó otro Colegio al que enviaron sus hijos las más aristocráticas familias de la Habana, la muerte le sorprendió en esta labor.

Sobre los Aforismos de Luz y Caballero

Un aforismo es una sentencia breve y doctrinal que se propone como regla en alguna ciencia o arte. Del latín aphorismus, y este del griego φορισμ (definir); un aforismo es una declaración breve que pretende expresar un principio de una manera concisa, coherente y en apariencia cerrada. Se dice que el término aforismo fue utilizado por primera vez por Hipócrates, y fue posteriormente aplicado a la ciencia y, finalmente, a todo tipo de principios.

Los *Aforismos* fueron la obra característica, literaria y filosóficamente, de **José de la Luz y Caballero**. Compuso los *Aforismos* a lo largo de su vida de intensa actividad intelectual; fueron publicados parcialmente por sus discípulos **Enrique Piñeiro**, primero, y después, en colección más abundante, por **Alfredo Zayas**. Puede considerarse como colección completa la editada por la **Universidad de La Habana** en 1945, que contiene seiscientos sesenta y cuatro pensamientos. Los *Aforismos* constituyen una especie de enciclopedia filosófica formada por la decantación de abundantes y muy variadas lecturas, observaciones y experiencias de su autor. Reflejan la presencia de una personalidad preocupada, hipersensible, de fino y hondo espíritu de observación y de análisis. En la expresión, además del don de síntesis, manifiéstase con frecuencia la nota patética, el temblor emotivo de la frase. En su estilo, luchan influencias contrarias, retórica romántica de época y vigor personal. La materia de los *Aforismos* comprende reflexiones sobre la Filosofía y la Ciencia; sobre la naturaleza humana y la estructura y carácter del universo; la sociedad, la historia, los valores, la educación y la religión; sobre arte y **literatura**, Los pensamientos de sus conclusiones, divulgados desde su época, constituyeron desde entonces una especie de patrón de ideas, clave cultural que impulsa y explica la historia Cubana durante la segunda mitad del siglo XIX, sobre la que Luz ejerció una gran influencia social.

Los Escritos de Luz y Caballero

EDUCACIÓN

A los profesores.

En el alma me duele reconvenirlos; pero me llena de amargura que no me ayuden a llenar mi deber, que es mi vida. ¡Qué no daría yo porque retumbara esa palabra en el corazón de los Cubanos!

Sagrado es este ministerio de la enseñanza, y tremendo por los deberes que impone, todavía más al que enseña que al enseñado; pero de cualquier modo, nada puede el uno sin el otro: están estrechamente ligados ante Dios y los hombres. Yo no quisiera forzaros a la asistencia dominical, sino que vinierais espontáneamente como fruto de la convicción del deber, único norte de vuestro director y padre.

Quien no sea maestro de sí mismo, no será maestro de nada. No pasa un día sin que ganemos algún conocimiento útil, aun de los más ignorantes. "Todo hombre es un libro: la dificultad consiste en saber leerlo" —había dicho yo en 1835.

Es menester aprovechar al paso cuantos conocimientos se puedan, aun los que parezcan más indiferentes o inconexos con nuestras investigaciones favoritas. Así se junta insensiblemente un caudal preciosísimo, cuando menos se piensa, al prójimo, a cada instante, a la patria, a la humanidad. Sobre todo esa curiosidad habitual (y aquí otro gran mérito) nos vuelve esencialmente observadores reflexivos.

Casi todas las profesiones pueden pasarlo sin entusiasmo: la de maestro es la que no puede absolutamente: lo ha menester para inculcar la doctrina y para vencer los obstáculos.

Ha de ser todo inspiración, sacerdocio, mansedumbre, carácter, templanza, flexibilidad.

Ni hay otro medio eficaz de predicar costumbres que el ejemplo, ni los mejores planes de enseñanza pasan de meros pliegos de papel sin honrados y hábiles preceptores. Esperar lo uno sin lo otro, sería aguardar la cosecha sin haber labrado ni echado la semilla. Valiera más no establecer escuelas absolutamente que poner la niñez a cargo de entes inmorales o inexperto

No estemos en cómo se enseña, sino en el espíritu con que se enseña. "Buscad primero el reino de Dios, y todo lo demás se os dará por añadidura". La enseñanza es un contrato con Dios, no con los hombres. Arte por excelencia, como que es todo de inspiración, aunque descanse en la experiencia. No está la dificultad en engendrar y concebir sino en criar y educar. Espinoso apostolado es la enseñanza: que no hay apóstol sin sentir la fuerza de la verdad, y el impulso de propagarla. La educación empieza en la cuna y acaba en la tumba. Instruir puede cualquiera, educar sólo quien sea un evangelio vivo. Educar no es dar carrera para vivir, sino templar el alma para la vida. No se concurre a los establecimientos para aprender todo lo aprendible, sino muy singularmente para aprender a estudiar y para aprender a enseñar.

Los institutos de educación son los teatros donde la juventud debe tantear y robustecer sus fuerzas para marchar después sin ajeno apoyo. Pudiera tacharse a la educación moderna de haber atendido al entendimiento con menoscabo del corazón; y a la antigua de haber atendido a la memoria y a la especulación, con mengua del entendimiento y de la práctica. La escuela debe levantar el carácter de los maestros con los sublimes sentimientos de la Religión y la moral, para que así preparados, no presenten tan sólo, en aras de la patria, la ofrenda de unos hijos mejores en el entendimiento sino mejores en el corazón.

Por dondequiera que profundicemos, vamos a parar en la necesidad de una fuerte educación religiosa para formar hombres que sean hombres.

¡Ay de la juventud si no siente el estudio como una religión! Una mediana aplicación nunca produjo más que frutos mediocres. El elogio discretamente manejado, dispensado con parsimonia y oportunidad, es la mejor de todas las armas para conquistar la juventud.

El espíritu de nuestra enseñanza es hacer sentir la ignorancia. Estamos en punto a educación como las vírgenes fatuas del Evangelio: con lámparas, pero sin aceite. El hombre es un niño a quien es menester enseñar sin que lo perciba, al menos sin que perciba dónde se le lleva. Soy tan escrupuloso con la moral, sobre todo para los niños y el bello sexo, que donde otros no temen, ni ven peligro, veo yo muerte o enfermedad incurable. Esto no es desconfianza, pues ni soy malicioso ni celoso: no es ni aun experiencia: es sentimiento, sensibilidad, casi un instinto para conmigo. Pero creo que la experiencia más dilatada y la ciencia más profunda justificarán y corroborarán ese hondísimo instinto.

Dios sabe lo que hace: todo de Él y nada sin Él. Sin sentirlo me he explicado con las palabras del metafísico de los Evangelistas: *Et sine ipso factum est nihil*.

A los niños no se debe ofrecer horizonte (para el placer se entiende.) Más respeto se debe a los niños que a los ancianos. ¿Qué padre no es al fin gobernado por su niño? (De intento no se ha dicho su hijo.)

La infancia gusta de oír la historia, la juventud de hacerla y la vejez de contarla. He aquí enlazadas las tres edades y armonizadas entre sí y con el mundo. Todo se corresponde: en tres maneras: lo físico con lo físico, lo físico con lo moral y lo moral con lo físico. Esta trinidad que por do quiera se aparece como la unidad de Dios.

En la juventud corre el pensamiento a torrentes: no es posible ser tan lacónico; o al menos, no nos sentimos tan inclinados a condensar, como en la meditación. Ahí está en la naturaleza de las cosas: en la juventud corre el río; en la madurez lo detenemos para ver lo que lleva.

A los cuarenta, no ha lugar a entonar el re en ninguna clave. Yo me admiro de que los demás se admiren, sobre todo los ancianos. ¡Dichosos los que se han quedado jóvenes!

Pero esta gracia *gratis data, et nunquam acquisita.* Siendo la ciencia de la educación un ramo tan experimental, como la Física o la Medicina, quedaría harto defectuoso todo plan de escuela normal si no se destinase una parte del curso a la práctica de las doctrinas explicadas.

Enemigo del enciclopedismo, pero todo tiene su término. Pues va siendo, cada vez más, casi tan necesario a cualquier hombre, tener nociones de mecánica, v.g., como tenerlas de aritmética.

Viajar, comparar impresiones nuevas con las antiguas. Viajar, desmohecer las armas. *"gracia otorgada sin el esfuerzo, y nunca adquirida".* Sal de tu patria para apreciar tu patria (verdadera en bien y en mal). Ni en la niñez ni en la vejez debe salirse de la patria: la juventud es la edad de los viajes.

En una y otra época se necesita el calor de la madre. No debe el niño educarse fuera del país donde ha de vivir el hombre. ¡Cuántas pérdidas irreparables trae la educación en suelo extraño! Piérdese el idioma nativo, entibiase el amor filial, relájese todo vínculo de familia, y hasta el santo amor de la patria sufre gravísimo detrimento en el continuo cotejo de los hábitos adquiridos con los que es forzoso adquirir.

En otros términos, se choca de frente con la gran ley de armonizar. Fardo para sí y para los demás. La instrucción primaria no significa nada respecto a la moralidad de un pueblo, cuando no se aplica directamente a la disciplina de los sentimientos y afecciones del alma, no menos que al cultivo de las facultades mentales.

Háganse respetables los maestros y serán respetados. Tengamos el magisterio y Cuba será nuestra.

LENGUAJE, LITERATURA, y ARTE

Sobre atribuir las lenguas a origen divino. Con sólo plantear la cuestión, o con una simple pregunta, queda dirimida contra los divinizadores.

Quiero citar algunas palabras características:

"...and so at length cometh to be a joint, (an allusion to the building up of the work of science), as it were, in the general fitness of things, and a maxim in the universal truth, and a love or accord in the harmony of nature."

Cardenal **Nicholas Wiseman**, Arzobispo de Westminster; autor de *Lectures on the connection between science and revealed religion* (1836) y editor asociado de la **Revista de Dublin.**

"...y así, en suma, viene a ser una conexión (alusión relativa a la reconstrucción del trabajo de la ciencia), que existiese, en la correspondencia general de las cosas, y una máxima en la verdad universal, y un amor o acuerdo en la armonía de la naturaleza".

Pero no se indican otras señales de desarrollo en todas, todas las lenguas, sin exceptuar una. Es de aquellas cosas que no se ven tanto, porque chocan menos. Tampoco olvidemos la influencia del hábito, aunque sea un mal hábito, que a los que no le tenemos, nos parezca, y efectivamente sea, difícil. Y finalmente, como sucede en los chinos y sordomudos, el valor entendido que llamo yo la elipsis natural a todos los idiomas más o menos, como ley que es del entendimiento humano.

Hay en las lenguas como en los pueblos, algo de orgánico y algo de adventicio, peculiar, según su diversa índole.

Agudo, fino, perspicaz es Wiseman en sus pensamientos; delicado, fluido y elegante en la expresión; pocos habrá con mejores dotes para profesar. Posee en alto grado lo que llaman los ingleses powers of ilustration y nosotros facundia para ilustrar las materias con la más exquisita y sazonada erudición, y, para decirlo de una vez, sabe hallar puntos de vista generales y trascendentes con la lógica más atinada, sin que por remontarse se pierda en las regiones imaginarias. En resolución, es hombre verdaderamente superior.

Lo que yo veo en este punto es que el espíritu humano procede según sus necesidades. Hubo menester explicar más o menos objetos, y requiriéndose para ello más claridad, y por consiguiente más orden, tomó las formas gramaticales de alguna lengua afín, o de aquella con que estuvo más en contacto, o inventó la forma, si le urgía mucho, y no la encontraba pronto ya hecha: de la misma manera que cuando tuvo que remontarse en la ciencia de la cantidad a analizar más complicadas relaciones —inventó el cálculo infinitesimal: así la analogía gramatical entre las lenguas muchas veces no es señal de parentesco, sino prueba de progreso y civilización.

Asimismo, sin estar en contacto algunos pueblos, de la propia o de diferente raza, puede ocurrírsele un modo análogo en la estructura gramatical, aun sin parecerse las lenguas en los vocablos, como sucede, respecto de la conjugación y otros rasgos, con el vascuence y las lenguas indo-americanas.

Así como la necesidad pudo haber hecho inventar la geometría en diversas partes.

Las lenguas —única historia fiel y completa. La más clara fuente de donde mana la teoría del pensamiento (las ideas).

¡Cuántas huellas de vilipendio querrían borrar de ellas los pueblos, si se les hicieran notar!

Y cuenta que lo favorable y lo adverso se graba en ellas indeleblemente.

Las consonantes —el esqueleto de las lenguas. Por eso la mejor base de su anatomía Comparada (su clasificación).

El Sánscrito, madre de todas las lenguas jaféticas: el meso gótico y antiguo islandio son de sus más próximos parientes.

¿Por qué no tenemos impeorable, así como hay (y qué poco!) inmejorable? R. —Es harto extenso el capítulo de las lagunas de las lenguas.

Sea que prestemos más atención, sea que aparecen mejor expuestas las ideas en la lengua en que se expusieron originalmente, aunque no sea la nuestra, sea que en ciertas épocas esté el entendimiento más libre y despejado, sea por todas estas causas combinadas, lo cierto es que la lectura de las obras originales me ha dado muchas veces más claridad que la traducción en mi propia lengua —y desde luego, muy a menudo diferentes impresiones, y por lo mismo diversas ideas.

Joujou!

¡Es mucha la bizarría del bizarro traductor del "Naufragio del *Astrolabe*."! Por lo que nada tiene de particular, de extraño, raro, extravagante, desusado, estrambótico, peregrino, inaudito, caprichoso, estrafalario, y hasta lunático y maníatico, que ni dando en bajíos (no pasos falsos) de corales y otras yerbas por el estilo, ni aun tropezando con diamantinos contrastes (diamantes a fe por lucientes y empedernidos) siga impertérrito, viento en popa, alas y arrastraderas, a todo trapo, sin encallar, ni zozobrar, ni naufragar, ni dar en la herradura. ¡Esto sí que es a un tiempo raro y bizarro (estupendo!) todo en una pieza, y en todo el rigor de ambos términos! Pues ya está todo conciliado, y justificado el traducidor por medio de un enlace galo-español, productor de una prole que es un primor.

¡Viva la fusión!

¡Viva la afinidad!

Viva la afición! (*Abrenuntio!*)

¡Viva la alquimia!

Capaces de refundir y ayuntar *les choses les plus disparates*; lupibus agni.

Dispense usted, Camaraíta, que no es como suena ese badajazo; y sólo importa (y a usted ¿qué le importa?) las más inconexas, o menos parientes o allegadas, como lo es de usted su fraterno prójimo.

Nada es comparable a la dignidad de la lengua latina. Ella fue hablada por el pueblo-rey, quien le imprimió aquel carácter de grandeza, único en la historia del lenguaje humano, y que ni aun las lenguas más perfectas han podido jamás alcanzar... El término "majestad" (majestas) pertenece a la lengua latina... Nacida para mandar, esta lengua manda todavía en los libros de los que la hablaron. Es la lengua de los conquistadores romanos, y de los misioneros (conquistadores) de la iglesia romana...

Trajano, que fue el último esfuerzo del poder romano, no pudo sin embargo llevar su lengua más que hasta el Eufrates; el Romano Pontífice la ha hecho entender en las Indias, la China y el Japón.

Esta es la lengua de la civilización. Mezclada con la de los Bárbaros, nuestros padres, ella supo suavizar, refinar, y por decirlo así, espiritualizar esos idiomas groseros que se han convertido en lo que vemos...

Tiéndase la vista sobre un mapamundi, y tírese la línea donde esta lengua universal calló: allí están los límites de la civilización y de la fraternidad Europea: allende no encontraréis más que el parentesco humano, que afor...

El Español es una lengua señora, y una señora lengua —pero ¿y la dotación? *Quel rapprochement, et quel souvenir!*

Mucho uso y pocas reglas.

El poder de las letras es y ha sido más eficaz de lo que suele creerse. ¿Quién hizo, quién formuló la Revolución Francesa? Los filósofos del siglo XVIII

La veritá

Mase la voce sua sará molesta

Nel primo gusto, vital nutrimento

Lascierá poi quando sará digesta.

E se non é digesta, caro Lei, cosa fare? S'io avessi a fare il ragguaglio dei casi di no, sarebbe un bel ché! Cattivo affare! Per qualcheduno á un cauterio invece di nutrimento. Ma il sommo poeta a sempre ragione, perché comunque sia digesta, lascia purtroppo nutrimento vitale.

Il suo ciglio é il sole che fa svanire le nuvole del mio cuore.

"Pero aunque su voz fuere molesta al primer sabor, dejará luego un nutrimento vital, cuando sea digerida" (Dante).

"Y si no fuere digerida, querido, ¿qué se hace? Si yo tuviera que pasar en reseña los casos que no, ¡bonito problema! ¡mal negocio! Para algunos es un cauterio en lugar de un nutrimento. Pero el sumo poeta tiene siempre razón, porque como quiera que sea digerida, deja, a pesar de todo, nutrimento vital".

"Su mirada es el sol que disipa las nubes de mi corazón".

La desventura, alimento y aun germen del genio.

Todos los poetas inmortales fueron más célebres por sus desdichas aun que por sus obras: gran testigo el rey de ellos. Dante ; y Camoens, Milton, Cervantes, el más original desde que hay hombres, Tasso, Shakespeare, Byron, etcétera

Si la libertad, si la esclavitud; si el sosiego, si la agitación, si el participio en los negocios públicos, si el retiro del hogar doméstico; si la miseria y la persecución, si la opulencia y la seguridad; si el patrocinio, o el abandono.

¿Cuál de estas causas contribuye más eficazmente al desarrollo de una literatura? En el modo de plantear la cuestión, está resuelta.

Todas ellas contribuyen para sacar a luz todos los estados del alma humana. Pero lo más grande siempre fue fecundado por la desventura.

Quisiera que resucitase Cervantes para ajustar el coleto a sus expositores Españoles

... y digo Españoles porque el Inglés Bowles y los Alemanes han ilustrado propiamente algunos pasajes.

Tampoco pretendo que todo lo hayan errado los *Pelliceres* y *Clemencines*; pero en general [hay] mucha falta de filosofía y mucha sobra de sencillez que harían reír al ingenio de los ingenios. También ignorancia: achaque común, sobre todo a los presentes, en materias científicas.

¡Cómo olvida el papel de la Poesía como el primer documento de la historia de los pueblos! (entre otros olvidos).

De notar es en un siglo tan chacharero , que los dos genios más creyentes, han sido los más creadores: ahí están los *Mártires* e *I promessi sposi*. ¿Pero cuándo no sucedió siempre lo mismo?

La inspiración no se va a buscar, sino que nace dentro de nosotros mismos: es un Dios que nos arrastra y nos inflama, y del cual no nos podemos libertar sino marchando o quemándonos, produciendo lo concebido.

¿Cuál es el escritor más inspirado de los tiempos modernos? Alejandro Manzoni.

La inspiración se ayuda y acrecienta, pero no se hace: *Chateaubriand*.

La oda de Manzoni. *A la muerte de Napoleón* fue dictada por Dios.

Así puede afirmarse sin blasfemia. Sólo Dios y el Cristianismo pueden inspirar semejante composición, en que quedaron vencidas y superadas todas las inspiraciones.

Así lo siento al cabo de veinticinco años, y de haber repetido, no sin interrupción y asombro, y deleite profundo, más de veinticinco mil veces, ese prodigio de composición.

Esta es la señal segura del genio: lejos de inferirle el tiempo detrimento, cada vez que se recuerda la obra, produce nuevo placer, e inspira nuevas ideas —casi diré nuevas impresiones.

A mí me arde el pecho con el mismo entusiasmo hoy con mis cincuenta años encima, que la primera vez que hace veinticinco proferí:

¿Fue por ventura caso o Providencia, que ese triunfo tan señalado se obtuviera en italiano, y por un italiano, en concurso con los más grandes vates de la época, por el alma más pura de cuantas han respirado el aire de las letras en el siglo XIX; por una de las almas más eminentemente religiosas que en el mundo fueron? Así convenía que fuera un vaso de elección aquel por quien la Divinidad había de comunicar sus oráculos. Llenáronse igualmente sus insondables miras, siendo este órgano un hombre en quien junto con el amor patrio se hermanase la gravedad de la historia y lo impasible de la posteridad; cuyo conjunto no podía realizarse sino por el lazo sublime de la Religión. Así fue como con ese digno intérprete y representante del Padre Universal misericordioso, resultó más edificante esa muerte que dejó muda a la humanidad.

¿Y la inspiración continuada en tres volúmenes de I promessi sposi? ¡Ah, hijo predilecto de la Divinidad!

Participo nada menos que con Goethe mi admiración por él. Se ha dicho que en él descuella la reflexión. Sí, es cierto; esa superioridad que lo hace encumbrarse sobre todo lo presente, y volar en alas de lo futuro. Es una lente ustoria que concentra luz y calor.

Viveza de sus impresiones —imaginación gigantesca así para representar como para inventar— hace cuadros a pinceladas. Singularidad que, siendo tan dulce y afable, se distinga cabalmente por la valentía del pincel —gracia mucha, sin embargo, en la exposición— y felicidad y superioridad en la imitación; pero, viniendo a su energía, no hallándole paralelo entre poetas antiguos ni modernos, ha sido forzoso ir a desenterrar un romano: Tácito.

Chateaubriand, único hombre del siglo, si no viviera Manzoni; por eso diremos: único hombre en Francia, capaz de escribir sobre esos hombres y sobre esas cosas.

Chateaubriand es de los pocos, tal vez el único escritor, a quien se le pueda permitir, con la pluma en la mano, que la deje correr por donde quiera, seguro que siembra diamantes, por donde pasa, y esparce un perfume de unción y de piedad encantadora. Que sean digresiones —que sea rapsodista— mejor para producir esos rasgos inimitables —fuerza— donaire todo a la vez: profeta (Rancé).

Sin embargo, este escritor mismo es eminentemente artista en la mayor parte de sus obras, guardando admirable unidad. *Genio del Cristianismo*, *Los Mártires* (aun en

Rancé). En el más mínimo folleto ¡qué chispas! Se parece a los rasgos con que el Aguila de Meaux traza el carácter de Cromwell en la Oración de la Reina de Inglaterra.

Coincidencia de mis ideas sobre los Franceses, como las tenía expuestas antes y ahora, con las manifestadas por Lamartine, en el *Conseilleur du Peuple*. No. No es ésta la vez primera que nos encontramos acordes sin ponernos de acuerdo. Entre otras, acerca de su opinión sobre los Ingleses, y señaladamente de Pitt, y acerca de la música, expresada con las mismas palabras. (Véase Los Girondinos, episodios de la Marsellesa, y parte de mis aforismos extendidos en Madruga, hace cinco o seis años.)

Scrittore veramente originale e un maestro consommato di stile, sí in verso che in prosa.

Mucho hay que desenvolver.

No son temibles las prostitutas Inglesas, sino las cortesanas Francesas. Esta es la literatura asquerosa del siglo XVIII.

Hoy no se consiente lo que en tiempo de Shakespeare.

Empeño de los Ingleses en difundir libros morales.

Les confessions d'un enfant du siecle por Alfred de Musset.

Los franceses escriben para el goce, no para la reflexión.

El artículo del Faro de hoy sobre preeminencia de las letras sobre las ciencias, inserto en un *Regañón de Madrid*, traducido del *Mercurio Francés*.

¡Síntesis, síntesis! os falta, literatos y sabios de entonces, como he clamado aun respecto a muchos de ahora.

Y digo literatos y sabios, porque reina de unos a otros la falta de síntesis —y de sabios a sabios en diversos y aun en los mismos ramos.

Sólo la música tiene el poder de que se desee prolongar las sensaciones melancólicas.

¡Cuán tiránicamente nos gobierna!

Criterio de lo malo: lo que todos hallan tal, y que ni el hábito más inveterado y reiterado nos embota respecto de ello.

¿Qué será? Ver a otro de mal humor, y oírlo, aún peor, porque el oído es el más vibrador de los sentidos.

Qué coincidencia entre Chateaubriand y yo en el modo de ver la música, como elemental material sensible —excitante— pero moralizador —como espíritu-materia y sentimiento.

La música es una lengua que va derechamente al corazón, sin pagar la aduana del cerebro, como le sucede a la poesía.

La música dispone de nosotros a su arbitrio, como que se dirige esencialmente al sentimiento.

Por eso es una excepción el ser insensible a su influencia.

Ella forma parte de nosotros mismos; entra la armonía en juego de nuestros órganos y sus funciones.

Por lo mismo es menos intelectual, pero más religiosa que la poesía.

Ambas, con todas las artes, deben hermanarse y armonizarse para mejorar de consuno al hombre, único fin de la religión y la filosofía.

Yo no puedo ver la filosofía sino en el conjunto y la armonía: la gran síntesis del eterno *da-capo* del análisis.

Por eso, para ser filósofo, es tan necesario ser poeta como matemático, y religioso como analizador; tan amante de la naturaleza como de los libros, y sobre todo *"amar a Dios sobre todas las cosas, y a tu prójimo más que a ti mismo": in hoc enim universa lex pendet*.

El que no siente los encantos de la poesía y de la música, podrá ser, si se quiere, espíritu puro, o animal puro; no aquel compuesto de alma, vida y corazón que llamamos hombre.

A veces cantamos tan espontáneamente, inconscientes de lo que hacemos, que es como una necesidad física.

Otras veces lo es moral, como cuando somos impelidos por la alegría.

Todo grande tiene (debe tener) su chispa de artista.

"Imitadores... *servum pecus*

Lo grande para fecundarse, no para copiarse. Donde no hay generación, no hay arte ni ciencia. Como la naturaleza.

Lucir lengua —o dejarse de la lengua gobernar, y no gobernarla a ella— es propio de escritores adocenados.

Más fuerza se requiere para engendrar que para concebir.

EL CARÁCTER DE LAS NACIONES

Constantemente se olvida la diferencia de razas en la explicación de los fenómenos políticos: por eso hemos penetrado tan poco los resortes de la física humana.

Lo que se hizo por lujo, vanidad o idea religiosa, vino a ser el único medio de rastrear la estirpe de un pueblo antiguo —las momias egipcias.

¿Qué son los chinos? Hombres: es decir, buenos y malos.

Poco tenemos que envidiar a la invariable India; pues habiendo empezado allí la luz, se ha quedado en eterna noche: al paso que el griego, y en general el hombre caucásico, es el verdadero representante del poder: invariable en variar, de la Naturaleza.

No admite la comparación entre la Grecia y la Francia: los Franceses, en el arte, cuando más, llegan a aprender, esto es, siempre copiar: los griegos es verdad que también aprendieron algo, pero inventaron mucho.

Más exacta parece la comparación entre ingleses y romanos.

Siempre dije que la Europa no sabía el fundamento del gobierno. Lo natural es lo que dura y marcha.

Alemania piensa, Inglaterra hace, Francia lleva, Italia repasa, España apaga.

Francia se ocupa de la Europa; los Estados Unidos, de las Américas; la Rusia, de la Europa y del Asia; la Inglaterra, del mundo.

¿Podrá decirse con la misma propiedad: "tienen que ocuparse?" Si lo primero, efecto; lo segundo, causa.

Los demás espectadores, o a lo sumo, actores de comparsa.

Mejor nos estaría Inglesarnos algo, que no afrancesarnos más de lo que estamos; ya que por la misericordia de Dios no estamos todavía en grado de Germanizarnos.

M. Guizot (en la cuestión de Tejas —su discurso). M.:Ud. no está a 2,000 leguas de América, sino a diez mil.

Diferencia entre Ingleses y Franceses en materia de política exterior. Ni el último de los Tories.

Ni aun titiriteros se me figuran los figurantes Thiers y Guizot en la comedia sobre los *enlaces*; no son más que títeres del gran escamoteador D. Luis Felipe.

En los Franceses se ve la susceptibilidad y farolería hasta en los rigores del claustro.

Esta observación me la sugiere la lectura de la vida de *Rancé*.

Hay mejoras a las que viene de perlas el "*incidit in Scyllam cupiens vitare Charibdim.*" ¡De cuántas, sobre todo en Francia, puede decirse otro tanto!

Aquí siempre se ha tratado más de parecer que de ser.

Pero también, así se han conquistado muchos seres y muchas realidades. Lejos de ser yo injusto para con la hospitalaria y civilizadora nación (¿y quién sino un bárbaro desnaturalizado podría serlo?), ya se verá en el discurso de estos aforismos bajo qué ventajosos aspectos la presento, unos nuevos, y otros confirmatorios de los ofrecidos por los pensadores, entre ellos *mi Manzoni*.

La imitación (que es limitación —nota de hoy) en todo y por todo.

Imitation d'or, imitation de diamant, etcétera, *imitation, au propre et au figuré*:

La originalidad Dios la dé —y Dios la da.

Con motivo de las partidas de gastos personales que pasan en cuenta los Ministros de Francia, y se las pasan los diputados *voir le "Courrier des Etats-Unis du 24 Avril"*.

Ces deputés sont les cocus du budget –mais en fin chez eux.

Sobre los Franceses.

Ora por batallosos, ora por presumidos; siempre inocentones y superficiales, les persuaden de que hay otros medios de salir de apuros que la familia y la propiedad, y los muy páparos se lo tragan enterito, y echan a probar, es decir, a cambiar: como realmente se ven abatidos por la necesidad y cercados de la realidad de los males, creen los pobrecitos (*la dupe*) que pueden salir avante con el cambio. Así se explica la sin par facilidad de este pueblo para el cambio, y los que no apelen a esta causa orgánica, fisiológica, nunca comprenderán cómo los ingleses y americanos, aunque los suelten y traten de alucinarlos, nunca abandonarán en masa (sino excepcionalmente y en poco número) el terreno firme y el áncora de la familia y la propiedad.

Inocentadas que hay en el fondo del carácter Francés, en el corazón del pueblo. No es la emigración el único, aunque sí uno de los remedios de las enfermedades Europeas.

Los Franceses sueñan despiertos y en pleno día, formulando sus ensueños con una lucidez que compite con la meridiana. Es tan de día, que del golpe desaparecen los fantasmas. Los alemanes, por el contrario, para soñar, tienen que esperar a la noche, o por lo menos magnetizarse, entregarse en alas de la fantasía —o echarse a brazo partido a buscar

Nota sugerida por la p. 85 de *Des Principes de M. Crousse*.

Estos franceses tan liberales (¡cosa singular!) si son consecuentes se vuelven siempre trabajadores y reglamentarios. Es menester también dejar un espacio, una esfera, para que se mueva la humanidad. ¡Hombres superficiales!, si no hay demérito, no habrá mérito (*fair play*.)

"*Le seccature, i disturbi, le cattive ragioni, le minacee, non sono pericoli; sono parole, e nulla piú*" (Balbo). *In politica; ma in... sono... Dio sa che. "Costoro (la posteritá, i nipoti) sobliono essere inesorabili poi; e tanto piú nel giudizio di ció, che fu alterato o taciutu dai contemporanci.*" Contradicción con lo que antes dice sobre primacía de las naciones, y esto último de acuerdo con las observaciones que sobre lo primero hice yo.

"*Son passate, o presso a passare le etá dei primati comprendenti quasi tutte le operositá dei primati onnipotenti e onnioperanti*".

"*Un solo scopo, l´independenza; un solo mezzo, la virtu.*" Admírase (en nota) de que

Lavergne y Durieu (en la Revue des Deux Mondes) sean tan inexactos respecto de Italia, siendo tan al pelo respecto de España. Dos razones para explicarlo.

Más sabe el loco en su casa, etcétera, es decir, que un extranjero no puede juzgar de esa exactitud más que hasta cierto punto.

Que se los hacen los artículos. Me consta.

"*La stupenda protesta Lombarda*". "*L´innamorarsi esclusivamente del propio mestiere, é Vizio di tutti gli uomini di mente miope.*"

Sin embargo, el poder de las letras es más eficaz de lo que el autor cree, y lo ha sido.

¿Quién hizo, quién formuló la revolución de Francia? Los filósofos del siglo XVIII.

Balbo, en general, habla Europeo —sensato—, despreocupado, pero a veces se pasa.

Inglaterra es el país de cada cosa, o más bien, de cada mejor cosa para su cosa.

Ese porqué, ese conocimiento de todo, y el consiguiente espíritu de imparcialidad del siglo, han venido más de Alemania e Inglaterra.

Es menester ser Alemán hasta para concebir, y más para ejecutar cierta especie de obras; y cuenta que no me contraigo ni a las de pura especulación, ni a las de inagotable erudición, que parecen los dos fuertes de ellos. Aludo a aquellos libros en que es necesario someter una inmensidad de materiales a una idea filosófica —o llámese sistematizar— y yo diría cientificar los conocimientos y ensancharlos —hacer pensar, que es el fortísimo de los germanos. Ejemplos de esta clase de obras: la Geografía de Ritter, el Cosmos de Humboldt (que ha motivado esta observación), la Historia del Alma de Schubert, la Fisiología de Burdach, sin otros muchos, y *last not least* la Historia Romana de Niebuhr.

No hay cosa más parecida a los hombres que... los hombres, máxime los de la especie yankee: allí si puede decirse: *ab uno disce omnes*.

Ni hay, ni puede haber, república más perfecta; quiero decir más igual.

Hasta igualdad de inteligencias, y muy pocos que sobresalgan (*"peu de somitées"*).

¿Es esto bueno o malo? No se trata de juzgar ahora, sino de sentar un hecho.

Los Estados Unidos: una colmena que rinde mucha cera, pero ninguna miel.

Los angloamericanos, gran colmena; pero de más cera que miel.

Nadie está bien servido sino por sí mismo.

No pueden negar la esclavitud los pueblos que para todo esperan la iniciativa del Gobierno. Traslado a la Europa. Pero ya poco a poco va soltando los andadores. Manent vestigia ruris.

Acá en América todo se lo hayan hecho, porque todo lo hacen: esto es, en América por excelencia —que puntos hay peores que en el Asia y Africa. Tan es la libertad el alma universal, que hasta del esclavo es alma libre, y es la libertad el alma universal.

¡Cómo ha cambiado la política de las naciones! Inglaterra ¡con qué distintos ojos mira hoy el engrandecimiento de los Estados Unidos! Lo que no se puede estorbar —y más aún la convicción de no poderse estorbar— y la idea de libertad mercantil, y nuevos mundos consumidores —¡he ahí lo que ha obrado ese milagro!

Así el comercio estrecha al hombre, y ensancha a los hombres.

Recordemos que los Americanos hasta la limosna la hacen colectivamente.

Ni se concibe el sesgo (hablo del bueno) que ha tomado el desarrollo social, sin la Reforma. Los Estados Unidos.

Feb. 5-47

En la época presente no puede haber una primacía absoluta, y he aquí su característica negativa. ¿Cuál será la positiva?

Tendencia a la uniformidad y al positivismo, tomado en buena y mala parte. *Suum unicuique*. Todo se examina —todos quieren saber a qué carta quedarse: como más experimentado el mundo— más escarmentado. Esto lo natural —en el orden de las cosas— resultado asimismo de la fundación de nuevas naciones civilizadas; v.g. los Estados Unidos. Todos más cautos, más calculadores. Empresarios —en el siglo XVI, emprendedores. ¡Qué diverso carácter ofrecen los emprendedores de hoy, los conquistadores!

Ser completo sin prolijidad.

Enérgico sin afectación.

Los *yankees* son prolijos: los ingleses enérgicos.

Pero lo peor es la trivialidad, aunque sea clara y limpia como el cristal.

Y ¿qué diremos de la hojarasca del día? Del hacinamiento de comparaciones, expresiones y palabrotas, y prolijidades e hinchazones a lo Víctor Hugo?

¡Qué difícil es ser griego!

La afectación es insoportable.

Esto en cuanto a la *forma*. En cuanto a la sustancia, todavía es más difícil escribir bien: porque para escribir un poco es forzoso saber muchísimo, y aun así, ¡Dios mío! se yerra a lo mejor del tiempo.

Una rosa encendida cobijada por un techo verde de otro rosal, que asomaba su cabeza: el rostro de la joven —la América incendiadora y envidiada. ¡Qué emblema!

El ver una prenda exquisita en manos de hombres a quienes se cae de las manos, excita la codicia hasta de los más impotentes.

He ahí a España respecto de Méjico.

La Rusia es la América de Europa.

La Turquía se Europeiza, y nosotros nos aturquizamos.

Gaspar Betancourt Cisneros

Periodista y escritor Cubano, nacido en 1803 en Santiago de Cuba y fallecido en Camagüey en 1866, que fue una de las figuras más destacadas entre los partidarios de la anexión a Estados Unidos. **Gaspar Betancourt Cisneros** perteneció a una acaudalada familia con importantes intereses azucareros. Fue discípulo de **Félix Varela** en el **Colegio-Seminario de San Carlos** y lo mismo que su maestro creyó en la necesidad de crear una conciencia Cubana. Sentía un gran rechazo a la supeditación intelectual y política sin basarse en los valores propios de la Cubanidad. En 1824 como alumno de Varela envió una carta a las Cortes Españolas expresando su oposición a la tiranía de que eran objeto los Cubanos. En 1830 se integró en el **Partido Reformista** que propugnaba el cambio de las leyes Españolas respecto a Cuba, sin dejar de pertenecer a la Corona Española. El movimiento no tuvo ningún éxito ya que no existían mecanismos políticos que permitieran el desarrollo del Reformismo. Se oponían a la independencia porque posiblemente afectaba sus intereses económicos; su ideología, sin embargo, era liberal, por lo que se produjo gran desorientación y cundió el escepticismo. Ante la amenaza **abolicionista**, los dueños de las grandes industrias azucareras vieron como mejor camino pedir la anexión a los Estados Unidos para preservar sus intereses y salvaguardar sus propiedades.

Del grupo de **Anexionistas** importantes que actuó en Puerto Príncipe y que tenía ramificaciones por todo el oriente Cubano, Betancourt fue la figura más destacada. En 1848 los Anexionistas cercanos a Betancourt comenzaron a publicar el periódico *La Verdad* con el propósito de difundir las ideas de la conveniencia de formar parte integrante de los Estados Unidos. En sus páginas se exaltaban las virtudes y ventajas del régimen Democrático-Republicano de ese país. Betancourt defendió con su pluma las ideas anexionistas bajo el pseudónimo de "**El Lugareño**".

Como Anexionista, Betancourt tenía un concepto elitista del pueblo Cubano. Por sus ideas pro-Norteamericanas fue desterrado de Cuba por el Capital General **Leopoldo O'Donnell**. Betancourt se estableció entonces en los Estados Unidos, se volvió Independentista y presidió la **Junta Cubana** en Nueva York. En 1861 regresó a Cuba, cuando los Anexionistas Camagüeyanos se opusieron frontalmente al Gobierno Español, pero los Cubanos que se habían embarcado en esta aventura se quedaron pronto sin apoyos. Betancourt murió cinco años después, sin ver a Cuba libre e independiente.

ESCRITOS DE CISNEROS BETANCOURT

Sobre el Costumbrismo

El costumbrismo constituye una peculiar manifestación literaria que resalta en las letras Españolas e Hispanoamericanas del siglo XIX. Los cuadros de costumbres que a lo largo de dicha centuria aparecen en periódicos, revistas, folletos y libros de los países de lengua castellana, expresan los modos de vida y la psicología social de estos pueblos. Resulta una modalidad que no se caracteriza por sus sobresalientes méritos estilísticos, por su cabal calidad literaria, aunque posee suficiente atracción por su abundante y pintoresca muestra de tipos y costumbres propias de cada una de las naciones Hispanohablantes.

La literatura de costumbres mediante artículos sobre tipos y hábitos sociales emerge en Cuba según se desarrolla la prensa periódica. Los temas de los artículos costumbristas que hallamos en esos periódicos demuestran dichos propósitos fundamentales: sobre la **educación** y el **amor**, censuras a los **bailes**, el **juego** y las **modas** extravagantes, satíricos ataques contra el **afeminamiento** y la equivocada **instrucción** de los niños. Y también, la temática, cada vez más candente, de la **esclavitud**.

Hablemos ahora del Trabajo

¿No han oído, mis carísimos lectores, hablar de cierto sastre del campillo que cosía de balde y ponía el hilo? Me atrevo a jurar que ese sastre no era Camagüeyano, porque los de aquí nunca dieron puntadas de balde, y por eso es por lo que he tomado a aquél por mi modelo, mi héroe-tipo. Sí, señores, yo quiero ser el oficioso, el adelantado, el ponche de leche de nuestros bailes, el ajiaco de nuestras mesas, el agua del Hatibonico. Quiero ser los ojos del Camagüey para ver todo lo que le sobra o falta; quiero ser los oídos del Camagüey para estar siempre de escucha; las narices del Camagüey para olfatear todo lo que le pueda servir de alimento o deleite; la lengua del Camagüey para cacarear la verdad y pedir cuanto necesite; las manos del Camagüey para agarrar todo lo que le adorne o derribar lo que le desaire; las piernas del Camagüey para traerle siempre en movimiento, y que no haga, en el centro de Cuba, lo que hace el ombligo en el cuerpo humano.

¿Saben ustedes lo que hace el ombligo? Pues no tengo para qué decírselo. Digo que quiero ser todas estas cosas, porque como no tengo ingenios que cuidar, ni pleitos que agenciar, ni plaga de muchachos que educar, ni ocupaciones malditas que apenas me dejen tres horas de siesta y doce de noche para descansar, juzgo prudente tomar algún entretenimiento para no ser, como los ociosos, la estatua de los **billares**, el testigo de los **trecillos**, el consueta de las **tertulias**, el céfiro de los **empleados**, el candil de la **vida privada**, y todo lo demás que es y será todo aquel que no tome algún oficio, aunque sea el de **sastre del campillo**.

¿Qué dicen ustedes de esta introducción? Lo que quieran. Ahora les encajo una digresión, para que introducción y digresión sirvan como de colgajo o pegote en una lección de economía política, y produzcan el mismo efecto que produciría una porra o verruga en la punta de mis narices. ¿No ven ustedes que mi nariz sin porra es como cualquier nariz, adocenada, nariz clásica, nariz retrógrada, vaciada en el molde que dejó el viejo Adán? Pues de la misma manera un artículo sin colgajos, una lección de economía política a secas no llamaría la atención, haría bostezar a media escuela, y no tendría yo modo de introducir la fuente de arroz con leche y el humito de tabaco de Yara con que les abro el apetito y les encandilo los ojos a los muchachos.

Alerta, pues, que ya empieza la lección. El que no se aproveche de mi lección, no tema que le regañe, pues en su pecado llevará la penitencia. ¡Oh!, y ¡qué castigo tan severo, tan infalible! Quien no estudie y practique mi lección será víctima del hambre, la desnudez, la deshonra, la cárcel tal vez y todas sus consecuencias. Mi lección recae sobre el **Trabajo**.

El trabajo es la base fundamental de la economía política: sin trabajo no hay riqueza, y la economía política es la ciencia que trata del modo de crear, reproducir y fomentar la riqueza de los pueblos.

Mas como la base de una ciencia debe ser la parte más sólida de ella, es también la más digna de atención y examen. Si ustedes examinan la base de la economía política, hallarán que es una pena impuesta por el mismo Dios al hombre; oigan bien la sentencia:

> *«Con el sudor de tu rostro comerás el pan, hasta que vuelvas a la tierra de la que fuiste tomado: porque polvo eras y en polvo te convertirás.»*

He aquí la pena impuesta al hombre sin excepción de clases, ni sexos, ni condiciones. Pero como un padre, aunque castigue, no pierde el amor de padre, quiso Dios que el trabajo se convirtiese en un bien para el hombre; y para más asegurarle este bien, le dictó una ley, **no hurtarás**, que quiere decir, no te aprovecharás del trabajo ajeno contra la voluntad de su dueño. Y en verdad que si hay seres más desgraciados que los que no trabajan, son aquellos que se apoderan del trabajo de sus semejantes.

Bendijo Dios el trabajo haciéndolo una fuente inagotable de ventura para sus hijos. El trabajo, en la parte moral, conserva el **candor del alma**, aguza el **entendimiento**, perfecciona la **sensibilidad**, sofoca las **pasiones violentas**, alegra el **espíritu**, tranquiliza la **conciencia**; y en la parte material, robustece los **miembros**, agiliza sus **movimientos**, promueve la **salud**, acarrea las **riquezas** y con ellas las comodidades domésticas y sociales, y proporciona un **sobrante** para colmar la dicha del hombre benéfico cuando socorre al menesteroso, o del patriota cuando acude a las exigencias de la **Patria**. El trabajo es la fuente de todos los bienes a que puede aspirar el hombre en la tierra.

De aquí se infiere que **honrar el trabajo es honrar a Dios**; proteger el trabajo es cooperar a las miras de Dios; asegurar la propiedad del trabajo es obedecer la ley de Dios. Y todo lo contrario a esto es la más escandalosa violación de la voluntad, las miras y las leyes de Dios, sean cuales fueren los motivos que se aleguen. No hay derecho superior al derecho, ha dicho muy bien un sabio.

¿Creéis acaso que el gobierno me da el derecho, o sea, la propiedad de mi trabajo? No lo creáis: el poder social asegura mi derecho, protege la propiedad de mi trabajo contra la usurpación del más fuerte, nada más. Mi trabajo es un deber enlazado con mi existencia, y la propiedad de mi trabajo es mi derecho natural, derecho de origen divino sobre el cual ningún hombre ni todos los hombres juntos tienen el menor derecho.

Algunos hombres visionarios han soñado con un estado natural, en el cual **la fuerza constituye el derecho**. Para mejor comprobar su delirio nos citan el ejemplo de algunos animales, que el jíbaro se come al ternero, el gavilán a la tojosa, el tiburón a la sardina. Pero tanto el supuesto como las consecuencias son falsos. El estado natural del hombre no es el aislamiento, sino la sociedad: bien podrá haber existido un hombre solo, alguna mujer sola en alguna parte; pero luego que el hombre encontró su semejante, llenó los fines para los que fue creado: la **sociedad**. Por otra parte, el hombre está organizado de una parte **espiritual** y otra **material**, en las cuales puso el Creador una percepción y sensibilidad tan exquisitas, que en ellas consiste la diferencia que separa al hombre de todo lo creado. No siendo, pues, el hombre ni jíbaro, ni gavilán, ni tiburón, es tan absurdo pretender que él obre por el mismo principio que los animales, como sería pretender que éstos obrasen con reflexión y sujetasen sus acciones a principios morales y religiosos. **¡Absurdo completo!**

El animal obra por el instinto de su conservación, apoyado en la fuerza orgánica; el hombre, apoyado en la razón, en el derecho a una existencia social y perfectible. El instinto enseñará al caballo a comerse una mata de maíz; la razón enseñará al hombre a sembrarla, multiplicarla, perfeccionarla y defender como suyo ese trabajo que constituye su derecho legítimo. Si el trabajo no es el que constituye todo el derecho de propiedad, no sabemos, moralmente hablando, sobre qué base apoyar ese derecho.

Se llama trabajo la acción que ejerce el hombre sobre las cosas, el poder inherente a su naturaleza de hacer servir el mundo material e intelectual a su existencia, a su comodidad y a sus placeres.

Cuando el trabajo del hombre recae sobre la tierra, produce la **riqueza agrícola**; cuando se ejerce sobre los frutos de la tierra para acomodarlos a sus necesidades, produce la **riqueza industrial**; cuando se emplea en transportarlos de un punto a otro, produce la **riqueza comercial**. Pedro, que siembra tabaco, es agricultor; Juan, que lo elabora, es fabricante; Diego, que lo compra y transporta, es comerciante. El trabajo de estos tres hombres produce todas las riquezas.

Es tal el poder del trabajo que unos pocos agricultores bastan para mantener triple población; la quincuagésima parte de los fabricantes abastece a las otras, y la centésima parte de los comerciantes basta para surtir y acomodar a las demás clases en sus diversas exigencias.

Todo trabajo requiere para producirse un sitio destinado al efecto: este sitio se llama **taller**, y los talleres son fecundos o infecundos. Se llaman fecundos aquellos que trabajan a la par o junto con el hombre en la producción de la riqueza, como la tierra; infecundos son los que sólo le sirven al hombre de abrigo o comodidad para ejercer su trabajo, como los edificios.

También necesita el trabajador de **capitales**; éstos son de dos clases: fijos y circulantes. Capitales fijos son los que el hombre emplea en la producción de la riqueza, sin que pierdan su forma, como la tierra, las aguas, etc. Capitales circulantes son los que pasan de unas manos a otras, como el dinero, etc.

El campo, las semillas, los aperos del labrador forman su **capital**; los edificios, maderas, instrumentos del carpintero constituyen su **capital**; los buques, carros, animales y dinero del comerciante constituyen su **capital**.

El trabajo **material** del hombre va siempre acompañado de trabajo **intelectual**, a diferencia del trabajo de los brutos. El buey uncido al trapiche ignora si da vueltas a derecha o izquierda y con qué fin las da; pero el hombre lo sabe y en ello se propone un fin calculado de antemano por la inteligencia. De aquí se infiere que la inteligencia del hombre es el alma del trabajo; luego, entorpecer la inteligencia del hombre es entorpecer el trabajo y, de consiguiente, la riqueza. Ésta estará siempre en razón directa de la inteligencia que el hombre emplee en el trabajo, y un país será tanto más o menos rico, cuanto mayor o menor sea la inteligencia de los productores de la riqueza. Cierto es que podrá decirse: tal país es muy rico porque la naturaleza ha prodigado sus dones en él; pero esto se entiende con relación a otros países menos privilegiados; mas no con relación al país mismo que pudiera ser millones de veces más rico, si se trabajara con inteligencia. La cuestión no se limita en que el país sea rico como diez; sino en si sería rico como mil si se agregase al trabajo material el trabajo de una inteligencia ilustrada, maestra.

Todos los pueblos han sido, en sus primeros años, **cazadores** y **pescadores**. Pocas necesidades, poco trabajo, ninguna riqueza. La población se aumenta por la tendencia natural del hombre a reproducirse; la caza se aniquila: la inteligencia le sugiere al hombre y le enseña el arte de domesticar los animales. He aquí un gran paso, el tránsito de pueblo cazador a pueblo pastor: algo se desarrolla el trabajo y con él la riqueza y las comodidades sociales. Pero un pueblo pastor necesita de una vasta extensión de terrenos para multiplicar sus animales; y las estaciones, los pastos que espontáneamente suministra la naturaleza no bastan para las necesidades: la población crece, y creciendo se desenvuelve la inteligencia y sugiere subdividir los terrenos en pequeñas porciones que, cultivadas por el trabajo del hombre, producen para mantener millares de animales y de hombres.

Aquí empieza el escalón de la **agricultura**: el pueblo pastor tiene un pie en un límite y otro en otro. Ésta es la marcha que ha tenido el Camagüey en la sociedad Cubana, con sólo la diferencia que aquí ha sido tan lenta, tan llena de obstáculos, que al cabo de tres siglos hemos venido a poner el pie en el primer escalón de la agricultura y tenemos el otro clavado y remachado en el antiguo territorio pastor.

Detengámonos aquí un momento. Todo pueblo **pastor** es holgazán: la vida del pastor es vagar tras de los animales; sus ojos se fijan en el horizonte; jamás en el fondo de la tierra ni en el cielo. El pastor vive atenido a que la naturaleza trabaje para él; apenas contribuye con una mínima parte de su trabajo físico e intelectual en la reproducción de la riqueza, en domesticar animales. No así el **labrador**, el hombre de Dios, el que derrama el sudor de su rostro y fecunda la tierra para cumplir con Dios: ése es el hombre sobre quien Dios derrama bendiciones, y renueva el milagro de producir en una caballería de tierra lo que no producen diez holgazanes en muchas leguas. Ése es el hombre que descubre todos los tesoros de la tierra, y cuando ya se cansa de agotarlos, vuelve los ojos al cielo, y bendice a Dios, y defiende un trabajo, una patria que ha conquistado con el sudor de su rostro.

Otro momento, lectores míos, y otra observación sobre el Camagüey. Reflexionad, por Dios, que ésta es una población de setenta mil almas, con más de trescientos años de existencia; y, sin embargo de esto, es tal su miseria, que no digo se deja introducir los productos de la noble agricultura Cubana, café, azúcar, cacao, arroz, maíz, sino hasta las producciones de los pueblos pastores, carne, manteca, quesos, mantequilla y otros efectos que ella pudiera llevar a pueblos menos privilegiados. Éste es un hecho que ninguno desmentirá. Pues bien: este hecho tiene algunas causas influyentes, preponderantes que es preciso descubrir, y, descubiertas, destruir. Veremos, pues, en otra ocasión, si descubrimos los obstáculos del trabajo, que produce la riqueza, que trae las comodidades, que proporciona el descanso para cultivar la inteligencia sin la cual no hay buena moral, ni buenas costumbres, ni felicidad social. Ustedes verán, si me leen con atención y meditan sin prevenciones, cómo yo voy a sacar en claro que no hay razón alguna para que pasen otros trescientos años por sobre nosotros como por los paredones de Cubita, y que en nuestras opiniones y en nuestras costumbres están los únicos, los verdaderos obstáculos de la opulencia a que podemos aspirar en la bella Antilla.

Pero ya es preciso concluir por hoy, no sea que algún hermano articulista me ataque por mis propios principios y me diga:

—¡**Lugareño, hasta cuándo!** Mira que la Gaceta no es tuya sola: yo quiero decir cosas más útiles que tus Escenas; porque después de tanto charlar, ¿qué sacamos en claro?

—Nada, hermano, entre dos platos: que el trabajo es la **fuente de la riqueza**; que un pueblo que no trabaja es un pueblo pobre; que donde no se honre el trabajo no se honra a Dios; y otras tonterías de esta calaña que ustedes están oyendo todos los días, pero que se les olvida por la noche y es necesario una trompeta como la mía, un martillo, una campana, setenta lenguas como la mía, que sin cesar les recuerde la especie.

También les digo, y lo digo por última vez y para siempre, que no soy yo de aquellos hombres que aspiran a ganarse la voluntad de los pueblos o de ciertas clases, lisonjeando sus preocupaciones y celebrando sus costumbres. Es en vano todo encono contra el **Lugareño**: es tiempo perdido en reconvenciones, porque yo he de cantar la verdad pésele al que le pesare, sin dirigirme a determinada persona. Yo no tengo más que una amiga, doña Camagüey; y una querida, la Camagüey; y una madre, mamá Camagüey; y la quiero sabia y virtuosa para mi consuelo, y la quiero lindísima para mis placeres, y la quiero sana y opulenta para que no se muera de consunción.

Domingo del Monte

Domingo María de las Nieves del Monte y **Aponte**, conocido como **Domingo del Monte** (1804-1853), fue un escritor, crítico literario y animador cultural nacido en Maracaibo en 1804 y muerto en Madrid en 1853. Viviendo desde muy joven en Cuba, fue una de las figuras más notables e influyentes de la vida intelectual de la isla durante la primera mitad del siglo XIX.

A los seis años Domingo del Monte llego a Cuba. En 1816 comenzó sus estudios en el **Seminario de San Carlos**, donde fue alumno de **Félix Varela** y, tres años después, ingresó en la **Universidad de La Habana** para estudiar leyes y filosofía. Por estas fechas conoció al poeta **José María Heredia**, con quien mantendrá amistad a lo largo de su vida, y publicó, en *El Revisor Político y Literario*, sus primeros trabajos. Licenciado en Derecho en 1827, emprendió un viaje por Estados Unidos, que le sirvió para reencontrarse con **Varela**, y por Europa, donde entró en contacto con renombrados personajes de los ambientes literarios Europeos, con los que mantuvo una copiosa y ordenada correspondencia a lo largo de toda su vida.

A su regreso a La Habana en 1829 se destacó como humanista, conocedor, además del Latín, del Francés, Inglés, Italiano y Portugués. Ingresó en la *Sociedad Económica de Amigos del País*, institución de la que llegó a ser presidente y desde donde trató de gestar una *Academia Cubana de Literatura*. Fue en esa época cuando comenzó a dar fruto su influyente labor cultural. Escribió para las principales publicaciones del momento, destacando sus artículos en la **Revista Bimestre Cubana**, donde tenía a su cargo la sección de noticias y variedades científicas y literarias. Fundó **La Moda** y, en compañía de **Antonio Bachiller y Morales**, **El Puntero Literario**, semanarios desde los que introdujo en Cuba a lo más representativo de la literatura romántica.

Escritor (**Romances Cubanos**) y Crítico (**Primeros versos de Heredia, Del destino de la poesía en el siglo XIX**), se destacó por su capacidad para renovar el ambiente literario Cubano del segundo cuarto del siglo XIX. Desde joven compartió la amistad de **José Antonio Saco**, **Gaspar Betancourt Cisneros** y de **José María Heredia**, pero a partir de la década de 1830 se convirtió, a través de sus famosas **Tertulias Literarias**, en el protector y tutor de la nueva generación de escritores que marcó la literatura cubana de fines del XIX: **José Jacinto Milanés**, **Cirilo Villaverde**, **José Antonio Echeverría** y **Juan Francisco Manzano**.

A fines de 1834 contrajo matrimonio y paso a residir nuevamente en la ciudad de Matanzas donde desempeño el puesto de Auditor de los Reales Consejos. En esta ciudad fue electo Secretario de la Diputación Patriótica; fue entonces cuando junto a Tomás Gener propiciaro la fundación de la **Biblioteca Pública de Matanzas.**

Debido a las acusaciones que le fueron impuestas con el motivo de haber participado en la **Conspiración de la Escalera**, Del Monte abandono Cuba en 1845 trasladándose a Madrid, donde fallecio ocho años después, el día 4 de Noviembre de 1853. Pasado un año, sus restos fueron trasladados a La Habana. Sus huellas pueden verse aún en la capital Cubana: el **Palacio de Aldama**, construido alrededor de 1845, donde vivieron **Del Monte** y el acaudalado don **Miguel de Aldama** con sus respectivas familias hasta que el gobierno Español lo incauto en 1876, en represalia por la participación de ambos en actividades de apoyo a las luchas independentistas.

Sobre Domingo Del Monte

Del Monte fue conocido como el primer crítico profesional de la Isla. Creó un famoso sistema de **tertulias**, en el cual se leía la obra de todos los que participaban, hasta incluso las pruebas de galera. Entonces se realizaban críticas constructivas, con objeto de mejorar la redacción de las obras expuestas.

Su promoción constante de la cultura criolla, su apoyo a la creación de una **Academia Cubana de Literatura**, su conocido **abolicionismo**, que le llevó a defender a David Turnbull, cónsul inglés expulsado de Cuba por su oposición a la esclavitud, siempre le hicieron sospechoso ante las autoridades coloniales, lo que finalmente determinó su abandono de Cuba en 1843.

Sin embargo, nunca participó directamente en ningún tipo de insurrección contra el orden político y social establecido. Cuando se produjo la **Conspiración de la Escalera** (1844) se encontraba en París y, aunque se le acusó de estar involucrado en la misma, pudo demostrar su inocencia y pasar a residir sus últimos años de vida en **Madrid**, donde adoptó, como **José Antonio Saco**, una posición contraria al **anexionismo** y partidaria de una política colonial **reformista**. En la capital de España continuó ejerciendo la crítica literaria (Caracteres de la Literatura Española), hasta su muerte en 1853.

La obra de Del Monte fue recogida en una edición bajo el título de **Escritos** (La Habana: Cultural, 1929). La correspondencia recibida a lo largo de su vida (alrededor de tres mil cartas, entre 1823 y 1843) y ordenada por el mismo Del Monte fue publicada en siete volúmenes titulados **Centón Epistolario de Domingo del Monte** (La Habana: El Siglo XX, 1926-1957), fuente insustituible para el conocimiento de su época.

Semblanza de Domingo del Monte

Domingo del Monte fue el principal animador literario y cultural de la primera mitad del siglo XIX Cubano, dejó una estela de agradecidos poetas y narradores criollos a su paso y trazó pautas en el debate crítico y el periodismo. De una extroversión desbordante, simpático y cautivador, dotado de fina penetración, gran cultura y espíritu comprensivo, Del Monte nucleó en Matanzas y La Habana a quienes serían, pasando el tiempo, los primeros intelectuales genuinamente Cubanos. **José Martí** lo llamó ... **"el más real y útil de los Cubanos de su tiempo."**

Tuvo decididamente, un protagonismo importante en la gestación de la conciencia nacional. A los 25 años, después de viajar a Europa y Estados Unidos (1827-1828), regreso a Cuba en 1829 con horizontes más amplios de su futuro quehacer humanístico, en la prensa y la cultura de la que considera su patria. Fue a partir de entonces, que se convirtió

"en un verdadero mecenas, un protector de sus jóvenes amigos escritores que pertenecían en su mayor parte a una incipiente pequeña burguesía criolla, dedicados a la enseñanza, el periodismo y otras actividades culturales laborando algunos de ellos en modestos empleos burocráticos", según también afirmó Marti.

A Del Monte se le puede conferir el título **de primer crítico profesional de las letras Cubanas**.

A sus tertulias literarias -famosas desde entonces- acudieron sensibles muchachos casi todos más jóvenes que él, entonces desconocidos, muchos de los cuales tuvieron luz propia en la cultura Cubana. Entre ellos estuvieron **Cirilo Villaverde** (1812-1894), **Ramón de Palma** (1812-1860), **José Antonio Echeverría** (1815-1885), y **Gaspar Betancourt Cisneros** (1803-1866).

También en las tertulias se dieron a conocer tres poetas, después famosos: **José Jacinto Milanés** (1814-1863), su hermano

Federico Milanés (1815-1890) y el esclavo **Juan Francisco Manzano** (1797-1854), quien obtuvo su libertad por gestiones de Del Monte.

Fue mentor y animador; puso en manos de sus amigos los mejores libros, desde clásicos Españoles a la literatura universal (**Balzac**, **Victor Hugo**, **Walter Scott** y **Goethe**, entre otros); escuchó sus textos, los orientó y criticó.

Al casarse en 1834 con **Rosa de Aldama**, la hermana de **Miguel Aldama** no aceptó la dote de 30 mil pesos que se le ofrecía y dijo a su suegro el acaudalado **Domingo Aldama** que empleara el dinero y le diera las utilidades; así este le pasaba anualmente a su hija Rosa seis mil pesos.

Convencido de sus ideas avanzadas en cuanto a cultura y educación, **rechazó la monarquía absoluta**, abogó por **reformas políticas y sociales** que España nunca concedió; combatió **también la trata de negros** y la corriente del **anexionismo** a Estados Unidos. Ni revolucionario ni abolicionista, pero sus actividades **reformistas** no le fueron perdonadas por los propietarios de esclavos

Se encontraba en el extranjero cuando fue acusado de estar involucrado en la supuesta **Conspiración de la Escalera** (1844). Ese año, el 16 de Abril, murió de parto su esposa en París, y también falleció el recién nacido. Dejó sus dos hijos al cuidado de **José Antonio Saco** y con la idea de regresar a Cuba escribe sin éxito una carta al capitán general Leopoldo O'Donnell. Aunque exculpado, en 1846, cuando llegó a Madrid es obligado a establecerse fuera de la capital hasta 1852.

El 4 de Julio de 1833, fundó en **Matanzas** la primera **Biblioteca Pública** en el interior del país, filial de la **Biblioteca de la Sociedad Económica de Amigos del País** (1793), con un fondo inicial de 695 volúmenes.

En el libro **La isla de Cuba**, publicado en 1836 en New York, incluyó su **Informe Sobre el Estado de la Enseñanza Primaria en Cuba**, su costo, y mejoras de que es susceptible. No fue sino hasta 1859, que el libro fue publicado en La Habana.

Redactó el **Proyecto a S.M. la Reina de España** en nombre del Ayuntamiento de la Habana pidiendo leyes especiales para Cuba (1838).

El **Centón Epistolario** reúne más de mil 500 cartas recibidas y conservadas cuidadosamente por Domingo del Monte, de personalidades de diversas partes del mundo; es considerado por los investigadores una fuente literaria de indiscutible valor histórico.

Fue autor en Paris, en 1846, de una **Lista Cronológica de los Libros Inéditos e Impresos que se han escrito sobre la Isla de Cuba**, desde el descubrimiento de la isla, hasta su fallecimiento en 1853. El libro no se publicó en Cuba hasta 1882.

Poesías de Domingo del Monte
ROMANCES CUBANOS

EL MONTERO DE LA SABANA

Tiende noche el negro velo,
que la luz me es enojosa ....
tu oscuridad ¡cuán hermosa
se extiende ya por el cielo!

tu misteriosa negrura
place más a la hermosura
del dueño del alma mía,
que la claridad del día,
que del sol la lumbre pura.

Así en alto contrapunto
un montero discantaba
por las veredas de un bosque
entre el rio y la montaña.

No solicita sus toros
ni sus terneras pintadas;
el alma toda ha perdido,
y en busca parte del alma.

Mas presto la noche oscura
triplica su manto, y nada
divisa el fino montero:
importa, que amor lo inflama.

En el distante horizonte
un sordo tronar ya vaga;
ya ruge fuerte en la sierra,
ya con el rayo amenaza.
Del norte el silbido fiero
se escucha, y amedrentadas
las mansas reses se agrupan,
al bosque marchando tardas.

Las nubes se agitan, ruedan,
se chocan, y al punto estallan,
y con el rayo se rompen
del cielo las cataratas.

El manso Cayaguatege,
el de las ondas preciadas,
embravecido ya ruge,
y su linde, infiel traspasa.

En tanto el firme montero
el temporal mira, y anda,
que no aterran temporales
su enamorada constancia. „

Mas tranquilos holgaremos,
lucero lindo del alba,
y mientras que brama el rayo,
y la alta ceiba amenaza;

Mientras los cielos abiertos
de lluvia torrentes mandan;
mientras el furioso rio
hatos y vegas arrasa,

En tu regazo inclinado
olvidaré la borrasca,
y al dulce sonar del beso
no escucharé la tronada.

Dice, y marcha. En la corriente
su amante pecho levanta;
con las aguas turbulentas
lucha, vence, ufano pasa.

El hato pisa querido
de su Felicia adorada...,
*¡*Feliz quien como el montero
a solas mira a su dama*!*

EL DESTERRADO DEL HATO

Iba triste cabalgando
en un melado trotón,
más experto en trepar lomas
que, en regatear con primor,

Patricio, el hijo más joven
del rico hatero Albornoz,
no tan rico cual airado
esta vez con su garzón.

Destierra al pobre mancebo
del Sansueña al rededor,
desde la hacienda en que vive
cercano a Consolación.

Pasado el joven había
en largo trote y veloz
del Pinar la fértil vega;
y en el pueblo no se entró.

Que mengua fuera le viese
no ya en retinto andador,
sujetando su braveza
conplateado cabezón

Y cumplido arnés sonoro,
como en sus fiestas le vio,
siempre que a sus fiestas vino
de galas puesto y valor.

Tuerce el melado a la izquierda,
cuando ya el poniente sol
del cerro a los guayabales
daba su rojo color.

Apenas ya se veían
en las grietas del Peñón
en mil festones colgando
del aguinaldo la flor.

Todo es silencio en el monte,
en la montaña y hondón,
ni se oye res en la selva,
ni al tomeguín cantador.

Tan callada está la tarde
como triste el corazón
del joven, que desterrado
del paterno hogar salió.

Mucho este caso le abate;
bien que él antes del dolor
en su mocedad temprana
nunca el amargo probó.

Por endulzar el presente
requiere el tiple, y su voz,
antes firme, ora turbada*,*
así a los vientos la dio:

¿Qué se hizo aquel cantar
que a mi señora cantaba,
cuando tierna me esperaba,
bajo el fresco platanar?

Dónde se fue aquel mirar
tan dulce el alma toda, y a do,
de mi padre las caricias,
de mi hato las delicias...?

¡Ah tiempo aquel -Ya pasó!
Cantar solo aquesto pudo:
de su callar causas son,
sino el recuerdo de amor;

Que nunca la fácil Musa
que en nuestras selvas nació,
negar supo a este mancebo
sencilla inspiración.

Desecho en llanto a los cielos
por conocerte y por favor
los ojos vuelven, y aun dicen
que así luego el triste habló.

¡Ojalá fatal belleza
que jamás te viese yo!
que jamás probado hubiera
tan horrible mutación.

Aun oyera en la alborada
de mis monteros la voz
y el ladrido resonante
de mi Leal volador.

Por el monte y las sabanas
aun fatigara veloz,
montado en potro soberbio
y con lazo corredor,

Las vacadas, que del hato
de mi padre orgullo son:
no que viniste, y te vide
y al verte mi paz huyó.

¿Y nunca habré de mirarte
¿Y vana es ya la esperanza
que sonreía a los dos,
de darnos más santos nombres
que los que consagra amor?

Calló Patricio: esta idea
en inquieta agitación
le pone, y su mansedumbre
convierte en crudo furor.

Tal así corre apacible
regando fértil región
por cauces anchos el Guanes,
que es de las vegas señor;

Mas en topando un peñasco
de su curso oposición,
sobre del se precipita
bramando ronco y feroz.

En esto ya de la noche
la oscuridad se tendió,
y brilla solo al poniente
un lucero temblador.

Su escasa luz a Patricio
consuela en tanta aflicción;
más ¡ay! que poco le dura
tan pasajero favor.

Presto una nube al lucero
la lumbre toda robó,
y reina opaco en la noche
un pavoroso negror.

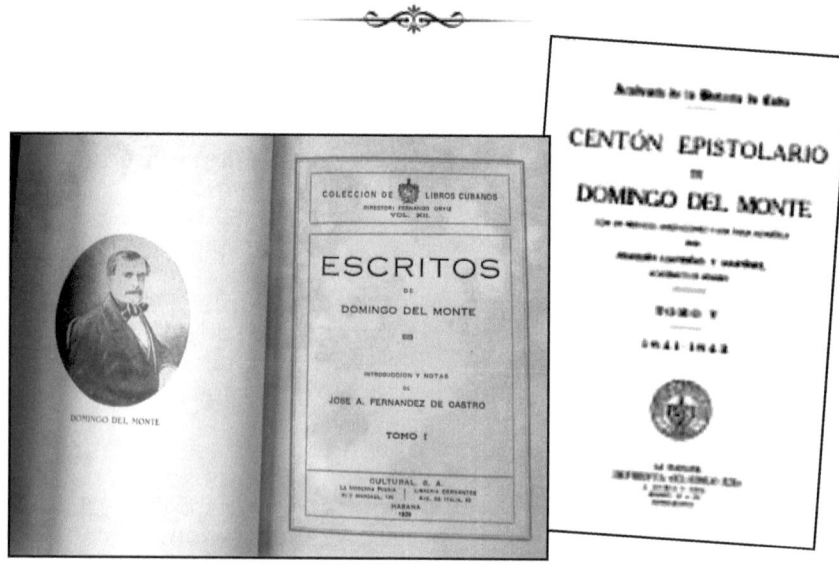

DECIMAS DE DOMINGO DEL MONTE

El tema del destierro es tratado poéticamente por Del Monte con décimas, bajo las cuales se presenta la voz quejosa del guajiro Cubano, en la que de inmediato se presenta la comparación con la tierra de Castilla. Por otro lado, estas décimas son una invocación, recurso característico del romancero tradicional.

¡Mal hayas tú, Manzanares,
El de las ondas mezquino
Mal haya el que a Mantua vino,
Dejando el patrio Almendares!
¡Mal haya el que sus palmares
Y su floreciente orilla
Y su cielo donde brilla
Siempre azul y la rosa
Trocó por esta enojosa
Tierra helada de Castilla!

Así mirando a la sierra
Del nevado Guadarrama,
Maldice de su fortuna
Un sitiero de Managua.
Por influjos de su estrella,
Que siempre la hubo contraria
En las dehesas se mira
De la más remota España.
Por la aterida ribera
Los ojos del triste vagan.

Y en vano busca por ella
Las flores de su sabana.
Yermo el prado, turbio el río
La natura desmayada,
¡cuán distinto cuadro ofrecen
Del de su nativa estancia!
Allí todo es verde pompa,
Todas son silvestres galas,
Y las auroras de enero
Con las de abril se igualan

Gertrudis Gómez de Avellaneda

La Avellaneda (Camagüey, 23 de Marzo de 1814 – Madrid, 1 de Febrero de 1873), llamada coloquialmente *"Tula"*, fue una gran escritora y poetisa Cubana. Nació en la antigua Santa María de Puerto Príncipe, hoy Camagüey. Pasó su niñez en su ciudad natal y residió en Cuba hasta 1836. En este año partió con su familia hacia España. En ese viaje compuso uno de sus más conocidos versos, *"Al Partir"*. Antes de llegar a España recorrió varias ciudades del sur de Francia especialmente Burdeos donde vivió por algún tiempo. Finalmente en España se estableció en La Coruña. De La Coruña pasó a Sevilla y publicó versos en varios periódicos bajo el seudónimo de *La Peregrina*, que le granjearon una gran reputación. Es en esa ciudad donde en 1839 conoce al que será el gran amor de su vida **Ignacio de Cepeda y Alcalde**, joven estudiante de Leyes con el que vive una atormentada relación amorosa. Marchó a Madrid en 1840 donde se instaló e hizo amistad con literatos y escritores de la época. En 1844 conoció al poeta **Gabriel García Tassara**. Entre ellos nace una relación que se basa en el amor, los celos, el orgullo, y el temor. En 1845 obtuvo los dos primeros premios de *El Liceo Artístico y Literario de Madrid*, momento a partir del cual Gertrudis figuró entre los escritores de renombre de su época. Movida por sus éxitos presentó su candidatura a la Real Academia Española pero el sillón fue ocupado por un hombre. Se casó nuevamente en 1856 con un político de gran influencia, **don Domingo Verdugo**. En una fiesta en el Liceo de la Habana fue proclamada **Poetisa Nacional**. Murió en la capital andaluza a los 58 años de edad. El tema constante de su trayectoria literaria fue el **vacío espiritual**, y el **anhelo insatisfecho**. En poemas como *"La Noche de Insomnio y el Alba,"* introdujo innovaciones que anunciaron el Modernismo. En España escribió una serie de novelas, la más famosa **Sab** (1841) que trata la temática indigenista y de amores no correspondidos. Su mayor éxito en el teatro los obtuvo con un drama bíblico: **Baltasar** (1858), que muestra aspectos distintos del *Romanticismo*, principalmente el hastío vital, la melancolía del *"mal del siglo"* que fue compartida por los poetas simbolistas Franceses y en el modernismo Hispánico. Entre sus comedias, cabe destacar **La Hija de las Flores** (1852), alabada por su adecuada combinación de fuerza cómica y poesía.

Antología Poética

La Poesía de Gertrudis Gómez de Avellaneda

Al Partir
Soneto

¡Perla del mar! ¡Estrella de Occidente!
¡Hermosa Cuba! Tu brillante cielo
La noche cubre con su opaco velo,
Como cubre el dolor mi triste frente.
¡Voy a partir! La chusma diligente,
Para arrancarme del nativo suelo
Las velas izan, y pronta a su desvelo
La brisa acude de tu zona ardiente.
¡Adiós, patria feliz, edén querido!
¡Doquier que el hado en su furor me impela,
¡Tu dulce nombre halagará mi oído!
¡Adiós!... Ya cruje la turgente vela...
El ancla se alza... el buque, estremecido,
¡Las olas cortas y silencioso vuela!

La Vuelta a la Patria
Saludo

¡Perla del mar! ¡Cuba hermosa!
Después de ausencia tan larga
Que por más de cuatro lustros
Conté sus horas infaustas,
Torno al fin, torno a pisar
Tus siempre queridas playas,
De júbilo henchido el pecho,
De entusiasmo ardiendo el alma.
¡Salud, oh tierra bendita,
Tranquilo edén de mi infancia,
Que encierras tantos recuerdos
¡De mis sueños de esperanza!
¡Salud, salud, nobles hijos
¡De aquesta mi dulce patria!
¡Hermanos, que hacéis su gloria!
¡Hermanas, que sois su gala!
¡Salud!... Si afectos profundos
Traducir pueden palabras,
Por los ámbitos queridos
Llevad, brisas perfumadas,
Que habéis mecido mi cuna
Entre plátanos y palmas! -
Llevad los tiernos saludos
Que a Cuba mi amor consagra.
Llevadlos por esos campos
Que vuestro soplo embalsama,
Y en cuyo ambiente de vida
Mi corazón se restaura:
Por esos campos felices,
Que nunca el cierzo maltrata,
Y cuya pompa perenne
Melifluos sinsontes cantan.
Esos campos do la ceiba
Hasta las nubes levanta
De su copa el verde toldo,
Que grato frescor derrama:
Donde el cedro y la caoba
Confunden sus grandes ramas,
Y el yarey y el cocotero
Sus lindas pencas enlazan
Donde el naranjo y la piña
Vierten al par su fragancia;
Donde responde sonora
A vuestros besos la caña;
Donde ostentan los cafetos
Sus flores de filigrana,

Y sus granos de rubíes
Y sus hojas de esmeraldas.
Llevadlos por esos bosques
Que jamás el sol traspasa,
Y a cuya sombra poética,
Do refrescáis vuestras alas,
Se escucha en la siesta ardiente
-Cual vago concento de hadas
La misteriosa armonía
De árboles, pájaros, aguas,
Que en soledades secretas,
Con ignotas concordancias,
Susurran, trinan, murmuran,
Entre el silencio y la calma.
Llevadlos por esos montes,
De cuyas vírgenes faldas
Se desprenden mil arroyos
En limpias ondas de plata.
Llevadlos por los vergeles,
Llevadlos por las sabanas
En cuyo inmenso horizonte
Quiero perder mis miradas.
¡Llevadlos férvidos, puros,
Cual de mi seno se exhalan
-Aunque del labio el acento
A formularlos no alcanza,
Desde la punta Maisí
Hasta la orilla del Mantua;
Desde el pico de Tarquino
¡A las costas de Guanaja!
Doquier los oiga ese cielo,
Al que otro ninguno iguala,
Y a cuya luz, de mi mente
Revivir siento la llama:
Doquier los oiga esta tierra
De juventud coronada,
Y a la que el sol de los trópicos
Con rayos de amor abrasa:
Doquier los hijos de Cuba
La voz oigan de esta hermana,

Que vuelve al seno materno
-Después de ausencia tan larga
Con el semblante marchito
Por el tiempo y la desgracia,
Mas de gozo henchido el pecho,
De entusiasmo ardiendo el alma.
Pero ¡ah! decidles que en vano
Sus ecos le pido a mi arpa;
Pues sólo del corazón
Los gritos de amor se arrancan.

A un Cocuyo

Dime, luz misteriosa,
Que ante mis ojos vagas,
Y mi interés despiertas,
Y mi vigilia encantas,

¿Eres quizás del cielo
Lumbrera destronada,
Que por la tierra mísera
Peregrinando pasas?

¿Eres un genio o silfo
De nuestra virgen patria,
Que de su joven vida
Contienes la ígnea savia?

¿Eres de un ser querido
Quizás errante ánima,
Que a demandarme vienes
Recuerdos y plegarias;

O bien fulgente chispa
De las brillantes alas
Con que sostiene al triste
¿La célica esperanza?

No sé; más cuando luces
Hermosa a mis miradas,
De tropicales noches
En la solemne calma,

-Ya exhalación perdida
Cruces la esfera diáfana,
Ya cual la brisa juegues
Meciéndote en las cañas;

Ya cual diamante puro
Te engastes en las palmas,
Cuyo susurro imitas,
Cuyo verdor esmaltas; -

Paréceme que siento
Revelación extraña
De místicos amores
Entre tu brillo y mi alma.

Paréceme que existen
Secretas concordancias
Entre el afán que oculto
Y entre el fulgor que exhalas.
¡Oh, pues, lucero o silfo,
Ánima o genio, lanza
Más vívidos destellos
Mientras mi voz te canta!

Los sones de mi lira,
Las chispas de tu llama,
Confúndanse y circulen
Por montes y sabanas,

Y suban hasta el cielo
Del campo en la fragancia,
Allá do las estrellas
Simpáticas los llaman

¡Allá do el trono asienta
El que comprende y tasa
De toda luz la esencia,
De todo afán la causa!

A ÉL

En la aurora lisonjera
De mi juventud florida,
En aquella edad primera
-Breve y dulce primavera,
De tantas flores vestida-

Recuerdo que cierto día
Vagaba con lento paso
Por una floresta umbría,
Mientras que el sol descendía
Melancólico a su ocaso.

Mi alma -que el campo enajena-
Se agitaba en vago anhelo,
Y en aquella hora serena
-De místico encanto llena
Bajo del tórrido cielo-

Me pareció que el sinsonte
Que sobre el nido piaba;
Y la luz que acariciaba
La parda cresta del monte,
Cuando apacible espiraba;

Y el céfiro, que al capullo
Suspiros daba fugaz;
Y del arroyo el murmullo,
Que acompañaba el arrullo
De la paloma torcaz;

Y de la oveja el vahído,
Y el cántico del pastor,
Y el soñoliento rumor
Del ramaje estremecido
Del ramaje estremecido
¡Todo me hablaba de amor!

Yo -temblando de emoción-
Escuché concento tal,
Y en cada palpitación
Comprendí que el corazón
Llamaba a un ser ideal.
Entonces ¡ah! de repente,
-No como sombra de un sueño,

Sino vivo, amante, ardiente
Se presentó ante mi mente
El que era su ignoto dueño.

Reflejaba su mirada
El azul del cielo hermoso;
No cual brilla en la alborada,
Sino en la tarde, esmaltada
Por tornasol misterioso.

Ni hercúlea talla tenía,
Mas esbelto -cual la palma-
Su altiva cabeza erguía,
Que alumbrada parecía
Por resplandores del alma.

Yo, en profundo arrobamiento,
De su hálito los olores
Cogí en las alas del viento,
Mezclado con el aliento
De las balsámicas flores;
Y hasta su voz percibía
-Llena de extraña dulzura-
En toda aquella armonía
Con que el campo despedía
Del astro rey la luz pura.

¡Oh alma! di: ¿quién era aquel
Fantasma amado y sin nombre?
¿Un genio? ¿un ángel? ¿un hombre?
¡Ah! lo sabes! era él;
Que su poder no te asombre.

Volaban los años, y yo vanamente
Buscando seguía mi hermosa visión...
Mas dio al fin la hora; brillar vi tu frente,
Y «es él», dijo al punto mi
Fiel corazón.

Porque era, no hay duda, tu imagen querida,
-Que el alma inspirada logró adivinar-
Aquella que en alba feliz de mi vida
Miré para nunca poderla olvidar.

Por ti fue mi dulce suspiro primero;
Por ti mi constante, secreto anhelar
Y en balde el destino -mostrándose fiero-
Tendió entre nosotros las olas del mar.

Buscando aquel mundo que en sueños veía,
Surcolas un tiempo valiente Colón
Por ti -sueño y mundo del ánima mía-
También yo he surcado su inmensa extensión.

Que no tan exacta la aguja al marino
Señala el lucero que lo ha de guiar,
Cual fija mi mente marcaba el camino
De hallar de mi vida la estrella polar.

Mas ¡ay! yo en mi patria conozco serpiente
Que ejerce en las aves terrible poder...
Las mira, les lanza su soplo trayente,
Y al punto en sus fauces las hace caer.
¿Y quién no ha mirado gentil mariposa
¿Siguiendo la llama que la ha de abrasar?
¿Quién a la fuente no vio presurosa
Correr a perderse sin nombre en el mar?

¡Poder que me arrastras! ¿Serás tú mi llama?
¿Serás mi océano? ¿mi sierpe serás?
¿Qué importa? Mi pecho te acepta y te ama,
Ya vida, ya muerte le aguarde detrás.

A la hoja que el viento potente arrebata,
¿De qué le sirviera su rumbo inquirir?
Ya la alce a las nubes, ya al cieno la abata,
Volando, volando le habrá de seguir.

La Noche de Insomnio y el Alba

Fantasía
Noche
Triste
Viste
Ya,
Aire,
Cielo,
Suelo,
Mar.
Brindándole
Al mundo
Profundo
Solaz,
Derraman
Los sueños
Beleños
De paz;
Y se gozan
En letargo,
Tras el largo
Padecer,
Los heridos
Corazones,
Con visiones
De placer.
Mas siempre velan
Mis tristes ojos;
Ciñen abrojos
Mi mustia sien;
Sin que las treguas
Del pensamiento
A este tormento
Descanso den.
El mudo reposo
Fatiga mi mente;
La atmósfera ardiente
Me abrasa doquier;
Y en torno circulan
Con rápido giro
Fantasmas que miro
Brotar y crecer.
¡Dadme aire! Necesito
De espacio inmensurable,
Do del insomnio al grito
Se alce el silencio y hable!
Lanzadme presto fuera
De angostos aposentos...
¡Quiero medir la esfera!
¡Quiero aspirar los vientos!
Por fin dejé el tenebroso
Recinto de mis paredes
Por fin, ¡oh espíritu!, puedes
Por el espacio volar
Mas, ¡ay!, que la noche oscura,
Cual un sarcófago inmenso,
Envuelve con manto denso
Calles, campos, cielo, mar.
Ni un eco se escucha, ni un ave
Respira, turbando la calma;
Silencio tan hondo, tan grave,
Suspende el aliento del alma.
El mundo de nuevo sumido
Parece en la nada medrosa;

Parece que el tiempo rendido
Plegando sus alas reposa.
Mas ¡qué siento! ¡Balsámico ambiente
Se derrama de pronto!... El capuz
De la noche rasgando, en Oriente
Se abre paso triunfante la luz.
¡Es el alba! Se alejan las sombras,
Y con nubes de azul y arrebol
Se matizan etéreas alfombras,
Donde el trono se asiente del sol.
Ya rompe los vapores matutinos
La parda cresta del vecino monte;
Ya ensaya el ave sus melifluos trinos;
Ya se despeja inmenso el horizonte.
Tras luenga noche de vigilia ardiente
Es más bella la luz, más pura el aura
¡Cómo este libre y perfumado ambiente
Ensancha el pecho, el corazón restaura!
Cual virgen que el beso de amor lisonjero
Recibe agitada con dulce rubor,
Del rey de los astros al rayo primero
Natura palpita bañada de albor.
Y así, cual guerrero que oyó enardecido
De bélica trompa la mágica voz,
Él lanza impetuoso, de fuego vestido,
Al campo del éter su carro veloz.

¡Yo palpito, tu gloria mirando sublime,
Noble autor de los vivos y varios colores!
¡Te saludo si puro matizas las flores!
¡Te saludo si esmaltas fulgente la mar!
En incendio la esfera zafírea que surcas,
Ya convierte tu lumbre radiante y fecunda,
Y aún la pena que el alma destroza profunda,
Se suspende mirando tu marcha triunfal.
¡Ay! de la ardiente zona do tienes almo asiento,
Tus rayos a mi cuna lanzaste abrasador
¡Por eso en ígneas alas remonto el pensamiento,
Y arde mi pecho en llamas de inextinguible amor!
Mas quiero que tu lumbre mis ansias ilumine,
Mis lágrimas reflejen destellos de tu luz,
y sólo cuando yerta la muerte se avecine
La noche tienda triste su fúnebre capuz.
¡Qué horrible me fuera, brillando tu fuego fecundo,
Cerrar estos ojos, que nunca se cansan de verte;
En tanto que ardiente brotase la vida en el mundo,
Cuajada sintiendo la sangre por hielo de muerte!
¡Horrible me fuera que al dulce murmurio del aura,
Unido mi ronco gemido postrero sonase;
Que el plácido soplo que al suelo cansado restaura,
El último aliento del pecho doliente apagase!

¡Guarde, guarde la noche callada
sus sombras de duelo,
hasta el triste momento del sueño
que nunca termina;
Y aunque hiera mis ojos, cansados
por largo desvelo,
Dale, ¡oh sol! a mi frente, ya
mustia, tu llama divina!
Y encendida mi mente inspirada,
con férvido acento
-Al compás de la lira sonora- tus
dignos loores
Lanzará, fatigando las alas del rápido viento,
A do quiera que lleguen triunfantes
tus sacros fulgores!

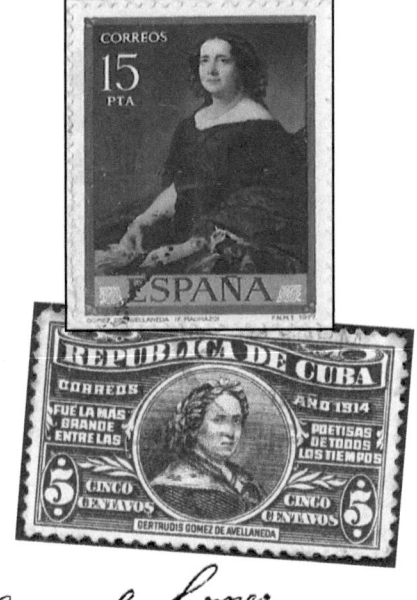

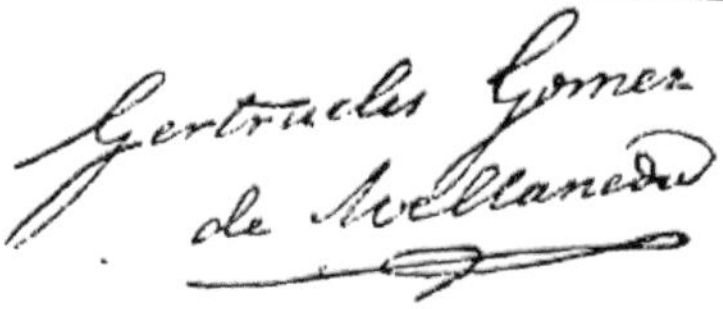

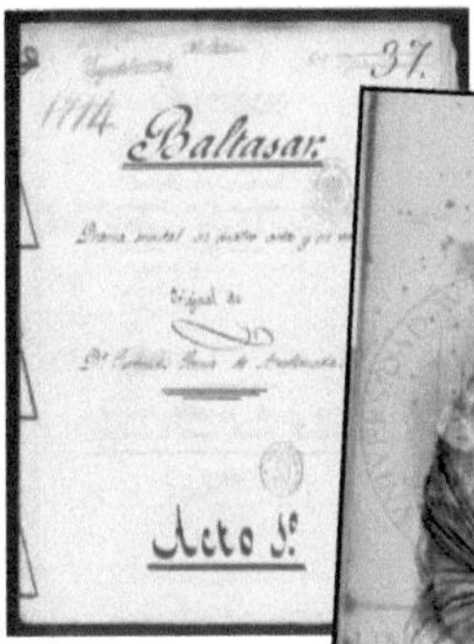

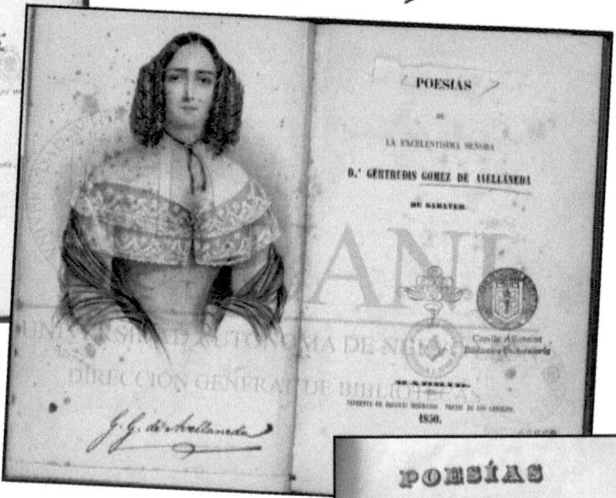
POESIAS

DE

LA EXCELENTISIMA SEÑORA

D.ª GERTRUDIS GOMEZ DE AVELLANEDA

DE SABATER.

MADRID.

1850.

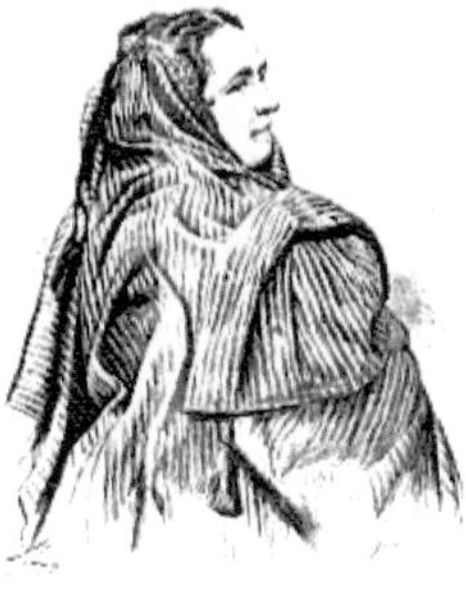

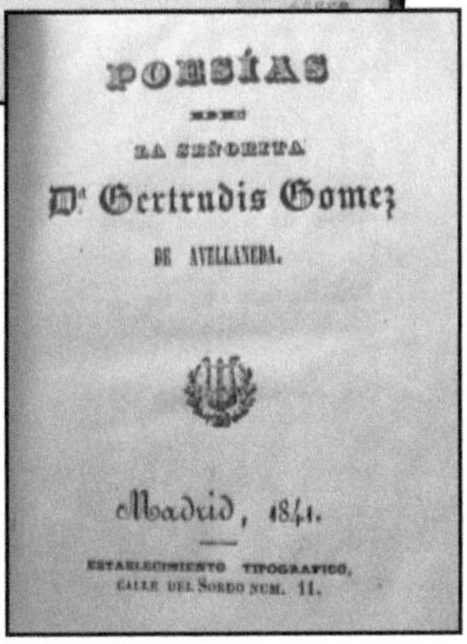
POESÍAS

DE

LA SEÑORITA

Dª Gertrudis Gomez

DE AVELLANEDA.

Madrid, 1841.

ESTABLECIMIENTO TIPOGRAFICO,
CALLE DEL SORDO NUM. 11.

Rafael María de Mendive

Rafael María de Mendive y Daumy (La Habana, 1821—1886) estudió en el Seminario de **San Carlos** y en la **Universidad de La Habana**, donde cursó la carrera de Derecho y se hizo abogado. Estuvo en los Estados Unidos y en Europa, principalmente en España, de 1848 a 1852. Dirigió en 1864 la **Escuela Municipal de Varones de La Habana**, y después, el **Colegio de San Pablo**, donde tuvo como discípulo a **José Martí**, en quien despertó profunda admiración y afecto. Un incidente en el teatro Villanueva (1869), que se convirtió en un acto público de rebeldía contra la dominación Española, fue achacado a la influencia de Rafael María de Mendive, que se vio condenado a cuatro años de destierro, que pasó principalmente en Madrid; volvió a Cuba en 1878.

Mendive fue un excelente traductor de **Henry Wadsworth Longfellow**, con quien le unió una buena amistad, y desarrolló desde muy joven una activa colaboración periodística. Solo o en colaboración, fundó en 1846 la revista *Flores del Siglo*, en 1848 *El Artista* y en 1853 la *Revista de la Habana*; en 1883 dirigió *El Diario de Matanzas*. Escribió también el libreto de la zarzuela *Gulnara*, con música de Arditi.

Mendive publicó su primer volumen de versos, **Pasionarias**, en 1847. Trece años después, en 1860, aparecía en Madrid una edición de sus **Poesías**, con prólogo de Manuel Cañete, pero ni en ésta ni en la de Nueva York, de 1883, era recogida su excelente versión de las **Melodías irlandesas**, de Thomas Moore.

Dentro de la etapa romántica, la poesía de Rafael María de Mendive representa una reacción contra los excesos del romanticismo. Por su lirismo y ternura, **Marcelino Menéndez Pelayo** lo juzgó «*el más elegante y delicado de cuantos en estos últimos tiempos han hecho versos en Cuba.*» También **Juan J. Remos** lo definió como «*uno de los bardos más delicados de nuestro parnaso.*»

En **Rafael María de Mendive** predomina un sentido totalmente clásico de la proporción y el sentimiento, dominando la temática romántica de sus versos; la melancolía, los afectos domésticos y la naturaleza son las principales fuentes de inspiración de sus poemas, entre las cuales destacan "**Yumurí**", "**La flor del agua**", "**A un arroyo**", "**La gota de rocío**" y "**La oración de la tarde**".

La nota más importante de su poesía, en efecto, consiste en haberse salvado del gran peligro que amenazaba a la lírica Hispanoamericana, especialmente a los coetáneos de su país: lo pomposo y declamatorio.

Unas Palabras sobre Rafael María de Mendive

Pocos pudieron retratar con palabras a **Rafael María de Mendive** como lo hizo su más fiel alumno, José Martí, quien, atrapado por la emoción y la reverencia, publicó en el periódico **El Porvenir**, de Nueva York, una carta a Enrique Trujillo, que se presenta más adelante.

Demasiadas lecciones le había dejado Mendive a quien por esa fecha emprendía la organización de la Guerra Necesaria en Estados Unidos, donde intentaba sembrar la unidad entre los veteranos de la contienda de los Diez Años y los Pinos Nuevos, que se erguían como continuadores de la gesta independentista.

El mentor de José Martí quedó huérfano aún niño y su hermano mayor asumió su educación. Al ingresar en 1834 en el **Seminario San Carlos** poseía adecuado dominio de la literatura Española, el Inglés y el Francés. Allí cursó estudios de Derecho, Filosofía y Latinidad. En 1838 matriculó en la **Real y Pontificia Universidad de La Habana**, donde finalizó la carrera de Derecho en 1844.

Más tarde viajó al extranjero, donde se relacionó con personalidades cubanas como: **Félix Varela**, **José Antonio Saco** y **Domingo del Monte**, enemigos de la política colonial Española. En 1852 retornó a la isla caribeña y se incorporó a la **Sociedad Económica de Amigos del País** en 1856.

Guirnalda Cubana, Revista Habanera, el Correo de la Tarde y el Diario de La Habana, entre otras publicaciones, cedieron espacio a la obra de este destacado intelectual, cuya casa devino sede de encuentros patrióticos y literarios.

Rafael María de Mendive asumió la dirección de la **Escuela Superior Municipal de Varones** en 1864 y luego creó el **Colegio San Pablo,** en su mismo hogar, en Prado N.º 88.

Debido a las manifestaciones acontecidas en el teatro Villanueva, en medio de la puesta en escena de la obra *"El Perro Huevero",* donde hubo gritos a favor de la independencia de Cuba, Rafael María fue arrestado y encarcelado en el Castillo del Príncipe por un período de cinco meses. Como secuela de ello, el colegio San Pablo fue clausurado. Luego de ser desterrado a España, **Mendive** se trasladó a Nueva York; allí residiría de 1869 hasta 1878.

Una vez firmado el documento conocido como el Pacto del Zanjón, retornó a la isla y prosiguió su labor periodística y como cultivador de la poesía. Mientras se desempeñaba en la dirección del colegio **San Luis Gonzaga,** de Cárdenas, en Matanzas, Mendive enfermó y falleció el 24 de Noviembre de 1886 en La Habana.

Poco antes de su destierro a España en 1871, José Martí le escribió una carta a su maestro, en la que le decía:

«De aquí a 2 horas embarco desterrado para España. Mucho he sufrido, pero tengo la convicción de que he sabido sufrir. Y si he tenido fuerzas para tanto y si me siento con fuerzas para ser verdaderamente hombre, solo a Ud. lo debo y de Ud. y solo de Ud. es cuanto bueno y cariñoso tengo.»

La carta de Martí sobre *Rafael María de Mendive*, en el periódico *El Porvenir* de New York, el 1 de Julio de 1891

Sr. Enrique Trujillo
Mi generoso amigo:

¿Cómo quiere que en algunas líneas diga todo lo bueno y nuevo que pudiera yo decir de aquel enamorado de la belleza, que la quería en las letras como en las cosas de la vida, y no escribió jamás sino sobre verdades de su corazón o sobre penas de la patria? De su vida de hombre yo no he de hablar, porque sabe poco de Cuba quien no sabe cómo peleó él por ella desde su juventud, con sus sonetos clandestinos y sus sátiras impresas; cómo dice en España el ejemplo, más necesario hoy que nunca, de adquirir fama en Madrid sin sacrificar la fe patriótica; cómo empleó su riqueza, más de una vez, en hermosear a su alrededor la vida, de modo que cuanto le rodeaba fuese obra de arte, y hallaran a toda hora cubierto en su mesa los cubanos fieles y los españoles generosos; cómo juntó, con el cariño que emanaba de su persona, a cuantos, desagradecidos o sinceros para con él, amaban como él la patria, y como él escribían de ella.

De la Revista de La Habana nada le diré aquí; ni de su traducción de las Melodías de Thomas Moore; ni de su cariño de hijo para José de la Luz, y de hermano para Ramón Zambrana; ni de la tierna amistad que le profesaron, aun cuando las contrariedades le tenían el carácter un tanto deslucido, los hombres, jóvenes o canosos, que llevaban a Cuba en el corazón, y la veían, fiera y elegante, en aquella alma fina de poeta. ¿No recuerdo yo aquellas noches de la calle del Prado, cuando el colegio que llamó San Pablo él porque la Luz había llamado al suyo el Salvador?

José de Armas y Céspedes, huyendo de la policía Española, estaba escondido en el cuarto mismo de Rafael Mendive; en el patio, al pie de los plátanos, recitábamos los muchachos el soneto del "*Señor Mendive*" a Lersundi; en la sala, siempre vestido de dril blanco, oía él, como si conversasen en voz baja, la comedia que le fue a recitar Tomás Mendoza; o le mudaba a Francisco Sellén el verso de la elegía a Miguel Ángel donde el censor borró "*De Bolívar y Washington la gloria*", y él puso, sin que el censor cayese en cuenta, "*De Harmodio y Aristógiton la gloria*"; o dictaba, a propósito de uno u otro Sedano, unas sextillas sobre "*los pancistas*" que restallaban corno latigazos; o defendía de los hispanófobos, y de los literatos de enaguas, la gloria Cubana que le, querían quitar a la Avellaneda; o con el ingeniero Roberto Escobar y el abogado Valdés Fauli y el hacendado Cristóbal Madan y el estudiante Eugenio Entenza, seguía, de codos en el piano, la marcha de Céspedes en el mapa de Cuba; o me daba a empeñar su reloj, para prestarle seis onzas a un poeta necesitado. Y luego yo le llevé un reloj nuevo, que le compramos los discípulos, que le queríamos; y se lo di, llorando.

O de poco antes pudiera yo hablarle, cuando lo acababan de hacer director del colegio, y él estaba de novio en sus segundas nupcias, con una casa que era toda de ángeles. Los ángeles se sentaban de noche con nosotros, bordando y cuchicheando, a oír la clase de historia que nos daba, de gusto de enseñar, Rafael Mendive; o nos oían de detrás de las persianas, cuando las expulsaban por traviesas, lo que, ante el tribunal de Valdés Fauli, y Domingo Arosarena, y Julio Ibarra, y el conde Pozos Dulces, y Luis Victoriano Betancourt, teníamos que decir sobre "*el funesto Alcibiades*" o "*el magnánimo Artajerjes*" o "*los sublimes Gracos*". Era maravilloso, y esto lo dice quien no usa en vano la palabra maravilla, aquel poder de entendimiento con que, de una ojeada, sorprendía Mendive lo real de un carácter; o cómo, sin saber de ciencias mucho, se sentaba a hablarnos de fuerzas en la clase de física, cuando no venía el pobre Manuel Sellén, y nos embelesaba. De tarde, antes de que llegasen sus amigos, dictaba a un tierno amanuense las escenas de su drama inédito La nube negra, o capítulos de su, novela de la sociedad habanera, donde están, como flagelados con rosas, pero de modo que se les ve pestañear y urdir, los héroes de la tocineta y del chisme y del falso dandismo.

¿Se lo pintaré preso, en un calabozo del castillo del Príncipe, servido por su Micaela fiel, y sus hijos, y sus discípulos; o en Santander, donde los españoles lo recibieron con palmas y :banquetes?; ¿o en New York, adonde vino escapado de España, para correr la suerte de los cubanos, y celebrar en su verso alado y caluroso al héroe que caía en el campo de pelea y al español bueno que no había querido alzarse contra la tierra que le dio el pan, y a quien dio hijos?; ¿o en Nassau, vestido de blanco como en Cuba, malhumorado y silencioso, hasta que, a la voz de Víctor Hugo, se alzó, fusta en mano, contra «Los dormidos»?; ¿o en Cuba, después de la tregua, cuando respondía a un discípulo ansioso: «¿Y crees tú que si, por diez años a lo menos, hubiese alguna esperanza, estaría yo aquí?» ¿A qué volver a decir lo que saben todos, ni pensar en que los diez años han pasado? Prefiero recordarlo, a solas, en los largos paseos del colgadizo, cuando, callada la casa, de la luz :de la noche y el ruido de las hojas fabricaba su verso; o cuando, hablando de los que cayeron en el :cadalso cubano, se alzaba airado del sillón, y le temblaba la barba.

José Martí, El Porvenir, Nueva York, 1 de julio de 1891

Poesía de Rafael María de Mendive
LA GOTA DE ROCÍO

¡Cuán bella en la pluma sedosa de un ave,
O en pétalo suave,
De nítida flor,
Titila en las noches serenas de estío
La diáfana gota de leve rocío
Cual vívida estrella de un cielo de amor!
El álamo verde que el aura enamora,
El sauce que llora,

El verde palmar,
El mango sombroso, la ceiba sonante,
Cual fúlgido rayo de níveo brillante
La ven en sus hojas inquieta temblar.

    Resbala entre rosas tan rápida y leve,
Tan frágil y breve,
Tan blanca y sutil,
Cual son de la vida los sueños de amores,
Y el beso de almíbar que en copa de flores
Nos brinda gozosa la edad infantil.
Acaso de un ángel la lágrima sea
Que amor centellea
Con luz celestial,
La gota de aljófar de un niño que llora.
La perla más blanca que vierte la aurora
Y lleva en sus alas el suave terral.
¡Soñando ternezas gallarda hermosura
El cáliz apura
De aromas y miel;
Y el lago sus ondas azules levanta,
El cisne se queja de amores y canta,
Y todo en la tierra respira placer!
¡Oh noche! ¡Oh misterio de eterna armonía!
¡Oh dulce poesía
De sueño y de paz!
¡Poema de sombras, de nubes y estrellas,
De rayos de oro, de imágenes bellas
Suspenso entre el cielo, la tierra y el mar!
¡Oh! ¡Cómo gozoso en las noches de Mayo
Al trémulo rayo
De luna gentil,
Sentado en el tronco de un sauce sombrío
Tras gota apacible de suave rocío
Pensé de mi madre las huellas seguir!

    ¡Y allí con mis versos, en paz deleitosa
Mis hijos, mi esposa,
Mis libros y Dios,
He visto las horas rodar sin medida,
Cual rueda esa perla del cielo caída
Temblando en el cáliz de tímida flor!
¡Feliz si, muriendo, mis tristes miradas

De llanto bañadas
Se fijan en ti!
¡Feliz si mi lira vibrante y sonora,
Cual cisne amoroso, con voz gemidora
Su queja postrera te ofrece al morir...!
¡Tú, al menos, podrías en gélida losa
Con luz misteriosa
Mi nombre alumbrar;
Y el ave sedienta verá con ternura
De un pobre poeta la lágrima pura,
Allí sobre el mármol tranquila brillar...!

LA INDIFERENTE

¿Dónde la flor de tu esperanza es ida,
Pálida virgen que enlutada lloras?
¿Dónde la hermosa luz de las auroras
Que alumbraron la senda de tu vida?

¿Por qué a la nave del silencio asida,
Ni amor te inflama, ni consuelo imploras,
Y en las sombras del tiempo aterradoras,
La imagen ves de tu ilusión perdida?

Si aún tienes corazón, espera, y lucha
Por derrocar el tenebroso imperio
De la duda que oprime tu existencia:

Mas si no late por tu mal, escucha:
—A gemir en perpetuo cautiverio,
Te condena tu propia indiferencia.

LA PENSATIVA

¿Qué piensas melancólica hermosura
Cuando fijas absorta tu mirada
En esa margarita deshojada,
Imagen de un amor que fue locura?

¿Qué piensas cuando besas con ternura,
Sus hojas, y febril y apasionada
Encierras en su cáliz congelada
De tu vida la lágrima más pura?

¡Qué esperas! ¿Pero a qué te lo demando,
Si tu frente se dobla pensativa
Al peso de recuerdos opresores;

Si encadenada estás, si estás llorando,
Y en brazos del dolor te ves cautiva
Sin porvenir, sin patria y sin amores?

TU IMAGEN

De palmas y de estrellas coronada,
de flores y de céfiros vestida,
entre el cielo y la tierra confundida
tu boca es miel y es gloria tu mirada.

De Dios imagen para mí formada
eres ángel de mi alma, y de mi vida,
blanca perla de un lirio desprendida,
pluma suave de un cisne en la cascada.

Como rayo de sol en agua pura,
o en cielo azul estrella que enamora
mi espíritu se goza en tu ternura;

me cubro con tu sombra bienhechora,
tus huellas sigo, admiro tu hermosura
y en dulce paz mi corazón te adora...!

La Obra Intelectual y Patriótica de Rafael María de Mendive

La obra intelectual de **Rafael María de Mendive** se centró en una etapa donde el surgimiento de revistas de corta duración con tendencia enciclopédica y romántica fue una constante. Ejemplos de ello fueron *Guirnalda Cubana*, *Revista Habanera*, *Álbum de lo Bueno y lo Bello*, *El Correo de la Tarde* y el *Diario de La Habana*.

Esos folletos recogen los intentos de la intelectualidad criolla de buscar en los elementos folklóricos y costumbristas su afirmación. Sin embargo, se manifiestan permeados por la influencia neoclásica Europea que dificulta la expresión de un contenido propio

Mendive, como profesor del **Colegio San Pablo** incursionó como periodista en muchas de las publicaciones anteriores, asimismo, dirigió y fundó las revistas **Flores del Siglo** (1945-1846) y **Revista Habanera** (1853-1857). Sus textos respondían a las tendencias del periodismo de opinión, típico de la época, en la que el estilo tendía a lo literario y la presencia del autor era total.

José Martí y Pérez

José Julián Martí Pérez (La Habana, 28 de Enero de 1853 – Dos Ríos, 19 de Mayo de 1895) fue un político republicano democrático, pensador, escritor, periodista, filósofo y poeta Cubano, creador del **Partido Revolucionario Cubano** y organizador de la **Guerra del 95**, la Guerra de Independencia de Cuba. Perteneció al movimiento literario del modernismo. Nació en la calle Paula n.º 41, La Habana. Su padre era Mariano Martí, Valenciano, y la madre Leonor Pérez Cabrera, Canaria. En 1866 se matriculó en el Instituto de Segunda Enseñanza de La Habana.

El 4 de Octubre de 1869, al pasar una escuadra del Primer Batallón de Voluntarios por la calle Industrias n.º 122, donde residían los Valdés Domínguez, de la vivienda se oyen risas y los voluntarios toman esto como una provocación. Regresan en la noche y someten la casa a un minucioso registro. Entre la correspondencia encuentran una carta dirigida a Carlos de Castro y Castro, compañero del colegio que, por haberse alistado como voluntario en el ejército español para combatir a los independentistas, calificaban de apóstata. Por tal razón, el 21 de Octubre de 1869 Martí ingresa en la Cárcel Nacional acusado de traición por escribir esa carta, junto a su amigo **Fermín Valdés Domínguez**. El 4 de marzo de 1870, Martí fue condenado a **seis años de prisión**, pena posteriormente conmutada por el destierro a Isla de Pinos. El 15 de Enero de 1871, por gestiones realizadas por sus padres, logró ser deportado a España. Allá comienza a cursar estudios en las universidades de Madrid y Zaragoza, donde se graduó de **Licenciado en Derecho Civil** y en **Filosofía y Letras**.

De España se traslada a París, luego Nueva York y finalmente a Veracruz y Guatemala, donde conoce a **Carmen Zayas Bazán**, que posteriormente sería su esposa.

En 1878 vuelve a Cuba, el 31 de Agosto, para radicarse en La Habana, y el 22 de Noviembre nace José Francisco, **Ismaelillo**, su único hijo. Un año después, Martí es detenido y deportado nuevamente a España por sus vínculos con la conocida como **Guerra Chiquita**.

El 29 de Enero de 1895, partió de Nueva York a Montecristi, en República Dominicana, donde lo esperaba Máximo Gómez, con quien firmó el 25 de Marzo de 1895 un documento conocido como **Manifiesto de Montecristi**, programa de la nueva guerra. Ambos líderes desembarcaron en Cuba el 11 de Abril de 1895, por Playitas de Cajobabo, Baracoa.

El día 18 de Abril, en el **Campamento de Dos Ríos**, Martí escribió su última carta a su amigo Manuel Mercado, que se le conoce como su testamento político. Al día siguiente, una columna Española se desplegó en la zona de Dos Ríos, cerca de Palma Soriano, donde acampaba Martí, y le dio muerte. Tras varios entierros, fue finalmente sepultado el día 27, en el **Cementerio de Santa Ifigenia**, en Santiago de Cuba.

Sobre Ismaelillo

Ismaelillo, el pequeño volumen que los emigrados Cubanos de Nueva York conocieron en 1882 recién salido de las prensas de Thompson y Moreau, fue la luz anunciadora de la nueva poesía en la América Latina. Pero antes de insistir en la significación auroral del libro que consagrara Martí a su hijo vale la pena conocer las circunstancias que dieron origen a esa obra de tan alta calidad lírica y humana. Cuando le faltó a Martí la presencia de su hijo, entonces le nació y creció el hijo ideal, Ismaelillo, de la propia nostalgia unida a su desilusión. Se vuelve al recuerdo del hijo como hacia el único refugio posible. O, para decirlo con sus palabras, en demanda de un escudo. Con esta hermosa carta introductoria el gran patriota Cubano dedicó a su hijo con infinita ternura Ismaelillo, el primer libro de versos escrito y editado por José Martí.

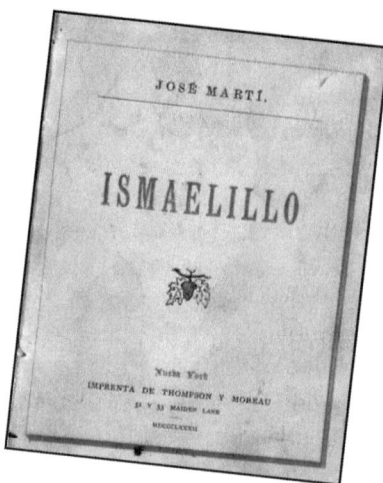

Ismaelillo

(1882)
José Martí y Pérez

Hijo:
Espantado de todo me refugio en ti. Tengo fe en el mejoramiento humano, en la vida futura, en la utilidad de la virtud, y en ti. Si alguien te dice que estas páginas se parecen a otras páginas, diles que te amo demasiado para profanarte así. Tal como aquí te pinto, tal te han visto mis ojos. Con esos arreos de gala te me has aparecido. Cuando he cesado de verte en una forma, he cesado de pintarte. Esos riachuelos han pasado por mi corazón.
¡Lleguen al tuyo!

Príncipe enano

Para un príncipe enano
Se hace esta fiesta.
Tiene guedejas,
Blandas guedejas;
Por sobre el hombro blanco
Luengas le cuelgan.
Sus dos ojos parecen
Estrellas negras:
¡Vuelan, brillan, palpitan,
Relampaguean!
Él para mí es corona,
Almohada, espuela.
Mi mano, que así embrida
Potros y hienas,
Va, mansa y obediente,
Donde él la lleva.
Si el ceño frunce, temo;
Si se me queja,
Cual de mujer, mi rostro
Nieve se trueca:
Su sangre, pues, anima
Mis flacas venas:
¡Con su gozo mi sangre
Se hincha, o se seca!
Para un príncipe enano
Se hace esta fiesta.

¡Venga mi caballero
Por esta senda!
¡Éntrese mi tirano
Por esta cueva!
Tal es, cuando a mis ojos
Su imagen llega,
Cual si en lóbrego antro
Pálida estrella,
Con fulgor de ópalo
Todo vistiera.
Su paso la sombra
Matices muestra,
Como al sol que las hiere
Las nubes negras.
¡Heme ya puesto en armas,
En la pelea!
Quiere el príncipe enano
Que a luchar vuelva:
¡Él para mí es corona,
Almohada, espuela!
Y como el sol, quebrando
Las nubes negras,

En banda de colores
La sombra trueca,
Él, al tocarla, borda
En la onda espesa,
Mi onda de batalla
Roja y violeta.
¿Conque mi dueño quiere
Que a vivir vuelva?
¡Venga mi caballero
Por esta senda!
¡Éntrese mi tirano
Por esta cueva!
¡Déjeme que la vida
A él, a él ofrezca!
Para un príncipe enano
Se hace esta fiesta.

Sueño despierto

Yo sueño con los ojos
Abiertos, y de día
Y noche siempre sueño.
Y sobre las espumas
Del ancho mar revuelto,
Y por entre las crespas
Arenas del desierto
Y del león pujante,
Monarca de mi pecho,
Montado alegremente
Sobre el sumiso cuello,
Un niño que me llama
Flotando siempre veo!

Brazos fragantes

Sé de brazos robustos,
Blandos, fragantes;
Y sé que cuando envuelven
El cuello frágil,
Mi cuerpo, como rosa
Besada, se abre,
Y en su propio perfume
Lánguido exhálase.
Ricas en sangre nueva
Las sienes laten;
Mueven las rojas plumas
Internas aves;
Sobre la piel, curtida
De humanos aires,
Mariposas inquietas
Sus alas baten;
¡Savia de rosa enciende
Las muertas carnes!
¡Y yo doy los redondos
Brazos fragantes,
Por dos brazos menudos
Que halarme saben,
Y a mi pálido cuello
Recios colgarse,
Y de místicos lirios
Collar labrarme!
¡Lejos de mí por siempre,
Brazos fragantes!

Mi caballero

Por las mañanas
Mi pequeñuelo
Me despertaba
Con un gran beso.
Puesto a horcajadas
Sobre mi pecho,
Bridas forjaba
Con mis cabellos.
Ebrio él de gozo,
De gozo yo ebrio,
Me espoleaba.
Mi caballero:

¡Qué suave espuela
Sus dos pies frescos!
¡Cómo reía
Mi jinetuelo!
Y yo besaba
Sus pies pequeños,
¡Dos pies que caben
En solo un beso!

Musa traviesa

¿Mi musa? Es un diablillo
Con alas de ángel.
¡Ah, musilla traviesa,
Qué vuelo trae!

Yo suelo, caballero
En sueños graves,
Cabalgar horas luengas
Sobre los aires.
Me entro en nubes rosadas,
Bajo a hondos mares,
Y en los senos eternos
Hago viajes.
Allí asisto a la inmensa
Boda inefable,
Y en los talleres huelgo
De la luz madre:
Y con ella es la oscura
Vida, radiante,
¡Y a mis ojos los antros
Son nidos de ángeles!
Al viajero del cielo
¿Qué el mundo frágil?
Pues ¿no saben los hombres
Qué encargo traen?
¡Rasgarse el bravo pecho,
Vaciar su sangre,
Y andar, andar heridos
Muy largo valle,
Roto el cuerpo en harapos,
Los pies en carne,
Hasta dar sonriendo
—¡No en tierra!—exánimes!
Y entonces sus talleres
La luz les abre.
Y ven lo que yo veo:
¿Qué el mundo frágil?
Seres hay de montaña,
Seres de valle,
Y seres de pantanos
Y lodazales.

De mis sueños desciendo,
Volando vanse,
Y en papel amarillo
Cuento el viaje.
Contándolo, me inunda
Un gozo grave:
Y cual si el monte alegre,
Queriendo holgarse
Al alba enamorando
Con voces ágiles,
Sus hilillos sonoros
Desanudase,
Y salpicando riscos,
Labrando esmaltes,
Refrescando sedientas
Cálidas cauces,
Echáralos risueños
Por falda y valle,
Así, al alba del alma
Regocijándose,
Mi espíritu encendido
Me echa a raudales
Por las mejillas secas
Lágrimas suaves.
Me siento, cual si en magno

Templo oficiase;
Cual si mi alma por mirra
Virtiese al aire;
Cual si en mi hombro surgieran
Fuerzas de Atlante;
Cual si el sol en mi seno
La luz fraguase:
¡Y estallo, hiervo, vibro,
Alas me nacen!

Suavemente la puerta
Del cuarto se abre,
Y entrase a él gozosos
Luz, risas, aire.
Al par da el sol en mi alma
Y en los cristales:
¡Por la puerta se ha entrado
Mi diablo ángel!
¿Qué fue de aquellos sueños,
De mi viaje,
Del papel amarillo,
Del llanto suave?
Cual si de mariposas
Tras gran combate
Volaran alas de oro
Por tierra y aire,
Así vuelan las hojas
Do cuento el trance
Hala acá el travesuelo
Mi paño árabe;
Allá monta en el lomo
De un incunable;
Un carcax con mis plumas
Un sílex persiguiendo
Vuelca un estante,
Y ¡allá ruedan por tierra
Versillos frágiles,
Brumosos pensadores,
Lópeos galanes!
De águilas diminutas
Puéblase el aire:
¡Son las ideas, que ascienden,
Rotas sus cárceles!

Del muro arranca, y cíñese,
Indio plumaje:
Aquella que me dieron
De oro brillante,
Pluma, a marcar nacida
Frentes infames,
De su caja de seda
Saca, y la blande:
Del sol a los requiebros
Brilla el plumaje,
Que baña en áureas tintas
Su audaz semblante.
De ambos lados el rubio
Cabello al aire,
A mí súbito viénese
A que lo abrace.
De beso en beso escala
Mi mesa frágil;
¡Oh, Jacob, mariposa,
Ismaelillo, árabe!
¿Qué ha de haber que me guste
Como mirarle
De entre polvo de libros
Surgir radiante,
Y, en vez de acero, verle
De pluma armarse,
Y buscar en mis brazo
Tregua al combate?
Venga, venga, Ismaelillo:
La mesa asalte,
Y por los anchos pliegues
Del paño árabe

En rota vergonzosa
Mis libros lance,
Y siéntese magnífico
Sobre el desastre,
Y muéstreme riendo,
Roto el encaje
—¡Qué encaje no se rompe
En el combate!—
¡Su cuello, en que la risa
Gruesa onda hace!
Venga, y por cauce nuevo
Mi vida lance,
Y a mis manos la vieja
Péñola arranque,
¡Y del vaso manchado
La tinta vacíe!
¡Vaso puro de nácar:
Dame a que harte
Esta sed de pureza:
Los labios cánsame!
¿Son éstas que lo envuelven
Carnes, o nácares?
La risa, como en taza
De ónice árabe,
En su incólume seno
Bulle triunfante:
¡Hete aquí, hueso pálido,
Vivo y durable!
¡Hijo soy de mi hijo!
¡Él me rehace!

¡Pudiera yo, hijo mío,
Quebrando el arte
Universal, muriendo
Mis años dándote,
Envejecerte súbito,
La vida ahorrarte!
Mas no: ¡que no verías

En horas graves
Entrar el sol al alma
Y a los cristales!
Hierva en tu seno puro
Risa sonante:
Rueden pliegues abajo
Libros exangües:
Sube, Jacob alegre,
La escala suave:
Ven, y de beso en beso
Mi mesa asaltes:
¡Pues ésa es mi musilla,
Mi diablo ángel!
¡Ah, musilla traviesa,
Qué vuelo trae!

Mi reyecillo

Los persas tienen
Un rey sombrío;
Los hunos foscos
Un rey altivo;
Un rey ameno
Tienen los iberos;
Rey tiene el hombre,
Rey amarillo:
¡Mal van los hombres
Con su dominio!
Mas yo vasallo
De otro rey vivo,
Un rey desnudo,
Blanco y rollizo:
Su cetro -¡un beso!
Mi premio -¡un mimo!
¡Oh! cual los áureos
Reyes divinos
De tierras muertas,
De pueblos idos

—¡Cuando te vayas,
Llévame, hijo!—
Toca en mi frente
Tu cetro omnímodo;
Úngeme siervo,
Siervo sumiso:
¡No he de cansarme
De verme ungido!
¡Lealtad te juro,
Mi reyecillo!
Sea mi espalda
Pavés de mi hijo;
Pasa en mis hombros
El mar sombrío:
Muera al ponerte
En tierra vivo:
Mas si amar piensas
El amarillo
Rey de los hombres,
¡Muere conmigo!
¿Vivir impuro?
¡No vivas, hijo!

Penachos vívidos

Como taza en que hierve
De transparente vino
En doradas burbujas
El generoso espíritu;

Como inquieto mar joven
Del cauce nuevo henchido
Rebosa, y por las playas
Bulle y muere tranquilo;

Como manada alegre
De bellos potros vivos
Que en la mañana clara
Muestran su regocijo,

Ora en carreras locas,
O en sonoros relinchos,
O sacudiendo el aire
El crinaje magnífico;

Así mis pensamientos
Rebosan en mí vívidos,
Y en crespa espuma de oro
Besan tus pies sumisos,
O en fúlgidos penachos
De varios tintes ricos,
Se mecen y se inclinan
Cuando tú pasas —¡hijo!

Hijo del alma

¡Tú flotas sobre todo,
Hijo del alma!
De la revuelta noche
Las oleadas,
En mi seno desnudo
Déjante el alba;
Y del día la espuma
Turbia y amarga,
De la noche revuelta
Te echa en las aguas.
Guardiancillo magnánimo,
La no cerrada
Puerta de mi hondo espíritu
Amante guardas;
Y si en la sombra ocultas
Búscanme avaras,
De mi calma celosas,
Mis penas varias,
En el umbral oscuro
Fiero te alzas,
¡Y les cierran el paso
Tus alas blancas!

Ondas de luz y flores
Trae la mañana,
Y tú en las luminosas
Ondas cabalgas.

No es, no, la luz del día
La que me llama,
Sino tus manecitas
En mi almohada.
Me hablan de que estás lejos:
¡Locuras me hablan!
Ellos tienen tu sombra;
¡Yo tengo tu alma!
Esas son cosas nuevas,
Mías y extrañas.
Yo sé que tus dos ojos
Allá en lejanas
Tierras relampaguean,
Y en las doradas
Olas de aire que baten
Mi frente pálida,
Pudiera con mi mano,
Cual si haz segara
De estrellas, segar haces
De tus miradas:
¡Tú flotas sobre todo,
Hijo del alma!

Amor errante

Hijo, en tu busca
Cruzo los mares:
Las olas buenas
A ti me traen:
Los aires frescos
Limpian mis carnes
De los gusanos
De las ciudades;
Pero voy triste
Porque en los mares
Por nadie puedo
Verter mi sangre.
¿Qué a mí las ondas
Mansas e iguales?
¿Qué a mí las nubes,
Joyas volantes?
¿Qué a mí los blandos
Juegos del aire?
¿Qué la iracunda
Voz de huracanes?

A éstos -¡la frente
Hecha a domarles!
¡A los lascivos
Besos fugaces
De las menudas
Brisas amables-,
Mis dos mejillas
Secas y exangües,
De un beso inmenso
Siempre voraces!
Y ¿a quién, el blanco
Pálido ángel
Que aquí en mi pecho
Las alas abre
Y a los cansados
Que de él se amparen
Y en él se nutran
Busca anhelante?
¿A quién envuelve
Con sus suaves
Alas nubosas
Mi amor errante?
¡Libres de esclavos
Cielos y mares,
Por nadie puedo
Verter mi sangre!

Y llora el blanco
Pálido ángel:
¡Celos del cielo
Llorar le hacen,
Que a todos cubre
Con sus celajes!
Las alas níveas
Cierra, y ampárase
De ellas el rostro
Inconsolable:
Y en el confuso
Mundo fragante
Que en la profunda
Sombra se abre,
Donde en solemne
Silencio nacen
Flores eternas
Y colosales,
Y sobre el dorso
De aves gigantes
Despiertan besos
Inacabables,
¡Risueño y vivo
Surge otro ángel!

Sobre mi hombro

Ved: sentado lo llevo
Sobre mi hombro:
¡Oculto va, y visible
Para mí solo!
El me ciñe las sienes
Con su redondo
Brazo, cuando a las fieras
Penas me postro:
Cuando el cabello hirsuto
Yérguese y hosco,
Cual de interna tormenta
Símbolo torvo,
Como un beso que vuela
Siento en el tosco
Cráneo: ¡su mano amansa
El bridón loco!
Cuando en medio del recio
Camino lóbrego,
Sonrío, y desmayado
Del raro gozo,
La mano tiendo en busca
De amigo apoyo,
Es que un beso invisible
Me da el hermoso
Niño que va sentado
Sobre mi hombro.

Tábanos fieros

¡Venid, tábanos fieros,
Venid, chacales,
Y muevan trompa y diente
Y en horda ataquen,
Y cual tigre a bisonte
Sítienme y salten!
¡Por aquí, verde envidia!
¡Tú, bella carne,
En los dos labios muérdeme:
Sécame: mánchame!
¡Por acá, los vendados
Celos voraces!
¡Y tú, moneda de oro,
Por todas partes!
¡De virtud mercaderes,
Mercadeadme!
Mató el Gozo a la Honra:
Venga a mí, -¡y mate!

Cada cual con sus armas
Surja y batalle:

El placer, con su copa:
Con sus amables
Manos, en mirra untadas,
La virgen ágil;
Con su espada de plata,
El diablo bátame:
¡La espada cegadora
No ha de cegarme!

Asorde la caterva
De batallantes:
Brillen cascos plumados
Como brillasen
Sobre montes de oro
Nieves radiantes:
Como gotas de lluvia
Las nubes lancen
Muchedumbre de aceros
Y de estandartes:
Parezca que la tierra,
Rota en el trance,
Cubrió su dorso verde
De aúreos gigantes:
Lidiemos, no a la lumbre
Del sol suave,
Sino al funesto brillo
De los cortantes
Hierros: rojos relámpagos
La niebla tajen:
Sacudan sus raíces
Libres los árboles:
Sus faldas trueque el monte
En alas ágiles:
Clamor óigase, como
Si en un instante
Mismo, las almas todas
Volando ex cárceres,
Rodar a sus pies vieran

Su hopa de carnes:
Cíñame recia veste
De amenazantes
Astas agudas: hilos
Tenues de sangre
Por mi piel rueden leves
Cual rojos áspides:
Su diente en lodo afilen
Pardos chacales:
Lime el tábano terco
Su aspa volante:
Muérdame en los dos labios
La bella carne:
¡Que ya vienen, ya vienen
Mis talismanes!
Como nubes vinieron
Esos gigantes:
¡Ligeros como nubes
Volando iránse!

La desdentada envidia
Irá, secas las fauces,
Hambrienta, por desiertos
Y calcinados valles,
Royéndose las mondas
Escuálidas falanges;
Vestido irá de oro
El diablo formidable.
En el cansado puño
Quebrada la tajante;
Vistiendo con sus lágrimas
Irá, y con voces grandes
De duelo, la Hermosura
Su inútil arreaje:
Y yo en el agua fresca
De algún arroyo amable
Bañaré sonriendo
Mis hilillos de sangre.

Ya miro en polvareda
Radiosa evaporarse
Aquellas escamadas
Corazas centellantes:
Las alas de los cascos
Agítanse, debátense,
Y el casco de oro en fuga
Se pierde por los aires.
Tras misterioso viento
Sobre la hierba arrástranse,
Cual sierpes de colores,
Las flámulas ondeantes.
Junta la tierra súbito
Sus grietas colosales
Y echa su dorso verde
Por sobre los gigantes:
Corren como que vuelan
Tábanos y chacales,
Y queda el campo lleno
De un humillo fragante,
De la derrota ciega
Los gritos espantables
Escúchanse, que evocan
Callados capitanes;
Y mésase soberbia
El áspero crinaje,
Y como muere un buitre
Expira sobre el valle:
En tanto, yo a la orilla
De un fresco arroyo amable,
Restaño sonriendo
Mis hilillos de sangre.

¡No temo yo ni curo
De ejércitos pujantes,
Ni tentaciones sordas,
Ni vírgenes voraces!
El vuela en torno mío,

El gira, él para, él bate;
Aquí su escudo opone;
Allí su clava blande;
A diestra y a siniestra
Mandobla, quiebra, esparce;
Recibe en su escudillo
Lluvia de dardos hábiles;
Sacúdelos al suelo,
Bríndalo a nuevo ataque.
¡Ya vuelan, ya se vuelan
Tábanos y gigantes!
Escúchase el chasquido
De hierros que se parten;
Al aire chispas fúlgidas
Suben en rubios haces;
Alfombrase la tierra
De dagas y montantes;
¡Ya vuelan, ya se esconden
Tábanos y chacales!
El cómo abeja zumba,
El rompe y mueve el aire,
Detiénese, ondea, deja
Rumor de alas de ave:
Ya mis cabellos roza;
Ya sobre mi hombro párase;
Ya a mi costado cruza;
Ya en mi regazo lánzase;
¡Ya la enemiga tropa
Huye, rota y cobarde!
¡Hijos, escudos fuertes,
De los cansados padres!
¡Venga mi caballero,
Caballero del aire!
¡Véngase mi desnudo
Guerrero de alas de ave,
Y echemos por la vía
Que va a ese arroyo amable,

Y con sus aguas frescas
Bañe mi hilo de sangre!
¡Caballeruelo mío!
¡Batallador volante!

Tórtola blanca

El aire está espeso,
La alfombra manchada,
Las luces ardientes,
Revuelta la sala;
Y acá entre divanes
Y allá entre otomanas,
Tropiézase en restos
De tules,—¡o de alas!
¡Un baile parece
De copas exhaustas!
Despierto está el cuerpo,
Dormida está el alma;
¡Qué férvido el valse!
¡Qué alegre la danza!
¡Qué fiera hay dormida
Cuando el baile acaba!

Detona, chispea,
Espuma, se vacía,
Y expira dichosa
La rubia champaña
Los ojos fulguran,
Las manos abrasan,
De tiernas palomas
Se nutren las águilas;
Don Juanes lucientes
Devoran Rosauras;
Fermenta y rebosa
La inquieta palabra;
Estrecha en su cárcel
La vida incendiada,

En risas se rompe
Y en lava y en llamas;
Y lirios se quiebran,
Y violas se manchan,
Y giran las gentes,
Y ondulan y valsan;
Mariposas rojas
Inundan la sala,
Y en la alfombra muere
La tórtola blanca.

Yo fiero rehúso
La copa labrada;
Traspaso a un sediento
La alegre champaña;
Pálido recojo
La tórtola hollada;
Y en su fiesta dejo
Las fieras humanas;
Que el balcón azotan
Dos alitas blancas
Que llenas de miedo
Temblando me llaman.

Valle lozano

Dígame mi labriego
¿Cómo es que ha andado
En esta noche lóbrega
Este hondo campo?

Dígame ¿de qué flores
Untó el arado,
Que la tierra olorosa
Trasciende a nardos?
Dígame ¿de qué ríos
Regó ese prado,
Que era un valle muy negro
Y ora es lozano?

Otros, con dagas grandes
Mi pecho araron:
Pues ¿qué hierro es el tuyo
Que no hace daño?
Y esto dije –y el niño
Riendo me trajo
En sus dos manos blancas
Un beso casto.

Mi despensero

¿Qué me das? ¿Chipre?
Yo no lo quiero:
Ni rey de bolsa
Ni posaderos
Tienen del vino
Que yo deseo;
Ni es de cristales
De cristaleros
La dulce copa
En que lo bebo.

Mas está ausente
Mi despensero,
Y de otro vino
Yo nunca bebo.

Rosilla nueva

¡Traidor! ¿Con qué arma de oro
Me has cautivado?
Pues yo tengo coraza
De hierro áspero.
Hiela el dolor: el pecho
Trueca en peñasco.

Y así como la nieve,
Del sol al blando
Rayo, suelta el magnífico
Manto plateado,
Y salta en hilo alegre al valle
pálido,
Y las rosillas nuevas
Riega magnánimo;
Así, guerrero fúlgido,
Roto a tu paso,
Humildoso y alegre
Rueda el peñasco;

Y cual lebrel sumiso
Busca saltando
A la rosilla nueva
Del valle pálido.

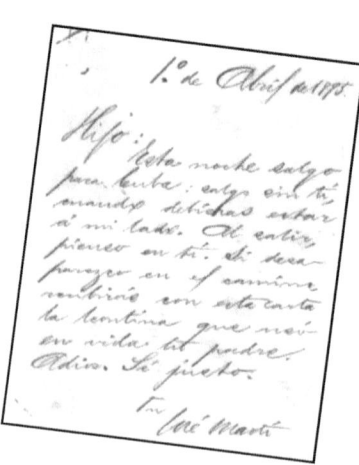

Álbum de El Porvenir

(1891)
José Martí y Pérez

Un día, cuando saltaban las piedras en España al paso de los Franceses, Napoleón clavó los ojos en un oficial seco, y tostado, que cargaba uniforme blanco y azul; se fue sobre él y le leyó en el botón de la casaca el nombre del cuerpo: «¡**Murcia**!». Era el niño pobre de la aldea jesuita de Yapeyú; criado al aire entre indios y mestizos, que después de veintidós años de guerra Española empuñó en Buenos Aires la insurrección desmigajada, trabó por juramento a los criollos arremetedores, aventó en San Lorenzo la escuadrilla real, montó en Cuyo el ejército libertador, pasó Los Andes para amanecer en Chacabuco; de Chile, libro a su espalda, fue por Maipú a redimir el Perú; se alzó protector en Lima, con uniforme de Palmas de oro; salió, vencido por sí mismo, al paso de Bolívar avasallador; retrocedió; abdicó, pasó, solo por Buenos Aires; murió en Francia, con su hija de la mano, en una casita llena de luz y flores.

Propuso reyes a la América, preparó mañosamente con los recursos nacionales su propia gloria, retuvo la dictadura, visible o disimulada, hasta que por sus yerros se vio minado en ella, y no llegó sin duda al mérito sublime de deponer voluntariamente ante los hombres su imperio natural. Pero calentó en su cabeza criolla la idea épica que aceleró y equilibró la independencia americana.

Su sangre era de un militar Leonés y de una nieta de Conquistadores; nació siendo el padre gobernador de Yapeyú a la orilla de uno de los ríos portentosos de América; aprendió a leer en la falda de los montes, criado en el pueblo como hijo del señor, a la sombra de las palmas y de los urundeyes. A España se lo llevaron, a aprender baile y latín en el seminario de los nobles; y a los doce años, el niño «*que reía poco*» era cadete. Cuando volvió, Teniente Coronel Español de treinta y cuatro años, a pelear contra España, no era el hombre crecido al pampero y la lluvia, en las entrañas de su país americano, sino el militar que, al calor de los recuerdos nativos, crió en las sombras de las logias de Lautaro, entre Condes de Madrid y patricios juveniles, la voluntad de trabajar con plan y sistema por la independencia de América; y a las órdenes de Daoiz y frente a Napoleón aprendió de España el modo de vencerla. Peleó contra el moro, astuto y original; contra el Portugués aparatoso y el Francés deslumbrante. Peleó al lado del Español, cuando el Español peleaba con los dientes, y del Inglés, que muere saludando, con todos los botones en el casaquín, de modo que no rompa el cadáver la línea de batalla. Cuando desembarca en Buenos Aires, con el sable morisco que relampagueó en Arjonilla y en Bailén y en Albuera, ni trae consigo más que la fama de su arrojo, ni pide más que «*unidad y dirección*», «*sistema que nos salve de la anarquía*», «*un hombre capaz de ponerse al frente del ejército*».

Iba la guerra como va cuando no la mueve un plan político seguro, que es correría más que guerra, y semillero de tiranos. «*No hay ejército sin oficiales.*» «*El soldado, soldado de pies a cabeza.*» Con Alvear, patriota ambicioso de familia influyente, llegó **San Martín** de España. A los ocho días le dieron a organizar el *Cuerpo de Granaderos Montados*, con Alvear de Sargento Mayor. Deslumbra a los héroes desvalidos en las revoluciones, a los héroes incompletos que no saben poner la idea a caballo, la pericia del militar de profesión. Lo que es oficio parece genio; y el ignorante generoso confunde la práctica con la grandeza. Un Capitán es general entre reclutas. **San Martín** estaba sobre la silla, y no había de apearse sino en el palacio de los virreyes del Perú; tomó los oficiales de entre sus amigos, y éstos de entre la gente de casta; los prácticos, no los pasaba de Tenientes; los cadetes, fueron de casas próceres; los soldados, de talla y robustos; y todos, a toda hora, «*¡alta la cabeza!*» «*¡El soldado, con la cabeza alta!*» No los llamaba por sus nombres, sino por el nombre de guerra que ponía a cada uno. Con Alvear y con el Peruano Monteagudo fundó la logia secreta de Lautaro, «*para trabajar con plan y sistema en la independencia de América, y su felicidad, obrando con honor y procediendo con justicia*»; para que, «*cuando un hermano desempeñe el supremo gobierno, no pueda nombrar por sí diplomáticos y generales, ni gobernadores, ni jueces, ni altos funcionarios eclesiásticos o militares*»; «*para trabajar por adquirir la opinión pública*»; «*para ayudarse entre sí y cumplir sus juramentos, so pena de muerte*». Su escuadrón lo fue haciendo hombre a hombre. Él mismo les enseñaba a manejar el sable: «*Le partes la cabeza como una sandía al primer godo que se te ponga por delante*». A los oficiales los reunió en cuerpo secreto; los habituó a acusarse entre sí y a acatar la sentencia de la mayoría; trazaba con ellos sobre el campo el pentágono y los bastiones; echaba del escuadrón al que mostrase miedo en alguna celada, o pusiese la mano en una mujer; criaba en cada uno la condición saliente; daba trama y miste rio de iglesia a la vida militar; tallaba a filo a sus hombres; fundía como una joya a cada soldado. Apareció con ellos en la plaza, para rebelarse con su logia de Lautaro contra el gobierno de los triunviros. Arremetió con ellos, caballero en magnífico bayo, contra el español que desembarcaba en San Lorenzo la escuadrilla; cerró sobre él sus dos alas; *«a lanza y sable»* los fue apeando de las monturas; preso bajo su caballo mandaba y blandía; muere un granadero, con la bandera Española en el puño; cae muerto a sus pies el Granadero que le quita de encima el animal; huye España, dejando atrás su artillería y sus cadáveres.

Pero Alvear tenía celos, y su partido en la logia de Lautaro, *«que gobernaba al gobierno»*, pudo más que el partido de **San Martín**. Se carteaba mucho San Martín con los hombres políticos:

«existir es lo primero, y después ver cómo existimos»;

«se necesita un ejército, ejército de oficiales matemáticos»;

«hay que echar de aquí al último maturrango»;

«renunciaré mi grado militar cuando los americanos no tengan enemigos»;

«háganse esfuerzos simultáneos, y somos libres»;

«esta revolución no parece de hombres, sino de carneros»;

«soy republicano por convicción, por principios, pero sacrifico esto mismo al bien de mi suelo».

Alvear fue de general contra los españoles de Montevideo, y a **San Martín** lo mandaron de general al Alto Perú, donde no bastó el patriotismo salteño a levantar los ánimos; lo mandaron luego de intendente a Cuyo. ¡Y allá lo habían de mandar; porque aquél era su pueblo; de aquel destierro haría él su fortaleza; de aquella altura se derramaría él sobre los americanos! Allá, en aquel rincón, con los Andes de consejeros y testigos creó, solo, el ejército con que los había de atravesar; ideó, solo, una familia de pueblos cubiertos por su espada; vio, solo, el peligro que corría la libertad de cada nación de América mientras no fuesen todas ellas libres: ¡*Mientras haya en América una nación esclava, la libertad de todas las demás corre peligro!* Puso la mano sobre la región adicta con que ha de contar, como levadura de poder, quien tenga determinado influir por cuenta propia en los negocios públicos.

En sí pensaba, y en América; porque es gloria suya, y como el oro puro de su carácter, que nunca en las cosas de América pensó en un pueblo u otro como entes diversos, sino que, en el fuego de su pasión, no veía en el continente más que una sola nación americana.

Entreveía la verdad política local y el fin oculto de los actos, como todos estos hombres de instinto; pero fallaba, como todos ellos, por confundir su sagacidad primitiva, extraviada por el éxito, por la lisonja, y por la fe en sí, con aquel conocimiento y estrategia de los factores invisibles y determinantes de un país, que sólo alcanza, por la mezcla del don y la cultura, el genio supremo. Ese mismo concepto salvador de América, que lo llevaría a la unificación posible de sus naciones hermanas en espíritu, ocultó a sus ojos las diferencias, útiles a la libertad, de los países americanos, que hacen imposible su unidad de formas. No veía, como el político profundo, los pueblos hechos, según venían de atrás; sino los pueblos futuros que bullían, con la angustia de la gestación, en su cabeza; y disponía de ellos en su mente como el patriarca dispone de sus hijos. *¡Es formidable el choque de los hombres de voluntad con la obra acumulada de los siglos!* Pero el intendente de Cuyo sólo ve por ahora que tiene que hacer la independencia de América. Cree e impera. Y puesto, por quien pone, en una comarca sobria como él, la enamoró por sus mismas dotes, en que la comarca contenta se reconocía; y vino a ser sin corona en la cabeza, como su rey natural.

Los gobiernos perfectos nacen de la identidad del país y el hombre que lo rige con cariño y fin noble, puesto que la misma identidad es insuficiente, por ser en todo pueblo innata la nobleza, si falta al gobernante el fin noble. Pudo algún día **San Martín**, confuso en las alturas, regir al Perú con fines turbados por el miedo de perder su gloria; pudo extremar, por el interés de su mundo vacilante, su creencia honrada en la necesidad de gobernar a América por Reyes; pudo, desvanecido, pensar en sí alguna vez más que en América, cuando lo primero que ha de hacer el hombre público, en las épocas de creación o reforma, es renunciar a sí, sin valerse de su persona sino en lo que valga ella a la patria; pudo tantear desvalido, en país de más letras, sin la virtud de su originalidad libre, un gobierno retórico. Pero en Cuyo, vecino aún de la justicia y novedad de la naturaleza, triunfó sin obstáculo, por el imperio de lo real aquel hombre que se hacía el desayuno con sus propias manos, se sentaba al lado del trabajador, veía porque herrasen la mula con piedad, daba audiencia en la cocina -entre el puchero y el cigarro negro-, dormía al aire, en un cuero tendido. Allí la tierra trajinada parecía un jardín; blanqueaban las casas limpias entre el olivo y el viñedo; bataneaba el hombre el cuero que la mujer cosía; los picos mismos de la cordillera parecían bruñidos a fuerza de puño.

Campeó entre aquellos trabajadores el que trabajaba más que ellos; entre aquellos tiradores, el que tiraba mejor que todos; entre aquellos madrugadores el que llamaba por las mañanas a sus puertas; el que en los conflictos de justicia sentenciaba conforme al criterio natural; el que sólo tenía burla y castigo para los perezosos y los hipócritas; el que callaba, como una nube negra, y hablaba como el rayo.

Al Cura: «*Aquí no hay más obispo que yo; predíqueme que es santa la independencia de América.*»

Al Español: «*Quiere que lo tenga por bueno?*, pues que me lo certifiquen seis criollos.»

A la placera murmurona: «*Diez zapatos para el ejército, por haber hablado mal de los patriotas.*»

Al centinela que lo echa atrás porque entra a la fábrica de mixtos con espuelas: «¡*Esa onza de oro!*»

Al soldado que dice tener las manos atadas por un juramento que empeñó a los Españoles: «¡*Se las desatará el último suplicio!*»

A una redención de cautivos le deja sin dinero «¡*Para redimir a otros cautivos!*»

A una testamentaría le manda pagar tributo: «¡*Más hubiera dado el difunto para la revolución!*»

Derrúmbase a su alrededor, en el empuje de la reconquista, la revolución Americana. Venía Morillo; caía el Cuzco; Chile huía; las catedrales entonaban, de México a Santiago, el *Te Deum* del triunfo; por los barrancos asomaban los regimientos deshechos, como jirones. Y en la catástrofe continental, decide **San Martín** alzar su ejército con el puñado de Cuyanos, convida a sus oficiales a un banquete y brinda, con voz vibrante como el clarín, *«¡por la primera bala que se dispare contra los opresores de Chile del otro lado de los Andes!»*

Cuyo es de él, y se alza contra el dictador Alvear, el rival que bambolea, cuando acepta incautamente la renuncia que, en plena actividad, le envía **San Martín**. Cuyo sostiene en el mando a su gobernador, que parece ceder ante el que viene a reemplazarlo; que menudea ante el Cabildo sus renuncias de palabra; que permite a las milicias ir a la plaza, sin uniforme, a pedir la caída de Alvear. Cuyo echa, colérico, a quien osa venir a suceder, con un nombramiento de papel, al que tiene nombramiento de la Naturaleza, y tiene a Cuyo; al que no puede renunciar a sí, porque en sí lleva la redención del continente; a aquel amigo de los talabarteros, que les devuelve ilesas las monturas pedidas para la patria; de los arrieros, que recobraban las arrias del servicio; de los chacareros, que le traían orgullosos el maíz de siembra para la chacra de la tropa; de los principales de la comarca, que fían en el intendente honrado, por quien esperan librar sus cabezas y sus haciendas del español. Por respirar les cobra **San Martín** a los Cuyanos, y la raíz que sale al aire paga contribución; pero les montó de antes el alma en la pasión de la libertad del país y en el orgullo de Cuyo, con lo que todo tributo que los sirviese les parecía llevadero, y más cuando **San Martín**, que sabía de hombres, no les haría la costumbre local, sino les cobraba lo nuevo por los métodos viejos: por acuerdo de los decuriones del Cabildo. Cuyo salvará a la América. «¡Denme a Cuyo, y con él voy a Lima!» Y Cuyo tiene fe en quien la tiene en él; pone en el Cielo a quien le pone en el Cielo. En Cuyo, a la boca de Chile, crea entero, del tamango al falucho, el ejército con que ha de redimirlo.

Hombres, los vencidos; dinero, el de los Cuyanos; carne, el charqui en pasta, que dura ocho días; zapatos, los tamangos, con la jareta por sobre el empeine, ropa, de cuero bataneado; cantimploras, los cuernos; los, sables, a filo de barbería; música, los clarines; cañones, las campanas. Le amanece en la armería, contando las pistolas; en el parque, que conoce bala a bala; las toma en peso; les quita el polvo; las vuelve cuidadosamente a la pila. A un fraile inventor lo pone a dirigir la maestranza, de donde salió el ejército con cureñas y herraduras, con caramañolas y cartuchos, con bayonetas y máquinas; y el fraile de teniente, con veinticinco pesos al mes, ronco para toda la vida. Crea el laboratorio de salitre y la fábrica de pólvora crea el código militar, el cuerpo médico, la comisaria. Crea academias de oficiales, porque «*no hay ejército sin oficiales matemáticos*». Por las mañanas, cuando el sol da en los picos de la serranía, se ensayan en el campamento abierto en el bosque, a los chispazos del sable de San Martín, los pelotones de reclutas, los granaderos de a caballo, sus negros queridos; bebe de su cantimplora: «*¡A ver, que le quiero componer ese fusil!*»; «*la mano, hermano, por ese tiro bueno*»; «*¡vamos, gaucho, un paso de sable con el gobernador!*».

O al toque de los clarines, jinete veloz, corre de grupo en grupo, sin sombrero y radiante de felicidad: «*¡Recio, recio, mientras haya luz de día; los soldados que vencen sólo se hacen en el cam-*

po *de instrucción!»* Echa los oficiales a torear: *«¡Estos locos son los que necesito yo para vencer a los españoles!»*

Con los rezagos de Chile, con los libertos, con los quintos, con los vagos, junta y transforma a seis mil hombres. Un día de sol entra con ellos en la ciudad de Mendoza, vestida de flores; pone el bastón de general en la mano de la Virgen del Carmen; ondea tres veces, en el silencio que sigue a los tambores, el pabellón azul: *«Esta es, soldados, la primera bandera independiente que se bendice en América; jurad sostenerla muriendo en su defensa, como yo lo juro!»* En cuatro columnas se echan sobre los Andes los cuatro mil soldados de pelear, en piaras montadas, con un peón por cada veinte; los mil doscientos milicianos; los doscientos cincuenta de la artillería, con las dos mil balas de cañón, con los novecientos mil tiros de fusil. Dos columnas van por el medio y dos, de alas, a los flancos. Delante va Fray Beltrán, con sus ciento veinte barreteros, palanca al hombro; sus zorras y perchas, para que los veintiún cañones no se lastimen; sus puentes de cuerda, para pasar los ríos; sus anclas y cables, para rescatar a los que se derrisquen.

Ladeados van unas veces por el borde del antro; otras van escalando, pecho a tierra.

Cerca del rayo han de vivir los que van a caer, juntos todos, sobre el valle de Chacabuco, como el rayo. De la masa de nieve se levanta, resplandeciendo, el Aconcagua. A los pies, en las nubes, vuelan los cóndores. ¡Allá espera, aturdido, sin saber por dónde le viene la justicia, la tropa del Español, que **San Martín** sagaz ha abierto, con su espionaje sutil y su política de zapa, para que no tenga qué oponer a su ejército reconcentrado! **San Martín** se apea de su mula, y duerme en el capote, con una piedra de cabecera, rodeado de los Andes.

El alba era, veinticuatro días después, cuando el ala de O'Higgins, celosa de la de Soler, ganó, a son de tambor, la cumbre por donde podía huir el Español acorralado.

Desde su mente, en Cuyo, lo había acorralado, colina a colina, **San Martín**. Las batallas se ganan entre ceja y ceja. El que pelea ha de tener el país en el bolsillo. Era el mediodía cuando, espantado el Español, reculaba ante los piquetes del valle, para caer contra los caballos de la cumbre. Por entre los infantes del enemigo pasa como un remolino la caballería libertadora, y acaba a los artilleros sobre sus cañones. Cae todo **San Martín** sobre las tapias inútiles de la hacienda. Dispérsanse, por los mamelones y esteros, los últimos realistas. En la yerba, entre los quinientos muertos, brilla un fusil, rebanado de un tajo. Y ganada la pelea que redimió a Chile y aseguró a América la libertad, escribió **San Martín** una carta a la «*admirable Cuyo*» y mandó a dar vuelta al paño de su casaca.

Quiso Chile nombrarle Gobernador omnímodo, y él no aceptó; a Buenos Aires devolvió el despacho de Brigadier General, «*porque tenía empeñada su palabra de no admitir grado ni empleo militar ni político*»; coronó el Ayuntamiento su retrato, orlado de los trofeos de la batalla, y mandó su compatriota **Belgrano** alzar una pirámide en su honor. Pero lo que él quiere de Buenos Aires es tropa, hierro, dinero, barcos que ciñan por mar a Lima mientras la ciñe él por tierra.

Con su edecán irlandés pasa de retorno por el campo de Chacabuco; llora por los «*¡pobres negros!*» que cayeron allí por la libertad Americana; mueve en Buenos Aires el poder secreto de la logia de Lautaro; ampara a su amigo O'Higgins, a quien tiene en Chile de Director, contra los planes rivales de su enemigo Carrera; mina, desde su casa de triunfador en Santiago -donde no quiere «*vasijas de plata*», ni sueldos pingües- el poderío del virrey en el Perú; suspira, «*en el disgusto que corroe su triste existencia*», por «*dos meses de tranquilidad en el virtuoso pueblo de Mendoza*»; arenga a caballo, en la puerta del Arzobispo, a los Chilenos batidos en Cancharrayada, y surge triunfante camino de Lima, en el campo sangriento de Maipú.

Del caballo de batalla salta a la mula de los Andes; con la amenaza de su renuncia fuerza a Buenos Aires, azuzado por la logia, a que le envíe el empréstito para la expedición peruana; se cartea con su fiel amigo **Pueyrredón**, el Director Argentino, sobre el plan que paró en mandar a uno de la logia a buscar rey a las cortes Europeas -a tiempo que tomaba el mando de la escuadra de Chile, triunfante en el Pacífico, el inglés **Cochrane**, ausente de su pueblo «*por no verlo oprimido sin misericordia*» por la Monarquía- a tiempo que **Bolívar** avanzaba clavando, de patria en patria, el pabellón republicano. Y cuando en las manos sagaces de **San Martín**, Chile y Buenos Aires han cedido a sus demandas de recursos ante la amenaza de repasar los Andes con su ejército, dejando a **O'Higgins** sin apoyo y al Español entrándose por el Perú entre Chilenos y Argentinos; cuando **Cochrane** le había, con sus correrías hazañosas, abierto el mar a la expedición del Perú; cuando iba por fin a caer con su ejército reforzado sobre los palacios Limeños, y a asegurar la independencia de América y su gloria, lo llamó

Buenos Aires a rechazar la invasión Española que creía ya en la mar, a defender al gobierno contra los federalistas rebeldes, a apoyar la monarquía que el mismo **San Martín** había recomendado. Desobedece. Se alza con el ejército que sin la ayuda de su patria no hubiese allegado jamás, y que lo proclama en Rancagua su cabeza única, y se va, capitán suelto, bajo la bandera Chilena, a sacar al Español del Perú, con su patria deshecha a las espaldas. «¡Mientras no estemos en Lima, la guerra no acabará!»; de esta campaña «*penden las esperanzas de este vasto continente*»; «*voy a seguir el destino que me llama*»...

¿Quién es aquel, de uniforme recamado de oro, que pasea por la blanda Lima en su carroza de seis caballos? Es el protector del Perú, que se proclamó por decreto propio Gobernante omnímodo, fijo en el estatuto el poder de su persona y la ley política, redimió los vientres, suprimió los azotes, abolió los tormentos, erró y acertó, por boca de su apasionado ministro **Monteagudo**; el que el mismo día de la jura del estatuto creó la orden de nobles, la *Orden del Sol*; el que mandó a inscribir la banda de las damas limeñas «*al patriotismo de las más sensibles*»; el «*Emperador*» de que hacían mofa los yaravíes del pueblo; el «*Rey José*» de quien reían, en el cuarto de banderas, sus compañeros de la logia de Lautaro. Es **San Martín**, abandonado por **Cochrane**, negado por sus batallones, execrado en Buenos Aires y en Chile, corrido en la «*Sociedad Patriótica*» cuando aplaudió el discurso del fraile que quería Rey, limosnero que mandaba a Europa a un dómine a ojear un príncipe Austríaco, o Italiano, o Portugués, para el Perú.

¿Quién es aquél, que sale, solitario y torvo, después de la entrevista titánica de **Guayaquil**, del baile donde **Bolívar**, dueño incontrastable de los ejércitos que bajan de **Boyacá**, barriendo al Español, valsa, resplandeciente de victorias, entre damas sumisas y bulliciosos soldados? Es **San Martín** que convoca el primer *Congreso Constituyente del Perú* y se despoja ante él de su banda blanca y roja; que baja de la carroza protectoral, en el Perú revuelto contra el Protector, porque «*la presencia de un militar afortunado es temible a los países nuevos, y está aburrido de oír que quiere hacerse Rey*»; que deja el Perú a **Bolívar**, «*que le ganó por la mano*», porque «***Bolívar** y él no caben en el Perú, sin un conflicto que sería escándalo del mundo, y no será **San Martín** el que dé un día de zambra a los maturrangos*». Se despide sereno, en la sombra de la noche, de un oficial fiel; llega a Chile, con ciento veinte onzas de oro, para oír que lo aborrecen; sale a la calle en Buenos Aires, y lo silban, sin ver cómo había vuelto, por su sincera conformidad en la desgracia, a una grandeza más segura que la que en vano pretendió con la ambición.

Se vio entonces en toda su hermosura, saneado ya de la tentación y ceguera del poder, aquel carácter que cumplió uno de los designios de la Naturaleza, y había repartido por el continente el triunfo de modo que su desequilibrio no pusiese en riesgo la obra americana. Como consagrado vivía en su destierro, sin poner mano jamás en cosa de hombre, aquél que había alzado, al rayo de sus ojos, **tres naciones libres**. Vio en sí cómo la grandeza de los Caudillos no está, aunque lo parezca, en su propia persona, sino en la medida en que sirven a la de su pueblo; y se levantan mientras van con él y cuando la quieren llevar detrás de sí.

Lloraba cuando veía a un amigo; legó su corazón a Buenos Aires y murió frente al mar, sereno y canoso, clavado en su sillón de brazos, con no menos majestad que el nevado de **Aconcagua** en el silencio de los Andes.

Tomado de **Álbum de El Porvenir**, Nueva York, 1891

Semblanza de Bolívar en La Edad de Oro

(1889)
José Martí y Pérez

Cuentan que un viajero llegó un día a Caracas al anochecer, y sin sacudirse el polvo del camino, no preguntó dónde se comía ni se dormía, sino cómo se iba a donde estaba la estatua de Bolívar. Y cuentan que el viajero, solo con los árboles altos y olorosos de la plaza, lloraba frente a la estatua, que parecía que se movía, como un padre cuando se le acerca un hijo. El viajero hizo bien, porque todos los americanos deben querer a Bolívar como a un padre. A Bolívar, y a todos los que pelearon como él porque la América fuese del hombre americano. A todos: al héroe famoso, y al último soldado, que es un héroe desconocido. Hasta hermosos de cuerpo se vuelven los hombres que pelean por ver libre a su patria. Libertad es el derecho que todo hombre tiene a ser honrado, y a pensar y a hablar sin hipocresía.

En América no se podía ser honrado, ni pensar, ni hablar. Un hombre que oculta lo que piensa, o no se atreve a decir lo que piensa, no es un hombre honrado. Un hombre que obedece a un mal gobierno, sin trabajar para que el gobierno sea bueno, no es un hombre honrado. Un hombre que se conforma con obedecer a leyes injustas, y permite que pisen el país en que nació los hombres que se lo maltratan, no es un hombre honrado. El niño, desde que puede pensar, debe pensar en todo lo que ve, debe padecer por todos los que no pueden vivir con honradez, debe trabajar porque puedan ser honrados todos los hombres, y debe ser un hombre honrado. El niño que no piensa en lo que sucede a su alrededor, y se contenta con vivir, sin saber si vive honradamente, es como un hombre que vive del trabajo de un bribón, y está en camino de ser bribón.

Hay hombres que son peores que las bestias, porque las bestias necesitan ser libres para vivir dichosas: el elefante no quiere tener hijos cuando vive preso: la llama del Perú se echa en la tierra y se muere, cuando el indio le habla con rudeza, o le pone más carga de la que puede soportar. El hombre debe ser, por lo menos, tan decoroso como el elefante y como la llama. En América se vivía antes de la libertad como la llama que tiene mucha carga encima. Era necesario quitarse la carga, o morir.

Hay hombres que viven contentos aunque vivan sin decoro. Hay otros que padecen como en agonía cuando ven que los hombres viven sin decoro a su alrededor. En el mundo ha de haber cierta cantidad de decoro, como ha de haber cierta cantidad de luz. Cuando hay muchos hombres sin decoro, hay siempre otros que tienen en sí el decoro de muchos hombres. Esos son los que se rebelan con fuerza terrible contra los que les roban a los pueblos su libertad, que es robarles a los hombres su decoro. En esos hombres van miles de hombres, va un pueblo entero, va la dignidad humana. Esos hombres son sagrados.

Estos tres hombres son sagrados: **Bolívar**, de Venezuela; **San Martín**, del Río de la Plata; **Hidalgo**, de México.

Se les deben perdonar sus errores, porque el bien que hicieron fue más que sus faltas. Los hombres no pueden ser más perfectos que el Sol. El Sol quema con la misma luz con que calienta. El Sol tiene manchas. Los desagradecidos no hablan más que de las manchas. Los agradecidos hablan de la luz.

Bolívar era pequeño de cuerpo. Los ojos le relampagueaban, y las palabras se le salían de los labios. Parecía como si estuviera esperando siempre la hora de montar a caballo. Era su país, su país oprimido, que le pesaba en el corazón, y no le dejaba vivir en paz. La América entera estaba como despertando. Un hombre solo no vale nunca más que un pueblo entero; pero hay hombres que no se cansan, cuando su pueblo se cansa, y que se deciden a la guerra antes que los pueblos, porque no tienen que consultar a nadie más que a sí mismos, y los pueblos tienen muchos hombres, y no pueden consultarse tan pronto.

Ese fue el mérito de Bolívar, que no se cansó de pelear por la libertad de Venezuela, cuando parecía que Venezuela se cansaba. Lo habían derrotado los españoles: lo habían echado del país. Él se fue a una isla, a ver su tierra de cerca, a pensar en su tierra. Un negro generoso lo ayudó cuando ya no lo quería ayudar nadie. Volvió un día a pelear, con trescientos héroes, con los trescientos libertadores. Libertó a Venezuela. Libertó a la Nueva Granada. Libertó al Ecuador. Libertó al Perú. Fundó una nación nueva, la nación de Bolivia.

Ganó batallas sublimes con soldados descalzos y medio desnudos. Todo se estremecía y se llenaba de luz a su alrededor. Los generales peleaban a su lado con valor sobrenatural. Era un ejército de jóvenes. Jamás se peleó tanto, ni se peleó mejor, en el mundo por la libertad. Bolívar no defendió con tanto fuego el derecho de los hombres a gobernarse por sí mismos, como el derecho de América a ser libre. Los envidiosos exageraron sus defectos. Bolívar murió de pesar del corazón, más que de mal del cuerpo, en la casa de un español en Santa Marta. Murió pobre, y dejó una familia de pueblos.

Tomado de **La Edad de Oro**, Julio de 1889.

Máximo Gómez y Páez

Máximo Gómez fue un impresionante Militar Cubano-Dominicano. Nació el 18 de Noviembre de 1836 en **Baní** (**República Dominicana**). Hijo de Andrés Gómez y Guerrero y Clemencia Baéz y Pérez. Aprendió a leer y a escribir en su casa, más tarde lo sigue educando su padrino, el sacerdote **Andrés Rosón**. Éste quiso educar al niño para el sacerdocio, pero Máximo se alista en el ejército. Soldado de los que peleaban con **machete**, sobre un caballo o a pie y hasta descalzo. A los 16 años Gómez se unió al ejército Dominicano en la lucha contra las tropas **Haitianas**, y alcanzó el grado de alférez. Tomó parte con las tropas Anexionistas en la **Guerra de Restauración Dominicana**. Llegó a **Cuba** en 1865 como **oficial del Ejército español** y en 1868 se alistó en el **movimiento emancipador Cubano**. Gómez empezó pronto a destacarse enseñando a los Mambises tácticas guerrilleras y el uso del machete, un procedimiento bélico muy original y exitoso, El 4 de Noviembre de 1868 dirigió la célebre *"primera carga al machete"*, en Pino de Baire, donde con un puñado de hombres armados sólo con esa herramienta de trabajo aniquiló en breves minutos a dos compañías Españolas. Sus dotes de mando y las victorias logradas le convirtieron en el jefe de las fuerzas independentistas hasta su dimisión en 1876. En 1892 se unió a José Martí, líder del **Partido Revolucionario Cubano**, con quien desembarcó en Cuba tras el grito de Baire (1895) que inició la **Guerra de Independencia de Cuba**. Fue jefe militar de las fuerzas Mambisas hasta el final de la guerra en 1898. Tras la salida de los Españoles y la independencia de la isla, y depuesto del cargo por la Asamblea, apoyó la candidatura de **Tomás Estrada Palma** a las presidenciales de 1901. Casado con Bernarda del Toro, fue padre de catorce hijos, entre ellos **Francisco (Panchito) Gómez Toro**, que murió a los veinte años, tratando de rescatar a Antonio Maceo tras el combate de Punta Brava, el 7 de Diciembre de 1896. Máximo Gómez murió el día 17 de Junio de 1905 sin ninguna fortuna personal en su villa de **La Habana**.

Sobre el Manifiesto de Montecristi

El 25 de Marzo de 1895, exactamente a los treinta días de reiniciada la guerra de independencia de Cuba, **José Martí** dio a conocer en Montecristi, República Dominicana, el documento histórico elaborado por él entre Febrero y Marzo de 1895, firmado también por **Máximo Gómez Báez**, como General en Jefe del Ejército Libertador y conocido como **Manifiesto de Montecristi**.

Este documento, además del valor sociohistórico que tiene por el momento histórico en que se dio a conocer y por hacer múltiples y atinadas referencias al desarrollo histórico de las repúblicas de Hispanoamérica durante el siglo XIX, posee además una gran importancia política e incluso ético moral y psicológica.

El Manifiesto está integrado por diez grandes cláusulas, algunas muy extensas, como la quinta, séptima y octava, que abarcan más de una cuartilla, y otras más breves pero extraordinariamente ricas en contenido, y constituye una declaración de principios sociopolíticos, ideológicos y ético-morales así como una sólida argumentación al pueblo de Cuba y al resto del mundo de las motivaciones por las que la Patria se enfrascaba nuevamente en una "**guerra necesaria**" y con el fin de lograr una completa independencia.

El Manifiesto refleja el espíritu y la doctrina inherentes a la labor realizada por el **Partido Revolucionario Cubano** desde su fundación en Enero de 1892, y es en esencia un documento de gran precisión y perspectivas político-ideológicas, donde se plasman la conciencia y las condiciones sociohistóricas concretas que conducen a la reanudación bélica de la lucha independentista en 1895. Constituye un aporte de notable valor historiográfico donde en sus diez cláusulas, Martí y Gómez establecen las bases que deben regir la contienda bélica Cubana.

Manifiesto de Montecristi

(1895)

José Martí y Pérez - Máximo Gómez Báez

La revolución de independencia, iniciada en Yara después de una preparación gloriosa y cruenta, ha entrado en Cuba en un nuevo período de guerra, en virtud del orden y acuerdos del Partido Revolucionario en el extranjero y en la Isla, y de la ejemplar congregación en él de todos los elementos consagrados al sanea miento y emancipación del país, para bien de América y del mundo; y los representantes electos de la revolución que hoy se confirma, [sus títulos] reconocen y acatan su deber, -sin usurpar el acento y las declaraciones sólo propias de la majestad de la república constituida, de repetir ante la patria, que no se debe de ensangrentar sin razón, ni sin justa esperanza de triunfo los propósitos precisos, hijos del juicio y ajenos a la venganza, con que se ha compuesto, y llegará a su victoria racional, la guerra inextinguible que hoy lleva a los combates, en conmovedora y prudente democracia, los elementos todos de la sociedad de Cuba.

La guerra no es, en el concepto sereno de los que aún hoy la representan, y de la revolución pública y responsable que los eligió el insano triunfo de un partido cubano sobre otro, o la humillación siquiera de un grupo equivocado de cubanos; sino la demostración solemne de la voluntad de un país harto probado para lanzarse a la ligera, viva aún la herida de la guerra anterior, para lanzarse a la ligera en un conflicto sólo terminable por la victoria o el sepulcro, sin causas bastante profundas para sobreponerse a las cobardías humanas y a sus hábiles varios disfraces, y sin determinación tan respetable, por ir firmada por la muerte, que debe imponer silencio a aquellos cubanos menos venturosos que no se sienten poseídos de igual fe en las capacidades de su pueblo ni de valor igual con que emanciparlo de su infamia servidumbre.

La guerra no es la tentativa caprichosa de una independencia más temible que útil, que sólo tendrían derecho a demorar o condenar los que mostrasen la virtud y el propósito de conducirla a otra más viable y segura, y que no debe en verdad apetecer un pueblo que no la pueda sustentar; sino el producto disciplinado de la resolución de hombres enteros que en el reposo de la experiencia se han decidido a encarar otra vez los peligros que conocen, y de la congregación cordial de los cubanos de más diverso origen, convencidos de que en la conquista de la libertad se adquieren mejor que en el abyecto abatimiento las virtudes necesarias para mantenerla.

La guerra no es contra el español, que, en el seguro de sus hijos y en el acatamiento a la patria que se ganen podrán gozar respetados, y aun amados, de la libertad que sólo arrollará a los que le salgan, imprevisores, al camino. Ni del desorden, ajeno a la moderación probada del espíritu de Cuba, será cuna la guerra; ni de la tiranía. -Los que la fomentaron, y pueden aún llevar su voz, declaran en nombre de ella ante la patria su limpieza de todo odio, -su indulgencia fraternal para con los cubanos tímidos o equivocados, su respeto radical respeto al decoro del hombre, nervio del combate y sostén de cimiento de la república, -su certidumbre de la aptitud de la guerra para ordenarse de modo que contenga a la vez la redención que la inspira, la relación en que un pueblo debe vivir con los demás, y la realidad que la guerra es, y su terminante voluntad de respetar, y hacer que se respete, al español neutral y honrado, en la guerra y después de ella, y de ser piadosa con el arrepentimiento, e inflexible sólo con el vicio, el crimen y la inhumanidad. En la guerra que se ha reanudado en Cuba no ve la revolución las causas del júbilo que pudiera embargar al heroísmo irreflexivo, sino las responsabilidades que deben preocupar a los fundadores de pueblos.

Entre Cuba en la guerra con la plena seguridad, inaceptable sólo a los cubanos sedentarios y parciales, de la competencia de sus hijos para obtener el triunfo, por la energía de la revolución pensadora y magnánima, y de la capacidad de los cubanos, cultivada en diez años primeros de fusión sublime, y en las prácticas modernas del gobierno y el trabajo, de los pueblos, para salvar la patria desde su raíz de los desacomodos y tanteos, necesarios al principio del siglo, sin comunicaciones y sin preparación en las repúblicas feudales o teóricas de Hispano-América. Punible ignorancia o alevosía fuera desconocer las causas a menudo gloriosas, y ya generalmente redimidas, de los trastornos americanos, venidos del anhelo y el error de ajustar a moldes extranjeros; de extrema idea o teoría incierta, teoría o teoría de mera dogma incierto o mera relación local, accidental en a su lugar de origen, la realidad ingenua de los países que conocían sólo de las libertades el ansia que las conquista, y la soberanía que se gana por pelear por ellas. La concentración de la cultura meramente literaria en las capitales; el erróneo apego de las repúblicas a las costumbres señoriales de la colonia; la creación de caudillos rivales consiguiente al trato receloso e imperfecto de las regiones y comarcas apartadas; la condición rudimentaria de la única industria, agrícola o ganadera; y el abandono y desdén punible de la fecunda raza indígena en las disputas de dogma, credo o localidad nacidas de que esas causas de los trastornos en los pueblos de América mantenían, -no son, de ningún modo los problemas de la sociedad cubana. Cuba vuelve a la guerra con un pueblo democrático y culto, conocedor celoso de su derecho y del ajeno; o de cultura mucho mayor, en lo más bisoño de sus huestes humilde de él, que las masas llaneras o indias con que, a la voz de los héroes primados de la emancipación, se mudaron de hatos en naciones las silenciosas colonias de América; y en el crucero del mundo, al servicio de la guerra, y a la fundación de la nacionalidad le vienen a Cuba, del trabajo creador y conservador en los pueblos más hábiles del orbe, y del propio esfuerzo en la persecución y miseria del país, los hijos lúcidos, magnates o siervos, que de la época primera de acomodo, ya vencida, entre los componentes heterogéneos de la nación Cubana, salieron a preparar, o en la misma Isla continuaron preparando, con su propio perfeccionamiento, el de la nacionalidad a que concurren hoy con la inmediata utilidad y firmeza de sus personas laboriosas, y el seguro de su educación republicana. El civismo de sus guerreros; la pericia práctica de sus pensadores, la realidad y la aspiración y la cultura, el cultivo y benignidad de sus artesanos; y sus hábitos políticos, el empleo real y moderno de un número vasto de sus inteligencias y riquezas; la peculiar moderación del campesino sazonado en el destierro y en la guerra; el trato íntimo y diario, y rápida e inevitable unificación de las diversas secciones del país; la recia admiración recíproca de las virtudes iguales entre los cubanos que de las diferencias o distinciones de la esclavitud pasaron a la hermandad del sacrificio; y la benevolencia y aptitud crecientes del liberto, superiores a ese los raros ejemplos de su desvío o encono, aseguran a Cuba, sin ilícita ilusión, un porvenir en que las condiciones de asiento, y del trabajo feraz inmediato de un pueblo feraz en la nacionalidad de una república justa, excederán a las de disociación y parcialidad provenientes de la pereza o arrogancia que la guerra a veces cría, del rencor provocativo ofensivo de una minoría de amos caída de sus privilegios; de la censurable premura con que una minoría aún invisible de libertos descontentos pudiera aspirar, con violación funesta de la naturaleza y el albedrío de los demás hombres, y de la naturaleza humanos, al respeto social que sola y seguramente ha de venirles de la igualdad probada en la virtud y la cultura, los sentimientos, virtudes y talentos; y de la súbita desposesión, en gran parte de los pobladores letrados de las ciudades, de la suntuosidad o abundancia relativa que les venía hoy y que hoy les viene de las gabelas inmorales y fáciles de la colonia, y de los oficios que habrán de desaparecer con la libertad. libre, en el trabajo abierto a todos, enclavado a las bocas del mundo universo rico e industrial, sustituirá sin dificultad u obstáculo, y con ventaja, después de una guerra inspirada en el más puro ideal de abnegación, y mantenida conforme a ella, al pueblo avergonzado y decididamente miserable donde el bienestar sólo se obtiene a cambio de la complicidad ex presa o tácita con la tiranía de los extranjeros famélicos menesterosos que los desangran y corrompen. No dudan de Cuba, ni de sus aptitudes para obtener y gobernar su independencia, los que en el heroísmo de la muerte y en el de la fundación silenciosa y callada de la patria, han visto y ven resplandecer de continuo, en grandes y en pequeños, las dotes de concordia y sensatez sólo imperceptibles e inadvertibles para los que, fuera del alma real de Cuba, juzga de su patria, y la de su país, lo juzgan, en el arrogante concepto de sí propios, sin más poder de rebeldía y creación que el que asoma tímidamente en la servidumbre y culpa de sus quehaceres coloniales.

De otro temor quisiera acaso valerse hoy, en Cuba so pretexto de alta prudencia, la cobardía: el temor insensato; y jamás en Cuba justificado, a la raza negra. La revolución, con su carga de mártires, y de guerreros subordinados y generosos, desmiente indignada, como desmiente la larga prueba de la emigración y de la tregua en la isla de Cuba, la tacha de amenaza de la raza negra con que se quisiese inicuamente levantar, en Cuba por los beneficiarios del régimen de España, el miedo a las consecuencias desordenadas de la revolución. Cubanos hay ya en Cuba olvidados de uno y otro color, olvidados para siempre -con la guerra de la libertad emancipadora y el trabajo en que donde unidos se gradúan- del odio en que los pudo dividir la esclavitud. La novedad y aspereza [y tropiezo] de las relaciones sociales, consiguientes a la mudanza súbita del hombre ajeno en propio, son menores que la sincera estimación del cubano blanco por el alma igual, la afanosa cultura, el evangélico amor de libertad el fervor de hombre libre, y el amable carácter de su compatriota negro. Y si a la raza le naciesen demagogos inmundos, o almas vehemente, ávidas cuya impaciencia propia azuzase la de su color, o en quienes se convirtiera en injusticia con los demás la piedad por los suyos, -con su agradecimiento y su cordura, y su amor a la patria, con su convicción de la necesidad de desautorizar por la prueba patente de la inteligencia y la virtud del cubano negro la opinión que aún reine de su [ineptitud] incapacidad para ellas, y con la posesión de todo lo real del derecho humano, y el consuelo y la fuerza de la ferviente estimación cuanto en los cubanos blancos hay de justo y generoso, la misma raza extirparía en Cuba el peligro negro, sin que tuviera que temblar de miedo con su alzarse a él, una sola mano blanca. La revolución lo sabe, y lo proclama: la emigración lo proclama también. Allí no tiene el cubano negro escuelas de ira, como no tuvo en la guerra una sola culpa de ensoberbecimiento indebido o de insubordinación. En sus hombros anduvo segura la república a que no atentó jamás. Sólo los que odian al negro ven en el negro odio; y los que con ese semejante miedo injusto traficasen, para sujetar, con inapetecible oficio, las manos que pudieran erguirse a expulsar de la tierra cubana al ocupante corruptor. e inútil de la tierra cubana.

En los habitantes Españoles de Cuba, en vez de la deshonrosa ira de la primera guerra, espera hallar la revolución que ni lisonjea ni teme, tan justa y afectuosa neutralidad o tan veraz ayuda que por ellas vendrán a ser no la guerra más breve menos sus desastres menores. y más fácil y amiga la paz en que han de vivir juntos padres e hijos. Los cubanos empezamos la guerra, y los cubanos y los españoles la terminaremos. No los maltraten, y no se les maltratara. Respeten, y se les respetará. Al acero responda el acero y la amistad a la amistad En el pecho antillano no hay odio; y el Cubano saluda en la muerte al bravo español a quien la crueldad del ejercicio forzoso arrancó de su hogar casa y su terruño para venir a asesinar en pechos de hombre la libertad que él mismo ansía. Más que saludarlo en la muerte, quisiera la revolución acogerlo en vida; y la república será tranquilo hogar para cuantos españoles de trabajo y honor gocen en ella de la libertad y beneficios bienes que no han de hallarían aún por largo tiempo en la confusión, lentitud, desidia, y vicios políticos de la tierra propia. Este es nuestro corazón y así el de Cuba, y así será la guerra. ¿Qué enemigos españoles combatirán sin ser de veras contra se han de oponer eficazmente a] tendrá verdaderamente la revolución? ¿Será el ejército, republicano en mucha parte, que ha aprendido a respetar nuestro valor, como nosotros respetamos el suyo, y más sienten impulsos a veces de unírsenos que de combatirnos? ¿Serán los quintos, educados Ya en las ideas de humanidad, contrarias a derramar la sangre de hombres buenos los hombres oprimidos sus semejantes en provecho de una monarquía, un cetro inútil, o una patria cruel y codiciosa, los quintos segados en la flor de su juventud para venir a defender, contra un pueblo que los acogería gustoso alegre como ciudadanos libres, un trono atado y mantenido mal sujeto, sobre la nación vendida por sus guías, con la complicidad de los privilegios y los logros que crecen a su sombra? ¿Será la masa, hoy humana y culta, de artesanos y dependientes, a quienes, arraso pretexto de patria, arrastró ayer a la ferocidad y al crimen el interés de los Españoles acaudalados que hoy, con lo más de sus fortunas salvas en España, muestran me nos celo que aquel con que ensangrentaron la tierra de su riqueza cuando los sorprendió en ella la guerra con toda su fortuna? ¿O serán los fundadores de familias cubanas, fatigadas ya y de industrias cubanas, fatigados ya del fraude de España y de su desgobierno, y como el cubano vejados y oprimidos, los que, ingratos e imprudentes, sin miramiento por la paz de sus casas y la conservación de su riqueza que el régimen de España amenaza más que la revolución, se revuelvan contra la tierra que de tristes rústicos los ha hecho esposos de cubanas felices, de la mujer de Cuba, y padres felices y autores de hijos y dueños de una prole capaz de morir sin odio por asegurar al padre cruel, sangriento un pueblo donde suelo libre del al fin de la discordia permanente entre el criollo y el peninsular; donde la honrada fortuna pueda mantenerse sin cohecho y desarrollarse sin zozobra, y el hijo no vea entre el beso de sus labios y la mano de su padre la sombra del aborrecida del opresor? ¿Qué suerte elegirán los españoles: la guerra sin tregua, confesa o disimulada, que amenaza y perturba las relaciones siempre inquietas y violentas del país, o la única paz definitiva, que jamás se conseguirá en Cuba sino con la independencia? ¿Con Ni con qué derecho? ¿Enconarán y ensangrentarán los españoles arraigados en Cuba la guerra en que puedan quedar vencidos? ¿Ni con qué derecho nos odiarán los españoles, si los cubanos no los odiamos? La revolución lo emplea sin miedo este lenguaje, porque el decreto de emancipar de una vez a Cuba de la ineptitud y corrupción irremediables del gobierno de España, y abrirla [libre] franca para todos los hombres al mundo nuevo, es cubanos, sin tibio corazón ni amargas memorias, a los españoles que por su pasión de libertad nos ayuden a conquistarla en Cuba, o amen a los que la conquistaran y a los que con su respeto a la guerra de hoy rescaten la sangre que en la de ayer manó a sus golpes del pecho de sus hijos.

En las formas que se dé la revolución, conocedora de su desinterés, no hallará sin duda pretexto de reproche la vigilante timidez y cobardía, que en los errores formales de la patria república país naciente, o en su poca suma visible de república, buscase pudiese procurar razón para con que negarle la sangre que le adeuda. No tendrá el patriotismo puro y sus mayores extremos respeto causa de temor por la dignidad y suerte futura de la patria. La dificultad de las guerras de independencia en América, y la de sus primeras nacionalidades, ha estado, más que en la falta de mutua estimación discordia de sus próceres héroes y en la emulación y recelo inherentes al hombre, en la falta oportuna de forma que a la vez contenga el espíritu de redención que, con apoyo de ímpetus menores, promueve y alimenta, mantiene tan terminante como la voluntad de mirar como a nutre la guerra, -y las prácticas necesarias a la guerra, y que ésta debe desatar, desembarazar y sostener. En la guerra inicial se ha de hallar la patria el país maneras tales de gobierno que a un tiempo satisfagan la inteligencia madura y suspicaz de sus hijos cultos, y las condiciones requeridas para la ayuda y relación de respeto de los demás pueblos, -y permitan -en vez de entrabar- el desarrollo pleno y triunfo rápido veloz término rápido de la guerra fatalmente necesaria a la conquista de la felicidad pública. Y Desde sus raíces se ha de constituir la patria con formas viables, y de sí propia nacidas, de modo que un gobierno artificial sin realidad ni sanción no la conduzca a las parcialidades o a la tiranía. -Sin atentar, con desordenado concepto de su deber, al uso de las facultades íntegras de constitución, con que se ordenen y acomoden, en su responsabilidad especial peculiar ante el mundo moderno contemporáneo, liberal e impaciente, los elementos expertos y novicios, por igual movidos de ímpetu ejecutivo y pureza ideal, que con abnegación nobleza idéntica, y el título inexpugnable de su sangre, se lanzan en contraste el alma y la guía de los primeros héroes, a abrir a la humanidad con la independencia de Cuba una república trabajadora; y pacífica, segura, levantada sólo es lícito al Partido Revolucionario Cubano declarar su fe en que la revolución sabrá ha de hallar modos tales de ordenación formas que le aseguren, en la unidad y vigor indispensables a una guerra humana benéfica y culta, el entusiasmo de los propios cubanos, la confianza de los españoles Y la amistad del mundo. Conocer y fijar la realidad; componer en molde natural, la realidad de las ideas que producen o rechazan y apagan los hechos, y la de los hechos con que se represan, nacen de las ideas; ordenar la revolución del decoro, el sacrificio y la cultura que modo que no quede el decoro de un solo hombre lastimado, ni el sacrificio parezca inútil a un solo cubano, ni la revolución inferior a la cultura del país, no a la extranjeriza y desautorizada cultura que se enajena el respeto de los hombres viriles por la ineficacia de sus resultados y el contraste lastimoso entre la poquedad real y la arrogancia de sus estériles poseedores sino al profundo conocimiento de la labor del hombre por la conquista el rescate y sostén de su dignidad: -ésos son los deberes, y los intentos, de la revolución. Ella se regirá de modo que [el corazón de los cubanos palpe el coraz la guerra pujante y capaz de pronto casa firme a la nueva república.

La guerra sana, robusta y vigorosa desde el nacer con que hoy reanuda Cuba, con todas las ventajas de su experiencia, y la victoria asegurada a las determinaciones finales, el esfuerzo excelso, jamás recordado sin unción, de los primeros sus inmarcesibles héroes, no es sólo hoy el piadoso anhelo de dar vida plena al pueblo que, bajo la inmoralidad y ocupación crecientes de un amo inepto, y codicioso, desmigaja o pierde sus fuerzas superior en la patria sofocada o en los destierros esparcidos. Ni es la guerra el mero insuficiente prurito de ganar, y poder conquistar a Cuba con el sacrificio tentador, independencia política, que sin derecho pediría a los cubanos su brazo si con ella no fuese la esperanza de crear una patria más a la libertad del pensamiento, la equidad de las costumbres, y la paz del trabajo. La guerra de independencia de Cuba, un país donde, como en Cuba, donde va a cruzarse nudo del haz de islas donde se ha de cruzar, en el plazo de pocos años, el comercio de los continentes es suceso de gran alcance humano, y servicio oportuno que el heroísmo juicioso de las Antillas presta a la firmeza y justo trato justo de las naciones de americanas, y al equilibrio aun vacilante del orbe mundo. Honra y conmueve meditar, pensar que cuando cae en tierra de Cuba un guerrero de la independencia, abandonado tal vez por los pueblos incautos o indiferentes a quienes se inmola, cae por el bien mayor del hombre, la firmeza aún vaga todavía insegura confirmación de la república moral en América, y la creación de un archipiélago libre donde las naciones respetuosas derramen las riquezas que a su paso han de caer sobre el crucero universal del mundo. ¡Apenas podría creerse que con semejantes hombres mártires, y tal porvenir, hubiera cubanos que atasen a Cuba a la monarquía podrida y aldeana de España, y a su miseria estéril avara inerte y viciosa!-A la revolución cumplirá mañana el deber de explicar de nuevo al país y a las naciones las causas locales, y de idea e interés [humano] universal, con que para el adelanto y servicio de la humanidad reanuda el pueblo emancipador de Yara y de Guáimaro una guerra digna del respeto de sus enemigos y el apoyo de los pueblos, por su rígido concepto del derecho del hombre, y su aborrecimiento de la venganza estéril y la devastación inútil. Hoy, al proclamar desde el umbral de la tierra veneranda el espíritu y doctrinas que produjeron [y e inspiran] y alientan la guerra entera y humanitaria en que se une aún más al pueblo de Cuba, invencible e indivisible, séanos lícito invocar, como guía y ayuda de nuestro pueblo, a los [sublimes ejemplares] magnánimos fundadores, cuya obra labor renueva el país agradecido, -y al honor, que ha de impedir a los cubanos mancillar o herir, de palabra o de obra, a los que mueren por ellos. -Y al declarar así en nombre de la patria, y deponer ante ella y ante su libre facultad de constitución, la obra idéntica de dos generaciones, suscriben juntos la declaración, por la responsabilidad común de su representación, y en muestra de la unidad y solidez de la revolución cubana, el Delegado del Partido Revolucionario Cubano, creado para ordenar y auxiliar la guerra actual, y el General en Jefe electo en él por todos los miembros activos del Ejército Libertador.

Montecristi, 25 de Marzo de 1895
José Martí / M. Gómez

Esteban Borrero Echeverría

Esteban Borrero Echeverría (Camagüey, Cuba, 26 de Junio de 1849 – Pinar del Río, Cuba, 29 de Marzo de 1906), médico, pedagogo, poeta, narrador y mambí; una importante figura de las letras en Cuba en el período de transición del siglo XIX al XX. Padre de las poetisas **Juana, Dulce María** y **Ana María**. Durante la Guerra del 68, llegó a ser Jefe de servicio de avanzada, Capitán y más tarde Coronel. También fundó dos escuelas. Después de la guerra se ganó la vida como zapatero y panadero. Fue cofundador de la *Sociedad de Estudios Clínicos* y de la *Sociedad Antropológica*. Luego del estallido de la **Guerra del 95**, se vio obligado a emigrar a EE.UU., donde ejerció como farmacéutico, médico y maestro, y donde dirigió la **Escuela del Club San Carlos**, de los emigrados Cubanos. En el exilio, fue nombrado delegado del **Partido Revolucionario Cubano** y Ministro del gobierno de la República en Armas en Costa Rica y El Salvador. En el contexto de la República, Borrero se desempeñó como catedrático de Anatomía, de Psicología Pedagógica, Historia de la Pedagogía e Higiene Escolar en la **Universidad de La Habana**. Tuvo una función importante en la dirección de publicaciones científicas como *Crónica Médico Quirúrgica de la Isla de Cuba*, *Boletín de la Sociedad Antropológica de la Isla de Cuba* y la *Revista de Ciencias Médicas de La Habana*. Su autobiografía fue publicada, en 1906, en la *Revista de la Facultad de Letras y Ciencias* de la Universidad de La Habana, de cuyo consejo de redacción formó parte. Su narrativa se caracterizó por su carácter reflexivo, escéptico y pesimista, donde abundan las indagaciones psicológicas, las evocaciones y los enfrentamientos de ideas con la finalidad de entender las conductas del género humano. Este interés, a su vez, lo llevó a recurrir a la sátira, así como a los elementos simbólicos y alegóricos.

Su narración más conocida es el cuento **El Ciervo Encantado** (1905), que constituye una alegoría histórica y, a la vez, una fábula satírico-política sobre la situación de Cuba, al iniciar el siglo XX,

El Ciervo Encantado
(Cuento prehistórico)

A mi gran amigo Membroides de Buca.

Hace de esto más de veinte mil años; y el hecho puede interesar sólo a los que rastrean en el pasado del hombre, y guiados de la Ciencia Antropológica los primeros asomos de nuestra vida moral, que, a pesar de la leyenda del Paraíso puede muy bien no haber sido desde los principios de nuestra existencia histórica tan perfecta como es hoy; después, sobre todo de las grandes enseñanzas que en el campo de esa vida nos dieron en su día los epicúreos, y de las que, más cerca de nosotros y en el mismo sentido nos proporciona amablemente el gran Hobbes.

Sea de esto último lo que quiera, lo cierto es que los sucesos a que me refiero han sido puestos recientemente en claro por uno de esos grandes investigadores que, en busca de la verdad, escudriñan no ya los secretos que encierran los viejos ladrillos caldeos, los papiros y pirámides egipcios y los amarillentos pergaminos, sino los que esconde y solapa el gran libro geológico en sus capas, estratos y yacimientos, que son, a los ojos del sabio, como otras tantas hojas impresas llenas de noticias curiosas, escritas allí con caracteres muy legibles en el gran infolio de la tierra. Labor que está muy por encima de la que, ayer, como quien dice, realizaron los logógrafos y mitógrafos de la Grecia y deja a cien leguas por detrás la obra de los Herodotos y Teopompos, y aun la del mismo Tácito. Es, pues, el caso (y no es posible que, para declararlo en su evolución cósmica, étnica, religiosa, política y sociológica entremos en pormenores enojosos como aquellos que descubrió y describió Gulliverio en la persona de las damas de honor de Brodignac a las cuales les veía hasta los poros de la piel y los capilares de los ojos), es el caso, decimos que se sabe de ciencia cierta que en aquellos tiempos que he dicho y cuando todavía era el Mediterráneo un gran lago, existía en el confín oriental más remoto de ese mar que fue muchos miles de años después teatro del movimiento comercial de los fenicios y cartagineses, una isla de regular tamaño, fértil y bien proporcionada que parecía hecha a pincel por las manos del mismo Platón, que, como se sabe, fue gran maestro en el arte de hacerlas y pintarlas y un gran soñador por añadidura, como dijo tan bien Voltaire, que tuvo tanto talento, que supo tantas cosas y no llegó nunca a entender la Historia. Esta isla que decimos no fue Taso, ni Samotraki, ni Imbro, ni Estalimcue, ni Negroponte, ni Naxos, ni Lemnos, ni Escolepo, ni Esquiro, ni Esquiatos, ni ninguna de las Cicladas; ni Coluri, ni Egina, ni Hidra ni Psara, ni Chío, ni cualquiera, tampoco, de las Esporadas; ni Rodas, ni Escarpanto, en el gran mar Egeo, ni se encuentra entre las Jónicas, porque no fue Zefalonia, ni Corfo, ni Zante; ni Ogigia (en donde habitan, como es sabido, Calipso), ninguna de las cuales islas pudo haber existido entonces porque aún estaba unida por una cadena de montañas la Europa al Asia; y las más altas cimas de esa gran cordillera más tarde sumergida, no representaban el papel geográfico que centurias después habían de representar y aun representan. Conjeturase que la ínsula de que hablamos tuvo el mismo geológico origen que tuvieren las Afortunadas y la de Pancaya, que siglos de siglos más tarde habían de descubrir aquellos grandes navegantes del Océano de la Imaginación que se llamaron Lambulo y Evémero. Es cierto, además, en todo caso, que no fue la de los Hiperbóreos, porque esta isla había de caer, como cayó más tarde, bajo la constelación de la Osa, un poco más allá del punto en que sopla el viento que le da su nombre.

La isla, que figura con el nombre de Nauja en los mapas de los Toscanelli y otros cosmógrafos de aquellos remotos días, estaba poblada y había alcanzado un grado de civilización muy considerable para los tiempos que corrían; y se supone que su gente procedía de la raza cheleenne (cheleana, diremos) que ocupaba por aquel entonces el occidente meridional de Europa, la cual raza dio de sí el gran dolicocéfalo inteligente, alto y fornido que se pintaba de minio la cara y estaba dotado de una gran combatividad además, como convenía a quien había de disputar la vida al gran Félix Spelea, al león, que era un niño de pecho al lado de este, al gran oso de las cavernas y a otras bestezuelas por el estilo. Era un poco nocturno y tenía sus toques felinos entonces el homo sapiens y andaba armado de una macana, a cuyo lado la de Hércules hubiera parecido un mondadientes y portaba, a todo evento, además, una azagaya capaz de pasar de claro en claro, lanzada por su hercúleo brazo, un unicornio y hasta dos, como los cogiese apareados. Un animal, como si dijéramos, doméstico, de entonces, era el gran Cervus Elaphus, cuya presencia impondría hoy a la más brava domadora de leones de cualquier Barnoom.

Ese animal, más ligero de suyo que el viento, más grande que un alce moderno, temible, porque estaba armado de formidable cornamenta y no tenía el corazón de un corderillo, era presa fácil del hombre, su contemporáneo, que tenía en la carne de la gran bestia el mejor bocado de su mesa; como tenía en el auroch (un toro grandísimo y endiablado de entonces), su proveedor de paño para vestido y abrigo, que de él los sacaba, arrancándole la piel, después de haberlo muerto en la caza, por supuesto; que el desollar a los animales y a los hombres vivos empezó en el mundo más tarde, con los amigos de San Bartolomé. Y quién les dice a ustedes que un ciervo de aquellos fue causa de que la existencia hasta cierta hora plácida y tranquila de aquellos isleños se perturbase, accidentase y dramatizase hasta no poder más, y acabase en el mayor desconcierto social hasta entonces entre hordas humanas conocido? Quien les dice a ustedes que un ciervo de aquellos?... Pero no adelantemos los sucesos. La narración anticipada de ellos pudiera no ser todo lo puntual que la Historia exige; y es bien que se está, para su inteligencia, en antecedentes de cierto orden, al origen, carácter y vicisitudes de aquel pueblo concernientes; y sin las cuales, en cualquier caso, no se sabría nunca nada de cierto. El hombre este, como sabe hace siglos de siglos, en plena posesión de la verdad histórica; y el que hace este cuento no puede pasar sin ella ni sabría defraudar, ocultándola, los intereses, a este respecto sagrados, de la inteligencia humana. ¡Paciencia, y bajaremos!

La primera carta que en este barajar topemos nos dirá, y esto es esencial, que aquellos hombres no habían nacido en aquel lugar como hongos, ni cayeron del espacio, ni de una isla aérea como alguno pudiera sospechar : primero, porque la generación espontánea no había sido todavía descubierta por los Holbach, ni las islas flotantes habían sido aun inventadas por los Swift; aquellos hombres procedían del Continente, y habían arribado a la isla (nadie sabe si a nado o embarcados en grandes canoas) en una época que los más antiguos de ellos fijaban cuatro siglos atrás, y con intención de colonizarla. Si alguna cosa se sabe en Historia es que pueblos y razas diversos inmigrantes se sucedieron en la Europa Occidental y en la Central, extendiendo la civilización, que de oriente tratan, a lo extremos del continente y a las islas que la rodeaban y rodean. Los pueblos, que son como colmenas (no hay que darle vueltas) han enjambreado desde el principio del mundo, como enjambrearon desde entonces las abejas. Eso es cosa sabida también, y aquí está el, quid de tanto trasiego de gente sobre la tierra. Demos, pues, por cosa averiguada, que nuestros robinsones se habían desprendido de un grupo continental más numeroso y fuerte también. Ni memorias tengan aquellos contemporáneos del Mammouth de vida mejor que la allá, señores de la tierra, ha cían; ni aspiraban a más de vivir hartos. Un instinto se les dominaba: el cinegético, que en el género de vida que llevaban se les había hipertrofiado en el alma y se la llenaba y todos ellos; y por aquí se verá cómo nacían desde entonces en lo humano de las propias virtudes los defectos. Pieza ojeada, pieza muerta, era allí como el evangelio de la vida moral estrecha, pero intensa, que hacían; y así lo atestiguaba, primero, la existencia de aquella sociedad, y, luego, las osamentas de toda clase de animales feroces que como columnas de triunfo se alzaban por todas partes en la Isla, así en el llano, como en los claros de las selvas, en lo más espeso de los bosques y en lo más lóbrego de las cavernas, en donde aún puede hallárselas.

Pero he aquí que un día el más acreditado cazador de aquella subraza llega, jadeando, anochecido ya, a su caverna y cuenta a los viejos y a los jóvenes que en ella le aguardaban el hecho por todo extremo insólito, de habérsele escapado un ciervo tras el cual corría desde antes del alba. Si faltaba con ello en el hogar la carne, faltaba también lo que ya desde entonces era más caro que todo a nuestra especie: el honor. Oír el cuento y armarse todos fue uno, y juntos, por tácito acuerdo salieron a perseguir, apasionados y con salvaje energía, la fugitiva res. ¡Ni por esas! Con el alba entraron en su cavernoso asilo todos al siguiente día, despeados, sudorosos, sombríos, mudos de sordo rencor los cazadores. Todos habían visto el ciervo, todos habían creído tenerlo acorralado todos habían disparado sobre el a tiro y sobre seguro sus vibrantes azagayas; y el animal no parecía ni muerto ni vivo, cuando, contando con la presa ya en la mano, se abalanzaban a cogerla. ¡Nada! El ciervo se les desvanecía en el aire, para reaparecer un instante después triunfador, burlón, como desafiándolos, y cien toesas del lugar que había hollado primero; y, allí, vuelta al acecho, a la persecución y al acorralamiento, al ataque frustrado y a la fuga de la bestia y al fracaso del hombre! Aquella gente, como toda gente ruda hablaba poco; pero la gran taciturnidad en que estaba sumida en los momentos en que los vemos juntos, tenía la taciturnidad poblada de amenazantes rumores que precede en la naturaleza, al huracán.

Bebieron agua en el hueco de la mano, tomándola de un manantial que en la vera misma de la gruta tenía su nacimiento, y se dispararon juntos como una tromba a través del intrincado bosque en un claro del cual hacían su guarida; y fueron caverna por caverna, por todos los ámbitos de la ínsula, comunicando la humillante nueva a todo dolicocéfalo capaz de manejar una maza; y, casi sin palabras, se entendieron. Eso tiene lo trágico, su mutismo expresivo es más elocuente que el discurso más acabado. Además, y sin que supieran darse cuenta de ello, aunque lo sentían, flotaba por decirlo así en la atmósfera con inconsciencia penetrante, el espíritu sombrío de los días calamitosos de los pueblos! Y arrolló aquel huracán de bípedos, injertos de Argos y de Hércules, rabiosamente activos, cuanto se opuso a su paso en la pesquisa feroz que emprendían; y el ciervo, cien veces visto, con proporciones gigantescas ya (apocalípticas diríamos si no fuese allí anacrónico el adjetivo), les burla otras cien. Panteras, osos, leones a quienes despreciativamente esquivaban, se paraban con asombro feroz e imbécil, y los veían pasar sin comprender nada, sin explicarse aquella vertiginosa batida. Días y días pasaron así, presa del vértigo cinegético, trasponiendo sierras, vadeando ríos, saltando torrentes, recorriendo llanuras, explorando valles, sondeando quebradas, caladas, precipicios y simas; y en todas partes veían o columbraban al fantástico animal, sin que asirlo pudieran, hasta que, agotadas sus energías, cayeron rendidos en un grandísimo llano que en medio de la Isla se hacía y en donde tenían sus asambleas y fiestas en épocas normales de la vida.

Allí mismo, pocas horas después, y un tanto convalecidos de la fatiga celebraron consejo. Agotados los recursos de la fuerza brutal, casi mecánica, de que el hombre como las fieras dispone, desde entonces, resolvieron por lo que se echa de ver, apelar a los de la inteligencia. Después de muchos ¡Lloi! ¡Lloi! que era entre ellos una interjección muy significativa, y tras mucho hablar, el Néstor de la Asamblea propuso que para coger el ciervo pidiesen auxilio y recursos a la Metrópoli que, como se sabe, estaba situada en el continente vecino, Ahuecaron seguidamente el tronco de un boabad diez veces centenario que de allí a pocos pasos crecía, y que en un decir Jesús habían derribado; y ya tienen ustedes embarcados en la canoa que hicieron al Jason y al Ulises de aquella gente. Uno iba como piloto, gobernando el barco el otro como diplomático, para conducir y manejar aquel asunto en la Corte; y,

«... Itli robur et oex triplex circa pectus erat qui fugitem truci commisit pelago ratem primus...»

allí los tienen ustedes navegando bravamente, rumbo al nordeste. Perdidos iban ya entre la bruma, y aun creían percibir los vales de sus amigos, aquellos ay! que en aras de una gran pasión cinegética arriesgaban la vida emprendiendo el primer periplo que realizaron los hombres.

No todavía el áureo vellón de la piel de una oveja, sino el cuero de un ciervo iban buscando! Mas, ¡por algo se empieza!

Volvieron al cabo de años con las manos vacías aquellos agrícolas de mares, como el Góngora de entonces los llamaba y dijeron que en la Metrópoli habían puesto, con el recado que llevaron, el grito en el cielo: que hasta se habían airado, y que contestaron que harto harán del lado de allí con perseguir su ciervo; que también tenían uno que coger, y, además (y en son de paternal aviso) que la carne de ciervo era manjar indigesto y que se guardasen, no digo de comerla, que eso o nunca!, sino de apetecerla siquiera! Así las cosas, y flacos y desmedrados los isleños, minada su moral cinegética, además, por la desesperanza y por las inútiles correrías que en pos de la bestia en que cambió Diana a Acteón de cuando en cuando emprendían siempre, se dividieron en dos bandos. Unos, los cansados y más flojos, decían que a aquel animal había que cogerlo por las buenas; y otros, los más radicales, que carne de bestia tan montaraz y arriscada no sabía bien sino comiéndola a la fuerza y adobada por los propios jugos, auras, emanaciones, efluvios y acres vahos de la libertad en que había nacido y vivía. ¿Digo, y que el animal, con la gimnasia? que lo habían sometido, y con la edad, porque era todo un macho adulto, estaba entonces más grande y vigoroso que un megaterio y más salvaje e intangible que nunca! Aquí hubiéramos querido ver nosotros a San Huberto, a Favila, a Jules Gerard, al Caballero de los Leones y al mismo Tartarán en persona! Pero ¿qué quieren ustedes?

Ninguno de esos personajes de la Historia y de la Novela habían nacido todavía! ¿Otra fue la industria de que en aquella extremidad se valieron: pidieron entonces auxilio a una gran nación vecina de quien era fama que había cogido hacía años su ciervo, y la invitaron a que los ayudase, por amor al arte cinegético, a coger el que por espacio de casi media centuria habían vanamente perseguido, y sin el cual así lo declaraban a gritos, no podían vivir. No se prestaron de momento los poderosos vecinos a tal propósito pero desazonados al cabo por la gran agitación que en la isla, muy próxima a ellos, reinaba, y por el ruido de las correrías de los isleños que no les dejaban dormir en paz su siesta, resolvieron acceder, buscándole un soslayo, a la histórica súplica, y helos allí en campaña, trasladados en son de caza a la isla convulsiva, y en pos del asendereado y codiciado ciervo, que cayó, a la postre, de puro cansado ya, en sus manos.

¿Qué alegría, qué regocijo, qué embriaguez la de aquellos insulares en aquel instante! Ni cuando vinieron al suelo lo muros de Jericó, ni cuando Godofredo tomó la Ciudad Santa, ni cuando tomaron e hirieron polvo los franceses la Bastilla, ni cuando arrojaron antes de esto los Españoles al último moro, con Abu Abdila, tras ocho siglos bíblicos, de la península, ni cuándo (por no olvidar a los griegos) cayó Troya y remató Hércules el último de sus doce trabajos, quedaron los hombres y héroes que tales empresas persiguieron, tan contentos y satisfechos y gloriosos como nuestros cazadores isleños en aquel punto! Pegaron carreras, cantaron himnos, postráronse, y dieron gracias al cielo y se inundaron, cuerpo y alma en la divina al parque viril beatitud del éxito, tal como culmina en lo cívico, militar y cinegético dentro de esta alma humana que da de se te la para cortar un Nemrod, un Espartaco y un Mazzini, como le da también para cortar un Sancho; no el Bravo, sino su paisano, el de las Zancas. Pero he aquí que, pasado el primer momento casi siempre estuporoso del triunfo, divídanse en cinco a seis grandes grupos los isleños, y sin haberle visto todavía un pelo al ciervo, empiezan a disputar sobre la mejor manera de guisarlo para comérselo; y dando cada grupo exclusiva preferencia a su cocina, encónense los ánimos y tiran todos a acabar, no sólo con la cocina, sino con la existencia del grupo contrario. Ese ciervo ha de comerse en salsa de ajos con limón, y asado en barbacoa, en una pieza, decían unos. ¿Qué, asado? ¡cocido! decían otros. Ni asado ni cocido, sino hecho cecina a modo del jamón de Westfalia, y lasca a lasca, vociferaban muchos. Vosotros no sabéis de cocina, argüían estos. Ni tenéis gusto vosotros, replicaban aquellos. Mi salsa es la buena, mi procedimiento el mejor, gritaban en la nueva algarabía todos; y cada uno juntaba candela por su lado y llevaba leía, como podía, a su fogón, quemándole de paso la ropa o la piel al contrato con quien topaba. A esos, ni el agua ni sal, proferían despreciativamente unos. A aquellos ni la luz del sol, vociferaban coléricos los otros. Los vecinos, auxiliares de los isleños que, so pretexto de desbravar la bestia y de enseñarla a cabestrear se habían quedado con beneplácito de todos en la isla, viendo esto, dijeron en cifra al gobierno de su tierra: Esta gente no quiere coger ya el animal ni saben de eso; y hasta es probable que nosotros, hartos como estamos, tengamos que comérnoslo; porque no se huya y vuelva a provocar con su persecución nuevos escándalos; lo mejor para nosotros hubiera sido dejar a estos isleños agotar en la persecución del ciervo sus energías; capaces como son, por lo que se ve, de la persecución, pero no de la posesión de la pieza:

aquí están dejándola en nuestras manos, dispuestos a matarse antes que a ir juntos, como debieran, y adueñarse todos de ella.

Tal pudiera una manada de hambrientos lobos, que persiguiese en los bosques a un jabalí, abandonar la caza al percibirlo; y, rabiosos del anticipado celo de la posesión, caer unos sobre otros y devorarse; sin acordarse ya en su ciega gula de la soñada presa, que huye libre al cabo, gruñendo de salvaje goce. Pero no hay memoria de que los lobos sean tan torpes.

A cara descubierta, pues, ante esa orgía de insanos apetitos isleños, los vecinos llegaron a señalar en la res los pedazos que de ella se atrevieron a apetecer, y aun dijeron que harían de ellos un buen *roast-beef*, en lo cual estuvieron todos de acuerdo. Mandaron los matarifes para cuando llegara el caso, y dieron instrucciones a sus cocineros; temerosos, en el fondo, de que los isleños se resistiesen a ello, y alguno creyó que despiertos ante la amenaza de mayor ultraje, acudiesen unidos a apoderarse del ciervo aún en pie y vivo los que tanto lo persiguieron. ¡Temor y creencia vanos! Allí, más enconados que nunca unos contra otros, permanecieron perfeccionando las recetas de sus respectivos platos los diversos grupos que se disputaron el derecho de cocinar el ciervo a su modo; asegurando que en triunfando cualquiera no dejaría sentar a la mesa del festón a isleño alguno que no perteneciese a aquella escuela gastronómica; y aun así ¡quién sabe! al freír, decían, será el reír! Alguno se dolía ferozmente de no estar él solo para devorar solo toda a res y roerle después hasta el último hueso y chuparlo los tuétanos. ¡Vano sueño de salvaje glotonería! Ebrios todos en su furor, aquellos hombres no sintieron (¿qué habían de sentir!) el ruido que hacía con sus ásperas escamas al arrastrarse por el país un terrible boa constrictor, el voraz *Piton Aureus* de los naturalistas cheleados, que habían traído consigo y soltado los extranjeros, y que ahogaba a los empobrecidos y desmoralizados propietarios de los pastos en que pudo vivir el ciervo. Pero digo que alguno de aquellos isleños llegó a vender sus predios a vil precio para comprar leña que ofrecer a los gloriosos lóculos de Nauja: uno a uno los poseedores de la tierra se ofrecían como fascinados a la sierpe, que lazándose sobre ellos como la mísera prole de Laocoón,

> «...dans un cercle descaille sasit sa faible proie, l'enveloppe, l'atonffe, arrache de ses flancs; d'affreux lambeaux, suivis, de longs ruisseaux de sangs... »

y aquí no hubo padre solícito que acudiese en defensa de los hijos en peligro y que supiese morir con ellos Todos fueron ahogados; y el mejor día se vieron los supervivientes sin pastos para el ciervo y sin ínsula y sin ciervo también! Enrojecidos de la sangre de sus insanos apetitos los ojos, buenos así sólo para contemplar al ser odiado; ni vieron ni previeron, y hay quien dice que en su torpe coraje intestino ni siquiera se dieron cuenta de su mengua, y que dieron por bien empleado que el ciervo pasase al corral de los avisados vecinos extranjeros. Mejor, decían, con eso no lo probará ninguno de mis contrarios.

Dueños ya así del territorio los cuerdos y sagaces aliados de un día, impusieron, naturalmente en la Isla su gobierno, industria, costumbres y habla, no hay para qué decir que los aborígenes quedaron de por sí recluídos de la vida social que allí se impuso y fue próspera y feliz para los señores de la tierra: los hijos del país formaron una casta inferior, apta sólo para los oficios más bastardos. Unos servían de mozos de labor, para lo más menudo e insignificante en los predios rústicos que un tiempo fueron propiedad suya; otros se agregaban, como lacayos, a las familias dominantes que los toleraban con despectiva lástima y les arrojaban para que se sustentasen los relieves de las mesas. Ninguno tenía, al parecer, conciencia del rebajamiento y que habían caído: habían caído; habían perdido con la razón la memoria. Pero lo que más despertaba la curiosidad de los ocupantes y les sirvió por largo tiempo de cómica diversión fue el espectáculo que dieron los Jefes de cocina isleños que, sin percatarse del cambio operado en la ínsula permanecían tenaces al pie de sus viejos fogones, en cuclillas, soplando febrilmente las cenizas ya frías y espiando dementes el brote de una chispa que no surgió nunca. Inútil fue cuanto se hizo por apartarlos de aquellos lugares: allá se disecaron, y cayeron al cabo muertos de extenuación entre los negros tizones apagados ¡oh, la cocina! Todavía hay quien dice que los habitadores autóctonos de aquella isla no pertenecían a nuestra especie, sino que eran, sencillamente, yahous, extraños seres antropoides de que habla en la narración de sus viajes Gulliver, y a quienes vio en el país de los Houyhnhnms, sirviendo a estos como esclavos; pero esa circunstancia, por ser tan vieja esta historia, no ha podido puntualizarse como alguno quisiera. Y, mejor es así, decimos nosotros: ¡siempre es consolador pensar que pudieran no haber sido hombres cómo nosotros los Cubanos, por ejemplo, los cuasi fabulosos habitantes de Nauja, desatentados perseguidores del Ciervo Encantado!

Puentes Grandes, Mayo 20 de 1905.

Tomado de: **"El Ciervo Encantado"** editado en La Habana e impreso en Avisador Comercial, 1905. El documento se encuentra en los Fondos de la Biblioteca Nacional José Martí.

Enrique José Varona

Enrique José Varona (Camagüey, 13 de Abril de 1849—La Habana, 19 de Noviembre de 1933) fue un escritor, filósofo, pensador, pedagogo, militar y político Cubano que participó en la Guerra de los Diez Años y muchos años después fue Vicepresidente de Cuba. Cursó su primera enseñanza en su provincia natal y poco después en La Habana. En 1868 al estallar la Guerra de los Diez Años se incorporó al campo de batalla, y al finalizar la guerra en 1878 con el Pacto del Zanjón, se unió al movimiento Autonómico y reinició sus actividades literarias, que se vuelven más intensas, dictando y publicando en La Habana sus célebres *«Conferencias Filosóficas sobre Lógica, Psicología y Moral.»* Más tarde ante el fracaso de su gestión como Diputado a las **Cortes de España** representando a Cuba, rompe con el autonomismo. Entre 1885 y 1895 colabora con *El Libre Pensamiento*, *La Habana Elegante*, *La Ilustración Cubana* y *La Revista Cubana*, en la que publica varios trabajos de carácter filosófico, político, literario y científico.

A solicitud de **José Martí** en 1895, asumió en Nueva York la redacción del periódico *Patria*, órgano oficial del **Partido Revolucionario Cubano (PRC)**, y en 1896 pronunció la conferencia titulada *«El Fracaso Colonial de España»*. Desde 1898 a 1902 desempeñó el cargo de **Secretario de Hacienda** y posteriormente el de **Instrucción Pública y Bellas Artes**, implantando la modernización de la enseñanza mediante el **Plan Varona**.

Con el establecimiento de la República en 1902 se dedica íntegramente a su labor como catedrático de la **Universidad de La Habana**, reeditó sus conferencias filosóficas actualizándolas con lo más avanzado del pensamiento de principios de siglo, regresó a la política y fundó el **Partido Conservador Nacional**, asumiendo la Vicepresidencia de la República durante el gobierno de **Mario García Menocal** (1913-1917). Sin embargo, frustrado por la realidad social y el comienzo de la Primera Guerra Mundial entró en un periodo de un marcado carácter escéptico que se plasma en sus aforismos de su obra *Con el Eslabón*.

En 1921 colaboró en la **Revista Bimestre Cubana**, fue presidente de honor de la **Academia de Historia** y miembro de la **Academia de Artes y Letras**. En 1923 presidió en La Habana, el acto de fundación de la **Federación Estudiantil Universitaria (FEU)**. En sus últimos años de vida se convirtió en el mentor y maestro de los jóvenes universitarios Cubanos, apoyó el movimiento de la **Reforma Universitaria** y la luchas de los jóvenes por derrocar la dictadura de **Gerardo Machado**. Falleció el 19 de Noviembre de 1933, en su casa de El Vedado, La Habana.

Sobre el Pensamiento de Enrique José Varona

El pensamiento de Varona estuvo muy marcado por las influencias de su época, particularmente las huellas de **Félix Varela** y **José de la Luz y Caballero**, que influenciaron en Varona un pensamiento humanista, idealista, con una marcada postura positivista. Sin embargo, a medida que avanzaba el nuevo siglo y principalmente al abandonar la Vicepresidencia de la República en 1921, aparecen en Varona manifestaciones de **pesimismo**. Solo al final de su vida parece haber recobrado el **optimismo** en un momento en que las luchas estudiantiles contra la dictadura de Machado lo convierten en mentor y guía de las juventudes estudiantiles universitarias. La enseñanza para él ocupaba un lugar primordial en la sociedad, y la enseñanza apoyada por recursos y valores modernos y científicos, su concepción de la educación estaba en avance con su época en Cuba, apoyó siempre la modernidad, la ciencia, la enseñanza y la democracia como pilares fundamentales del bienestar de una nación. En sus propias palabras…

> «Que se haga descansar toda la obra de nuestra enseñanza sobre una base estrictamente científica para que sea objetiva, experimental y práctica, hacer que el adolescente adquiera sus conocimientos del mundo, del hombre y de la sociedad de un modo principalmente directo y no de la manera reflejada en los libros y las lecciones puramente verbales, es preparar a los hombres para la activa competencia a que obliga la multiplicidad de relaciones de la vida moderna no espíritus para la especulación fantástica.»

Varona analizó el conflicto entre las dos Américas y remarcó que este no era simplemente económico, político o militar, sino un problema de desarrollo económico y cultural, y exaltó siempre que pudo el extraordinario valor de la cultura latinoamericana. Compartió las tesis Spencerianas de la defensa del individuo frente al Estado, pero las luchas políticas en Cuba lo llevaron a cambiar de opinión y considerar que al menos en la situación Cubana el Estado debía ser centralizado con energía por el poder ejecutivo, el Estado no era tanto la organización de la sociedad sino la constitución del derecho y la justicia, especialmente la defensa de los derechos humanos. Sabía que los gobernantes inevitablemente se corrompían por el poder y por ese motivo escribió en 1922:

«¿Y si tropezamos con el Ave Fénix, con el gobernante perfecto? Como el gobernante perfecto ha de ser un hombre, no demos ocasión a que el tiempo cercene (y fatalmente ha de cercenarle) sus perfecciones. Que sirva en su único período, de modelo y de estímulo.»

Varona nunca se dejó atrapar por una postura filosófica encerrada o una corriente en particular, de ahí radica su grandeza. Simpatizó la mayor parte de su vida con el positivismo *sui generis* que se manifestó en América Latina, pero también supo dejarlo a un lado y superarlo cuando comprendía sus limitaciones. Supo ganarse el prestigio en el ámbito intelectual iberoamericano, y sus obras y pensamiento quedarán como lo mejor en el ámbito filosófico y pedagógico del continente americano en toda la primera mitad del siglo XX.

MANIFIESTO A LOS CAMAGÜEYANOS

La singular prueba de confianza que he debido a mi provincia natal, al elegirme por su representante en el Congreso de la Metrópoli, y las circunstancias en que la recibo, verdaderamente críticas para todo el país, me obligan a definir con perfecta claridad mi manera de juzgar la situación de los asuntos públicos y los propósitos que han de guiarme en el desempeño de mi espinoso encargo, si he de corresponder, como es mi firme propósito, a lo que tiene derecho a esperar de un mandatario suyo el pueblo de Cuba. Ha llegado un momento en que los clamores que por dondequiera se levantan y la inquietud y la angustia en los ánimos menos asustadizos prueban con evidencia incontrastable que la inminente ruina del país, su desorganización y desconcierto están ya a vista de todos. Después de la paz, la necesidad suprema era una organización tal que aprovechara las fuerzas que aún conservaba el país, para hacerlas concurrir a la obra de reconstrucción y regeneración imperiosamente demandada por las circunstancias, tal que fuera dando satisfacción a todas las necesidades legítimas así del orden social como del político y económico, tal, en una palabra, que permitiera al pueblo sentirse libre y seguro, para buscar su propio remedio, cobrar vigor y continuar en la vía de progreso, que impone hoy a los pueblos modernos la premiosa competencia que se suscitan unos a otros con su industria y su cultura. La reforma era de todo punto necesaria, y la ocasión no podía ser más propicia. Pero faltó previsión al gobierno, arbitro en esos instantes de nuestro destino, faltó alteza de miras; y la crisis tremenda que comenzó en 1868 se ha prolongado y se ha exacerbado. El horror a la libertad, los hábitos codiciosos de explotación, el desconocimiento de los grandes y permanentes intereses que entran en juego para dar vida a una colonia, todos los falsos principios y los temores quiméricos que habían dado tono y color a la política imperante en Cuba se despertaron con extraña vivacidad, y falsearon y desnaturalizaron por completo la obra de justicia y de reparación que teníamos derecho a esperar. Pasamos de un período de tiranía desembozada a otro de pura mistificación. Se nos ha querido deslumbrar con cambios aparatosos, y en realidad se ha establecido un régimen de suspicacia y recelo, con el camino expedito para convertirse en despótico. Se nos ha hablado de olvido, de fraternidad, y de otras bellas cosas; pero, sin valor para confesarlo, se nos ha tratado como a un pueblo vencido, como a un país conquistado.

Fácil es probarlo. Nuestro régimen constitucional es una ficción; nuestro régimen fiscal es una red de exacciones, más onerosas que cualquiera indemnización de guerra; la solución dada al problema social ha sido un aplazamiento, la forma peor al cabo, porque prolonga la transición, sin facilitarla. Tenemos la Constitución en la Gaceta; pero el ejecutivo, representado por el Gobernador General, puede rasgarla cada vez que le plazca, sin responsabilidad ninguna ante el país; enviamos diputados a las Cortes de la Metrópoli; pero el gabinete metropolitano puede legislar para nosotros por medio de decretos; el poder judicial, lejos de ocupar la posición prominente que corresponde al intérprete de la ley, se encuentra limitado en su acción por las intrusiones de cuerpos militares, con jurisdicción privilegiada. Las cargas que echan sobre nosotros mandatarios que no elegimos, exceden a toda equidad y a todo lo que alcanzan las fuerzas contributivas del país: se nos hace pagar íntegramente una deuda monstruosa, que en su mayor parte corresponde a la Metrópoli, cuyos Gobiernos son responsables en primer término de las calamidades que han pesado sobre nosotros y aún nos abruman, del despilfarro de nuestra Hacienda y del empobrecimiento general; se nos hace pagar un ejército de ocupación y una turba incontable de funcionarios inútiles e imperitos; se nos hacen pagar las relaciones diplomáticas con toda la América, como si sólo a nosotros aprovecharan, y hasta el insalubre presidio que se nos ha anexado. Se ha procurado que la esclavitud, aunque herida de muerte por el convenio que puso término a la guerra separatista, prolongue todo lo posible su desesperada agonía, sin satisfacer así de un modo cumplido ni a la humanidad, ni a la justicia, ni a los intereses materiales; y dando lugar a que la única transformación sensible en nuestros ingenios haya sido convertirlos de ergástulas de siervos en presidios de hombres libres. Para redimir al trabajo, sin duda, se ha apelado a este expediente, en que el fisco explota al criminal, y el hombre continúa explotan do al hombre. En compensación de todo esto, lejos de ponerse los medios para que el gran cambio en las condiciones del trabajo agrícola se realice con la suma menor de esfuerzos y dificulta des, para que la producción se desembarace de trabas y pueda aspirar a una competencia provechosa en sus mercados natura les, para que la vida del jornalero sea más barata y bajen los salarios, nuestras relaciones mercantiles siguen inspiradas en principios restrictivos y antieconómicos, que encarecen a la par la producción y el consumo. De suerte que por una parte se quiere sacar lo que no hay, y por otra se nos impide producir lo que sería posible.

Esta es a grandes rasgos, y sólo en sus líneas más marcadas, nuestra situación. Hoy es casi desesperada; dentro de poco lo será del todo. Si queremos el remedio, es preciso comen zar por librarnos de un error funestísimo: ninguno de estos problemas se resuelve aisladamente. Hay, pues, que acometer la obra de reforma radical que no se acometió después del pacto del Zanjón. Nuestras necesidades están patentes. No se remedian con tópicos, ni paliativos. Necesitamos un Gobierno barato y una administración honrada; necesitamos disminuir los costos de producción y traficar libremente; necesitamos suavizar los roces entre los elementos diversos de población que componen nuestra comunidad, para que concurran aunadamente al fin social. Nada de esto se consigue con la política torpe aún en favor, cuyo secreto parece consistir en desconfiar del país, y buscar el Gobierno el apoyo de una facción, para mantener divididos los ánimos, y oprimirnos a todos a mansalva.

Nuestras necesidades sólo quedarán satisfechas con la autonomía, que es la muerte de la irresponsabilidad de los gobernantes, de la burocracia ávida compuesta de advenedizos sin arraigo ni intereses en la colonia, de la tributación enorme y desproporcionada, del régimen aduanero asfixiante y corruptor. Por otra parte, cuando cesen los privilegios y las complacencias interesadas del poder en favor de una clase determinada de la población, la concordia se verificará naturalmente, y todos serán, según sus fuerzas, cooperadores en la obra común de trabajo y progreso que realizan los pueblos civilizados. Y cuando los que sienten y conocen las necesidades del país, por que participan de ellas, sean los llamados a satisfacerlas, su satisfacción se logrará, porque los habitantes de Cuba no son más ineptos, ni más imprevisores que los demás hombres, y si hoy nada hacen, es porque nadie puede moverse atado de pies y manos.

Estos puntos de vista generales dicen de un modo preciso cuál ha de ser la línea de conducta de vuestro representante, cuáles sus reclamaciones y las reformas que pedirá incesante mente. La solidaridad estrecha que une todas las regiones Cubanas hace que todas padezcan con los mismos males; pero esto no supone que, como Diputado del Camagüey, no preste yo atención constante a las necesidades peculiares de la provincia. Harto conozco el aflictivo estado de sus Municipios y de su Diputación, nacido de la penuria extrema de la comarca, que no bastan a remediar la infatigable laboriosidad y las virtudes cívicas de sus habitantes. Mas el remedio no puede encontrarse en otra parte que en un, cambio favorable de la situación de la Isla. Puerto Príncipe necesita capitales y brazos; ni unos ni otros acuden a donde las angustias del porvenir hacen inciertos los frutos de la labor humana. La confianza sólo puede nacer de una organización que satisfaga las legítimas aspiraciones de la colonia, y le dé la intervención que le corresponde en sus propios asuntos. He aquí por qué entiende vuestro representante que sólo servirá de un modo eficaz a vuestros intereses, promoviendo la solución de los problemas que deja indicados; pidiendo una organización que reconozca la personalidad política de Cuba, y le permita entregarse en paz al ejercicio de sus actividades, al desarrollo de su industria, a la depuración de sus costumbres y al perfeccionamiento de su cultura. La Habana, 14 de Febrero de 1884.

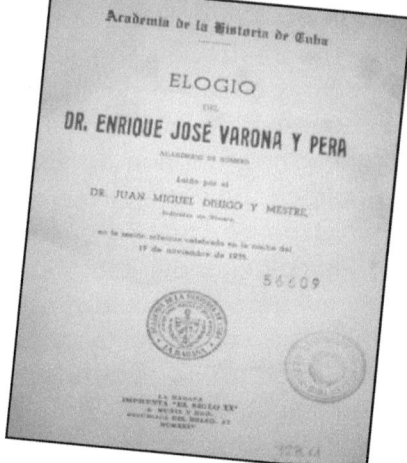

CUBA CONTRA ESPAÑA

MANIFIESTO DEL PARTIDO REVOLUCIONARIO CUBANO A LOS PUEBLOS HISPANOAMERICANOS

La guerra es una triste necesidad. Pero cuando un pueblo ha agotado todos los medios humanos de persuasión para recabar de un opresor injusto el remedio de sus males; si apela en último extremo a la fuerza con el fin de repeler la agresión permanente, que constituye la tiranía, ese pueblo hace uso del legítimo derecho de defensa, y se encuentra justificado ante su conciencia y ante el tribunal de las naciones.

Este es el caso de Cuba en sus guerra contra España. Nin guna Metrópoli ha sido más dura, ha vejado con más tenacidad, ha explotado con menos previsión y más codicia. Nin guna nación ha sido más prudente, más sufrida, más avisada, más perseverante en su propósito de pedir su derecho, apelan do a las lecciones de la experiencia y de la sabiduría política. Solamente la desesperación ha puesto a Cuba las armas en la mano; y cuando las ha empuñado ha sido para desplegar tanto heroísmo en la hora del peligro, como buen juicio había de mostrado en la hora del consejo. Si la historia de Cuba en este siglo es una larga serie de rebeliones, a todas ha precedido un período de lucha pacífica por el derecho, que ha sido siempre estéril, merced a la obstinada ceguedad de España.

Desde los albores del siglo hubo patriotas en Cuba, como el presbítero Caballero y don Francisco Arango, que expusieron al gobierno metropolitano los males de la Colonia, y señalaron su remedio, abogando por las franquicias comerciales, que demanda su organización económica, y la intervención de los naturales en su gobierno, fundada no sólo en el derecho, sino en la conveniencia política, por la enorme distancia del poder central y los graves embarazos en que se encontraba. Las necesidades de la guerra con las colonias del continente, cansadas de sufrir la tiranía española, obligaron al gobierno de la Metrópoli a conceder un principio de libertad comercial a la Isla; ensayo pasajero que derramó la prosperidad en su territorio, pero que no bastó a abrir los ojos de los estadistas españoles. En cambio, el recelo y la suspicacia contra los americanos, que se habían despertado en sus corazones, los indujeron a mermar primero y suprimir en breve las escasas facultades de administración que residían en algunas corporaciones locales de Cuba, como la Junta de Fomento.

Cual si esto no hubiera sido bastante, se arrancó a los Cubanos el asomo de intervención política que tenían en los asuntos generales. En 1837 se suprimió, por un simple decreto, la escasa representación de Cuba en las Cortes españolas, y todos los poderes de gobierno quedaron en las manos del Capitán General, a quien se concedieron las mismas facultades de un gobernador de plaza sitiada. Esto quería decir que el Capitán General, que residía en la Habana, era dueño de la vida y de la hacienda de los habitantes todos de. la Isla de Cuba. Esto quería decir que España declaraba el estado de guerra permanente en un pueblo pacífico e inerme. Cuba vio vagar proscritos por el continente americano, ya libre, a sus hijos más ilustres, como Heredia y Saco. Cuba vio perecer en el cadalso a cuantos cubanos osaban amar la libertad y declararlo con obras o palabras, como Joaquín de Agüero y Plácido. Cuba vio confiscado el producto de su trabajo por leyes fiscales inicuas, que le imponían desde lejos sus señores.

Cuba vio sometida la justicia, que le administraban magistrados extraños, a la voluntad o al capricho de sus gobernantes. Cuba sufrió todos los vejámenes que pueden humillar a un pueblo conquistado, en nombre y por obra de un gobierno que se llamaba sarcásticamente paternal. No es de extrañar que comenzara entonces la era no interrumpida de las conspiraciones y los levantamientos. En su desesperación, Cuba apeló a las armas en 1850, en 1851, conspiró de nuevo en 1855, volvió a la guerra en 1868, en 1879, en 1885, y ahora desde el 24 de febrero del año actual.

Pero al mismo tiempo, Cuba no ha cesado de pedir justicia y reparación. Antes de empuñar el rifle, ha elevado la petición de sus derechos. Saco, desde el destierro, antes del levantamiento de Agüero y de las invasiones de López, exponía los peligros de Cuba a los estadistas españoles, y les enseñaba el remedio. En la colonia lo secundaban los hombres más previsores. Se denunciaba el cáncer de la esclavitud, los horrores de la trata, la corrupción de los empleados, los abusos del gobierno, el descontento del pueblo con su condición forzosa de perpetua minoridad política. No se les puso atención, y» sobrevinieron los primeros conflictos armados.

Antes de la formidable insurrección de 1868, que duró diez años, el partido reformista, de que formaban parte los cuba nos más ilustrados, ricos e influyentes, agotó cuantos recursos tuvo a la mano para inducir a España a un cambio saludable de política en Cuba. Fundó periódicos en Madrid y en la Isla, dirigió peticiones al gobierno, entretuvo una gran agitación en todo el país, y habiendo logrado que se abriera en Madrid una información sobre el estado económico, político y social de Cuba, presentó un plan completo de gobierno que satisfacía las necesidades y las aspiraciones públicas. El gobierno español echó a un lado con desdén esos inútiles mamotretos, recargó las contribuciones, y procedió a su exacción con rigor extremado.

Rompió entonces la guerra tremenda de los diez años. Cuba, casi un pigmeo al lado de España luchó como un titán. La sangre corrió a torrentes. La fortuna pública desapareció en una sima sin fondo. España perdió 200,000 hombres. En Cuba, comarcas enteras quedaron casi vacías de población masculina. Setecientos millones de pesos se gastaron para mantener viva esa hoguera, donde se acrisoló el heroísmo Cubano, pero que no llegó a calentar el corazón empedernido de España. Esta no pudo vencer a la Colonia desangrada, que ya tampoco tenía fuerzas para prolongar la lucha con esperanzas de éxito. España propuso un pacto, que fue un engaño. Por él reconoció a Cuba las libertades de Puerto Rico, que no gozaba de ninguna.

Sobre esta base de mentira, se elevó la nueva situación, que ha sido toda de falsedad e hipocresía. España, que no había cambiado de ánimo, se apresuró a cambiar el nombre de las cosas. El capitán general se llamó gobernador general. Las reales órdenes tomaron el nombre de autorizaciones. El mono polio mercantil de España se denominó cabotaje. El derecho de deportación se transformó en ley de vagancia. El atropello brutal de los ciudadanos inermes se llamó componte. La abolición de las garantías constitucionales se trocó en ley de orden público. La tributación sin conocimiento ni consentimiento del pueblo cubano, en presupuestos votados por los re presentantes de España, de la España europea.

La dolorosa lección de la guerra de diez años había sido completamente perdida para España. En vez de iniciar una política reparadora, que cicatrizara las recientes heridas, cal mara la ansiedad pública y satisficiera la sed de justicia que sentía el pueblo, anheloso de disfrutar sus naturales derechos, la metrópoli, prodigando promesas de reformas, persistió in mutable en su viejo y artero sistema, cuyas bases eran y continúan siendo: exclusión del cubano de todo puesto que le dé intervención eficaz e influencia en los asuntos públicos; explotación desapoderada del trabajo de los colonos, en provecho del comercio español, y de la burocracia española militar y civil. Para realizar este segundo propósito era necesario mantener a toda costa el primero.

Para reducir al cubano a la impotencia, en su propio país, España, que legisla sin cortapisas para Cuba, no ha tenido más que darle leyes electorales amañadas, de tal suerte que lograra estos dos objetos, primero: reducir el número de electores, segundo: dar siempre la mayoría a los españoles, es decir, a los colonos europeos, a pesar de representar éstos apenas el 9.3 por ciento del total de la población de Cuba. A este fin basó el derecho electoral sobre un censo elevadísimo, que resultaba más oneroso, si se atiende a que la guerra había arruinado al mayor número de propietarios cubanos. De este modo ha logra do que en toda la Isla, con una población de 1.600,000 habitantes, sólo 53,000 disfruten del derecho electoral, es decir, la irrisoria proporción del 3 por ciento del total de habitantes.

Para dar preponderancia decisiva al elemento español Europeo, la ley electoral ha vuelto la espalda a la práctica generalmente seguida en los países de derecho censitario, y ha otor gado todas las facilidades para adquirir el privilegio electoral a la industria, al comercio y a los funcionarios públicos en per juicio de la propiedad territorial. A este fin, al mismo tiempo que se rebajaba la cuota del impuesto territorial al 2 por ciento, medida forzosa, en atención a la ruina de los hacendados, se señalaba el tipo elevadísimo de $25 de contribución para los que hubiesen de ser electores, en el concepto de propietarios territoriales. Además la ley ha abierto de par en par la puerta al fraude, haciendo que baste la simple declaración del jefe de una casa de comercio para considerar como socios, y por tanto con voto, a sus meros dependientes. De esta suerte ha habido sociedades con treinta y más socios. Con este simple artificio casi todos los españoles residentes han resultado electores, a des pecho del texto expreso de la ley. Así, en el término municipal de Güines, cuya población es de 13,000 habitantes, residen sólo 500 españoles y canarios. Pero en su censo electoral apa recen treinta y dos naturales de Cuba y 400 españoles. Cuba nos 0,25 por ciento, españoles 80 por ciento.

Por si esto fuera aún poco, las inclusiones y exclusiones de electores y las controversias a que puedan dar lugar esas operaciones se deciden por lo que se llama la Comisión Permanente de las Diputaciones provinciales; y los miembros de esa Co misión son nombrados por el Gobernador General. No hay para qué decir que sus mayorías han sido siempre adictas al gobierno. En caso de que algún elector se encuentre lesionado por las resoluciones de la

Comisión Permanente, le queda el recurso de acudir a la Audiencia del distrito. Pero las Audiencias están compuestas, casi en su totalidad, de magistrados europeos, están supeditadas a la autoridad del Gobernador General y son meros instrumentos políticos en su mano. Como ejemplo decisivo de la manera que han tenido esos tribunales de hacer justicia a las reclamaciones de los electores cubanos, baste citar el caso, ocurrido en Santa Clara, en que fueron excluídos de una vez más de mil electores liberales, perfectamente calificados, por simple omisión de los nombres precisos al finalizar el acta presentada por el elector que encabezaba la reclamación. En más de un caso la misma Audiencia ha apli cado dos criterios distintos en idénticas circunstancias. La de la Habana, en 1887, desentendiéndose del texto expreso de la ley, ha dispensado a los empleados de la condición de residencia, que antes ella misma les exigía. La propia Audiencia en 1S85 declaraba acumulables las contribuciones al Estado y al Municipio, y en 1887 resolvía lo contrario. Este cambio obedecía al propósito de arrojar de las listas a centenares de electores cubanos. Así es como el gobierno y los tribunales españoles han procurado enseñar a los colonos de Cuba el respeto a la ley y la práctica de sanas costumbres electorales.

Ahora se comprenderá fácilmente cómo, en ocasiones, la re presentación de los cubanos en el parlamento español ha sido de tres diputados, y el número de sus representantes en las épocas más favorables no ha excedido de seis. ¡Tres diputados ante cuatrocientos veintisiete! La genuina representación de Cuba no ha llegado a veces al 0.96 por ciento del total de miembros del Congreso Español. La gran mayoría de la Diputación cubana ha estado siempre compuesta por españoles peninsulares. De este modo los ministros de Ultramar, cuando han creído necesario cohonestar alguno de sus actos legislativos con una pretensa mayoría de votos Cubanos, los han tenido siempre a su disposición.

Por lo que toca a la representación en el Senado, el procedimiento ha sido todavía más sencillo. La calificación necesaria para ser senador ha constituido un veto casi absoluto impuesto a los cubanos. En efecto, para sentarse en la Cámara alta, es necesario haber sido presidente de esa asamblea o del Congreso, o ministro de la Corona, o ser obispo, grande de España, teniente general, vicealmirante, embajador, ministro plenipotenciario, consejero de Estado, ministro o fiscal del Tribunal Supremo y del de Cuentas, etc. etc. Ningún cubano ha desempeñado esos cargos, y dos o tres apenas tienen la grandeza. De suerte que en realidad únicamente pueden ser senadores los hijos de Cuba que hayan sido diputados en tres congresos diferentes o catedráticos de término con cuatro años de antigüedad, si poseen 1,500 pesos de renta, y los que tengan título nobiliario, hayan sido diputados, diputados provinciales o alcaldes de pueblos de más de 20,000 almas, si además disfrutan de una renta de $4,000 o pagan $800 de contribución directa al Tesoro. Lo que aumentará en una o dos docenas los cubanos calificados para ser senadores.

De esta manera la obra legislativa, en lo que respecta a Cuba, ha resultado una farsa. Los gobiernos han legislado a su antojo. Los representantes de las provincias peninsulares no se tomaban siquiera la molestia de asistir a las sesiones en que se trataban asuntos cubanos; y vez hubo en que los presupuestos de la gran Antilla se discutieron en presencia de menos de treinta diputados y de uno solo de los ministros, el de Ultramar (sesión del 3 de Abril de 1880).

Tanto por los amaños de la ley, como por las irregularidades cometidas y consentidas en su aplicación, los Cubanos se han visto privados también de la representación que les correspondía en las corporaciones locales, y en muchos casos han sido excluídos totalmente de ellas. Cuando, a pesar de todos los obstáculos legales y de la parcialidad del poder, han conseguido pasajeras mayorías, ha procurado y ha logrado el gobierno anular su triunfo. Una sola vez logró el partido autonomista la mayoría en la Diputación Provincial de la Habana ; en esa misma vez el Gobernador General nombró de entre los españoles la mayoría de la Comisión Permanente. Hasta entonces la mayoría de esta Comisión era del mismo matiz que la mayoría de la Diputación. Con procedimientos semejantes han ido siendo expulsados los cubanos hasta de los cuerpos municipales. Baste decir que la ley dispone que se excluyan de la computación de las cuotas contributivas las derramas, las cuales son, sin embargo, la carga más onerosa que pesa sobre el contribuyente municipal. Carga que las mayorías compuestas de Españoles tienen buen cuidado de hacer recaer con mayor peso sobre el propietario cubano. Así éste sufre mayores impuestos y tiene menos voto.

Por eso últimamente se ha dado el hecho escandaloso de que en el Ayuntamiento de la Habana no se sentara un solo cubano. En 1891 dominaban los españoles en treinta y uno de los treinta y siete ayuntamientos de la provincia de la Habana. En el de Güines, con su población de 12,500 habitantes cubanos, no se contaba uno solo de éstos entre sus concejales. En esa misma época, en la Diputación Provincial habanera sólo había tres diputados Cubanos. En la de Matanzas había dos. En la de Santa Clara tres. Y éstas son las regiones más populosas de la Isla.

Como por otra parte el gobierno de la Metrópoli nombra los empleados de la Colonia, todos los puestos lucrativos, de in fluencia y representación están vinculados en los españoles Europeos. Gobernador General, gobernadores regionales, gobernadores de provincia, intendentes, interventores, contadores, tesoreros, jefes de comunicaciones, jefes de aduanas, jefes de ad ministración, gobernadores y subgobernadores del Banco Español, secretarios de gobierno, regentes de Audiencia, presidente de sala, magistrados, fiscales, arzobispos, obispos, canónigos, párrocos de parroquias ricas, todos con alguna singular excepción, son españoles de España. Los cubanos se encuentran en las oficinas en los puestos de escribientes, para hacer todo el trabajo y recibir el menor sueldo.

La provincia de Matanzas ha tenido veinte gobernadores de 1878 a la fecha. De ellos diez y ocho han sido Españoles y dos Cubanos. Pero de éstos, uno, el brigadier Acosta, era un militar al servicio de España, que había peleado contra sus paisanos, y el otro, el señor González Muñoz, un burócrata. En el gobierno de la provincia de la Habana, en todo este período, ha habido un gobernador, Cubano de nacimiento, el señor Rodríguez Batista, que pasó toda su vida en España, donde hizo y continuó su carrera administrativa. En las otras provincias probablemente no ha habido un solo gobernador nacido en el país.

En 1887 se creó en el ministerio de las colonias un Consejo de Ultramar. Ni uno solo de los consejeros ha sido Cubano. En cambio se han pavoneado entre sus miembros los generales Armiñán y Pando.

Todavía el predominio del gobierno va más lejos. Pesa con toda su fuerza sobre las corporaciones locales. Hay diputaciones en las provincias, sus facultades no sólo son escasas y sus recursos cortos, sino que el Gobernador General nombra sus presidentes y todos los miembros de la comisión permanente. Hay ayuntamientos, elegidos según una ley reaccionaria de 1877, restringida y recortada por el señor Cánovas, al aplicarla a Cuba; el Gobernador General nombra sus alcaldes, que pue den no pertenecer a la corporación; y el gobernador de la provincia nombra los secretarios. Se reserva además el gobierno el derecho de remover los alcaldes, de sustituirlos, y de suspender los concejales y los ayuntamientos parcialmente o en masa. De ese derecho ha usado con frecuencia, para fines electorales, siempre que le ha convenido; en perjuicio de los cubanos siempre.

Como se ve, la mañosa política de España no ha dejado ningún cabo suelto. Todo el poder reside en el gobierno de Madrid y sus delegados en la colonia; y, para dar a su despotismo un ligero barniz de régimen representativo, ha sabido con sus leyes fabricarse mayorías complacientes en los cuerpos seudoelectivos. Para eso ha contado con los inmigrantes europeos, que han apoyado siempre al gobierno de la Metrópoli, a cambio de permanentes privilegios. La existencia de un partido español, como en un tiempo la de un partido inglés en el Canadá, ha sido la base de la gobernación de España en Cuba. Así, por ministerio de la ley y del gobierno, se ha entronizado allí un régimen de castas, con su secuela de monopolios, de corrupción, de inmoralidad y de odios. Lejos de ser la lucha política el choque fecundo de ideas contrapuestas o la oposición de hombres, que representan tendencias diversas, pero que buscan todas el perfeccionamiento social, ha sido pugna de facciones hostiles, combate de enemigos encarnizados, precursores de la guerra abierta en campo raso. En la más tímida protesta del cubano ha visto el español residente una amenaza, un ataque a la posición privilegiada en que se cimentan su fortuna, su influencia y su poderío. Y ha querido ahogarla siempre con el denuesto y la persecución.

Julián del Casal y de Lastra

Julián del Casal nació en La Habana el 7 de Noviembre de 1863, hijo de un Vizcaino, Julián del Casal y Ugareda y una Pinareña, María del Carmen de la Lastra y Owens. Cursó estudios en el **Real Colegio de Belén**, donde ingresó en 1870 y se graduó de bachiller en 1880. En 1879 fundó un periódico, escrito a mano, que llevó por título *El Estudiante*. Obtuvo el título de Bachiller en 1879. Publicó su primer poema conocido en un seminario de Arte, Ciencia y Literatura llamado *El Ensayo*, en el número editado el 13 de Febrero de 1881. Ese mismo año comenzó a trabajar como escribiente en el **Ministerio de Hacienda** e ingresó en la Facultad de Derecho de la **Universidad de La Habana**. No obstante, abandonó sus estudios de leyes para dedicarse a la literatura.

En Noviembre de 1888 emprendió un viaje a Europa con el propósito de visitar París, ciudad que le atraía enormemente. Sin embargo, este viaje se vio frustrado. Estuvo en Madrid, donde trabó amistad con **Salvador Rueda** y con **Francisco Asís de Icaza**, y finalmente regresó a Cuba en 1889 sin haber llegado a visitar la capital de Francia. De vuelta a su país, comenzó a acudir a las tertulias de la Galería Literaria y en 1890 publicó su primer libro de poemas *Hojas al viento*. Abandonado su puesto en Hacienda, trabajó como corrector y luego como periodista. En estos años conoció a **Juana Borrero**.

En 1891 había llegado **Rubén Darío** a La Habana, con quien Casal entabló amistad. Darío le dedicó a Del Casal *El clavicordio de la Abuela*; Casal, por su parte, había conseguido ese mismo año que en *La Caricatura* apareciese el poema de Darío *La negra Dominga*; también publicó en *La Habana Elegante* un artículo sobre Darío el 5 de Enero de 1893.

Casal estudió por su cuenta a los clásicos Latinos y Españoles; se enamoró de los románticos, y en sus últimos diez años sintió la influencia de los parnasianos, los simbolistas y los decadentes europeos como Heredia, Moréas, Huysmans, Wilde, y muy especialmente de Baudelaire y el pintor Gustave Moreau, que lo fascinaron. Mantuvo una cordial amistad con el escritor y patrón de las artes **Esteban Borrero Echeverría**. Atendía a las tertulias en casa de los Borrero, donde encontró apoyo, cariño, y un grupo de jóvenes discípulos. Allí brotó una fervorosa intimidad platónica con una de las hijas de la familia, **Juana Borrero**. Algunos estudiantes de literatura consideran que Del Casal y Juana eran una extraordinaria pareja espiritual.

Fue redactor del semanario **La Familia Cristiana** en 1891 y 1892. Colaboró en *La Habana Elegante*, periódico que le pagaba mal sus crónicas sociales, publicó una serie de artículos entre ellos el titulado «*La Sociedad de la Habana.*» El primero de esos artículos, sobre el Capitán General **Sabás Marín** y su familia, le costó su puesto en la *Intendencia General de Hacienda*. Escribió para "El Fígaro", "La Habana Literaria", "El Hogar", "El País", "La Caricatura", "Diario de la Familia", "Ecos de las Damas", "La Lucha", "EL Pueblo", "El Triunfo", y "La Unión Constitucional"

En la noche del 21 de Octubre de 1893, murió súbitamente durante una sobremesa en casa del doctor **Lucas de los Santos Lamadrid**. En un ataque de risa provocado por un chiste de uno de los presentes, se le produjo una hemorragia y sufrió la mortal rotura de un aneurisma.

Muchos le conocieron con el sobrenombre de "**El Conde de Camors**," y siempre fue un hombre de temperamento tímido, triste, nostálgico, ensimismado, escéptico y esencialmente artístico.

Manuel Márquez Sterling escribe sobre el espíritu de Casal en 1902.

« En un diario, acabo de leer estas líneas escritas por un íntimo de Julián del Casal: Hoy hace nueve años que dejó de existir en plena juventud y cuando ya su gran talento e inspiración eran geniales, el soñador y exquisito artista de **Historias Amargas**, el más primoroso libro que tanta fama dio al poeta Cubano, **más apreciado fuera de su patria** – triste es decirlo – que en su patria misma.

Sin embargo, su memoria agrandada por el cariño de fieles amigos y de otros que, sin haberlo conocido, lo aman y admiran, perdura en Cuba. Otra vez han de ir hoy, a la tumba que guarda sus restos, a recitar sus versos y a llevarle flores, los que nunca lo olvidan. Y, en efecto, fueron. En la mesa de un café oí hablar del poeta y de su tumba; varios escritores de la nueva generación opinaban, a capricho, acerca del mérito de **Historias Amargas**; algunos bostezaron, en honor del difunto, y en las tinieblas insondables del olvido, me pareció que se perdía, por el plazo de un año, la figura del poeta. El íntimo amigo, el que asume la noble misión de recoger sus cenizas, tocará de nuevo, en el próximo aniversario, a la puerta de los pocos elegidos, y extenderá su mano en demanda de una limosna, la limosna de una lágrima para el poeta muerto.

Casal fue un error de las musas, que le enviaron a esta tierra anticipadamente. Le fue adversa la época en que comenzó su desenvolvimiento, pero más adversa le fue aún, para su memoria, la conmoción política que borró de la conciencia Cubana el espíritu del artista soberano. Murió joven, en los principios de su esplendor, cuando aún no divisaba el término medio de su obra literaria. Tal vez la naturaleza, compadecida, le arrancó la existencia, rectificando una triste equivocación que dejó, por huella, una ternura infinita en corazones piadosos. Para nosotros, un poeta como Casal era un exceso al que no resistíamos por falta de preparación; no nos era posible, tampoco, estimularle, y lentamente, como una luz que oscila y describe enigmas en la sombra, el poeta fue haciéndose exótico.

No pudo ejercer la influencia que su arte necesitaba; no tuvo horizonte; su verso palpitaba solo, en el hastío de su retiro, y la vida, para él, era algo triste, una cueva insoportable, de la que tenía que escapar, con las alas que al espíritu lleva la muerte. Este proceso pasó inadvertido para las multitudes; su fin se lamentó porque las gentes le consideraban un **«buen muchacho, un muchacho de talento...»** y sus versos, reproducidos con escasa frecuencia, eran gemidos de ultratumba que apenas lograban conmover a los mismos que hoy van a recitar sus versos y a llevarle flores... Fuera de Cuba, en la inmensidad Sudamericana, en donde vive y prospera tanto poeta medianejo, su obra fue mucho más preciada, su nombre obtuvo más gloria, y acaso ejerció un influjo del que aquí apenas nos damos cuenta. Allá, el arte tiene campo, aquí el arte es una mentira. Allá la obra tiene su valor, el mérito tiene su premio, como la religión su altar sagrado. Aquí nuestro espíritu, enfermo, no se detiene a libar, en los buenos versos, el ritmo divino, y allá recogen, sin propósito deliberado, las flores que aquí no nos sirven. Nuestra juventud literaria que si no está bien preparada, encuentra un campo que puede fecundar, comienza a echar sobre el pasado sus ojos y concluirá por ver mucha hojarasca en los inmortales, en los consagrados por el patriotismo, y por descubrir joyas de arte en donde nadie quiso detenerse. Estamos en un período de germinación en el que podrán brillar algunos que salvaron su lira en los estremecimientos revolucionarios. Tendremos, al fin, más lectores y adictos, los que borrajeamos cuartillas; se harán ediciones de la obra de Casal, se recogerá del montón anónimo lo que conservase en viejas revistas, ignorado ya por los que no fueron de su tiempo, y cada año, mientras viva el fiel amigo, tendrá el poeta sobre su tumba la limosna de una lágrima y recitarán en ella sus versos y la cubrirán de flores los que nunca le olvidan... »

El Fígaro, Octubre 26, 1902.

Amigos en la Tumba de Casal en un aniversario de su muerte.

Historias amargas

(1863-1893)
Julián del Casal y de la Lastra

La Viudez Eterna

Alrededor de la mesa de mármol de un café, donde se hallaban colocadas, en ancha bandeja de plata, altas copas de cristal, llenas de ambarina cerveza que se evaporaba en espumas blancas; estaban sentados varios amigos íntimos, hablando de diversos asuntos. Aunque eran jóvenes por la edad, habían perdido la verdadera juventud: la del corazón. Cualquier observador, por ligero que fuese, hubiera podido leer en sus rostros demacrados, tanto por el libertinaje, como por el estudio, el hastío prematuro de la vida, la desilusión completa del placer y el anhelo insaciable de otra existencia mejor. Todos habían exigido de la vida más de lo que puede dar. Cada uno parecía que llevaba por divisa este verso del adorado Bourget:

«Je songe qu'aucun but ne vaut aucun effort.»

Absortos se hallaban, en sus propios pensamientos, después de haber agotado el tema de la conversación, cuando vieron entrar a un hombre alto, elegantemente vestido, con una camelia blanca en la solapa de la levita y un bastón elegante en la mano derecha.

—¿Quién es ese caballero? —preguntó uno de los jóvenes.
—El marqués de B.
—¿Es casado?
—Viudo.
—Y ¿tiene dinero?
—Es millonario.
—Y buen mozo —agregó uno.
—Y también imbécil —replicó otro.
—Y con esas condiciones ¿no ha vuelto a casarse?
—Ni se casará —exclamó una voz.
—¿Por qué? —dijeron todos.
—Escuchad una historia.

Hace algunos años que conocí al Marqués, en una de sus fincas, donde estaba gozando de los esplendores de su luna de miel. Su esposa era una de las mujeres más hermosas que he conocido. Fue casada, en edad temprana, por unos padres ambiciosos que no consultaron su corazón, pía aceptó, con júbilo, la idea del matrimonio, pensando solamente, al oír la proposición, en lo bien que estaría en la hora nupcial, con su traje de seda blanco, enguirnaldado de flores con sus bolitas de raso, bordadas de oro y con sus cabellos rubios, estrellados de azahares.

Durante los primeros meses, todo anunciaba que iba a ser un matrimonio feliz. Parecía estar enamorada de su marido. Hasta fue envidiada de sus amigas. Nunca se veía al Marqués sin su esposa. Juntos frecuentaban los paseos, teatros y salones. Algunas noches se iban, en suntuoso carruaje, fuera de la población, deseosos de estar solos, saboreando su dicha, como buenos enamorados, bajo la mirada de las estrellas.

Pasados algunos meses, ella empezó a darse cuenta de su situación. Observó después, en sus frecuentes relaciones sociales, que otros hombres hubieran podido hacerla más dichosa. Aunque su marido la adoraba, no satisfacía plenamente sus deseos. Ella hubiera deseado un esposo más inteligente, aunque con menos dinero. Y el Marqués era un hombre demasiado vulgar para ella. Por más que era astuto para los negocios, carecía de cultura intelectual. No sabía hablar más de que del azúcar o de asuntos financieros. Nunca se le vio tomar un libro entre las manos. Sólo leía algunos periódicos para enterarse de la situación del mercado y del alza o baja de los valores públicos. Y no se limitaba a esto su ignorancia. Cuando la llevaba al teatro, más bien para exhibirla que para gozar de los placeres de la representación, salía frecuentemente del palco, con el pretexto de fumar, y al regresar bostezaba, mientras una trágica notable, arrojaba al oído del público, como ramillete de flores, las estrofas soberbias de una tragedia antigua o un tenor aplaudido lanzaba en la atmósfera de la sala, como bandada de ruiseñores, las notas de oro de su garganta excepcional.

Frecuentaba la casa del Marqués, en aquella época, un joven pintor, cuyos primeros cuadros revelaban una fantasía poderosa y un vigor raro en la ejecución. La esposa del Marqués experimentaba por él una simpatía análoga a la de la gran duquesa de Castiglione por el genio dantesco de Delacroix. Ella lo protegía, con delicadeza sin igual, lo mismo que una princesa del Renacimiento, sin dejarle sentir la tiranía de la gratitud.

Aunque el pintor no era bello, en el sentido recto de la frase, poseía una belleza superior a la de las líneas: la que imprimen en el rostro un corazón ardiente y una inteligencia nada vulgar. Y la Marquesa, algo artista, como toda mujer, se fue enamorando de él. Primero escondía su amor, como una cosa repugnante, hasta que arrastrada fatalmente por la pasión se arrojó en brazos del pintor, lo mismo que un desesperado en la onda azul que sonríe a sus pies, llegando a despertar los celos de su marido, cuya venganza fue tan rápida como feroz.

Un día que ella, vestida de Diana, con la media luna de brillantes en la cabeza y un manto de armiño echado sobre su cuerpo, envuelto en una tela de color de carne, se disponía a que el pintor la retratara de tan caprichosa manera; el Marqués fingió que salía a la calle, volviendo de seguida y encerrándose en la habitación inmediata para convencerse de lo que le decían sus celos. Apenas se había colocado en observación, oyó frases incoherentes, pronunciadas en voz baja, cuyo sentido no pudo comprender. Aguardó un instante la percepción de nuevas palabras y sintió luego, como un pistoletazo, el eco sonoro de un beso. Entonces se precipitó, revólver en mano, sobre la amante pareja, cuyas figuras cayeron, bañadas en sangre sobre el marmóreo pavimento de la habitación.

Y ¿por qué no ha vuelto a casarse el Marqués?

–Porqué las mujeres lo han condenado a la eterna viudez, temiendo que haga con ellas, en la hora de la infidelidad, de la cual no están exentas –pues no son muchas las mujeres que se resignan a amar a un solo hombre, como no son muchos los hombres que se resignan a amar a una sola mujer–, lo que hizo con la otra que hoy duerme olvidada en su tumba solitaria, bajo pesada losa de mármol, donde sólo un árbol piadoso deja caer, en la verde primavera, la lluvia perfumada de sus flores amarillas.

(La Discusión, 20 de junio de 1890)

El Primer Pesar

I

Armando Morel uno de los amigos que el tiempo me ha arrebatado .en sus ondas negras, sin dejarme el consuelo de ir a derramar una lágrima o a echar un puñado de flores sobre la tierra que oculta sus despojos, porque está enterrado muy lejos, en la brumosa Alemania, país en el que soñábamos vivir juntos, él para entregarse al estudio de la música de Wagner y yo para engolfarme en las especulaciones de la filosofía alemana, ambas cosas muy adecuadas a nuestro carácter, a nuestros gustos, a nuestros temperamentos y hasta a nuestras facultades, era un ser puro, bueno y cándido, es decir, un ser excepcional, de esos que, al recordarlos, después de cierto número de años, nos hacen dudar de si han existido tal como los recordamos o si nuestra fantasía es la que los ha dotado de cualidades que les atribuimos y echamos de menos en las personas que sentimos a nuestro alrededor.

Habiendo vivido siempre a la sombra de su familia, ignoraba todavía, en la época a que me refiero, los tormentos que el destino reserva a cada mortal. En él cáliz áureo de su dicha ninguna mano había derramado una sola gota de hiel. Las mujeres le parecían ángeles que veraneaban en la tierra y los hombres unos santos bajados de sus altares. Raras veces advertía una falta en los demás. Todo lo veía a través de una especie de monóculo róseo, hecho de grueso rubí y montado en fino aro de oro, tal como lo soñaba su imaginación.

Era imposible encontrarlo sin sentirse atraído por él. Tenía los cabellos rubios, de un rubio sedoso y blanquecino, que le daban el aspecto, al caer en bucles sobre sus espaldas, de un príncipe de la dinastía de los merovingios. Sus labios eran rojos, carnosos y sensuales. Detrás de sus ojos azulados, de un azul de turquesa enferma, su alma estaba asomada constantemente, esparciendo un relente de ternura sobre los objetos próximos. El color de sus mejillas era semejante al de las rosas-reinas. La expresión de su rostro sólo podía compararse a la de las figuras angélicas que circulan por las páginas de las leyendas cristianas.

Viéndolo echado sobre el regazo de su madre, se pensaba en Adonis adormecido en las rodillas de una Venus. Las mujeres de alguna edad lo sentaban sobre sus piernas, le cubrían la frente de besos y experimentaban cierta voluptuosidad en acariciarle los rizos o en sentir el cosquilleo que el bozo del adolescente les hacía en las mejillas. De haber vivido en la época de Enrique III de Francia, hubiera sido el paje favorito de las damas de la corte.

Tenía el tipo verdadero del *mignon* y la femineidad propia de los niños que se hacen hombres entre las paredes de su hogar, respirando un ambiente saturado de cariño, de pureza y de bondad.

Así llegó a los veintidós años, soñando siempre y admirándolo todo, sin saber que la vida a semejanza de la flor roja y negra, de que hablan los poetas asiáticos, oculta en su seno un olor deletéreo que, si se percibe una vez, no se aleja del olfato jamás.

II

Al cabo de algún tiempo se internó en el mundo. Terminados sus estudios elementales, bajo la dirección de reputados profesores, su familia pensó en hacerle seguir una carrera, tal como convenía a su rango y como se acostumbra a hacer. Consultada su vocación, manifestó que iba a ser abogado. Pero eligió esta carrera, no porque le gustara, sino porque le parecía la menos repugnante de todas. Dotado de verdadero temperamento musical, no encontraba más placer que el de entregarse, al estudio de las grandes composiciones de sus maestros predilectos Sólo por complacer a su madre se decidió a penetrar en las aulas universitarias, donde empezó a conocer la vida, aprendiendo también muchas cosas que ignoraba hasta entonces.

Aunque había visto, en los salones de su casa, mujeres hermosas de todas las edades, su corazón no había latido por ninguna de ellas. Como todos los artistas del; corazón, experimentaba ante la belleza una sensación inmaterial que se convertía en un éxtasis largo, silencioso y sagrado, que le absorbía por espacio de muchos días. Después de haber visto una verdadera hermosura, se quedaba aletargado, como el que toma una fuerte dosis de morfina, sin que la carne participara de tal estado de ánimo que le imposibilitaba para hacer otra cosa que soñar. Todo lo contrario le ocurría a la vista de las mujeres de baja condición social. Delante de ellas, una agitación intensa despertaba sus sentidos, excitándolos hasta la congestión, porque la ley del contraste es la única que domina ciertos temperamentos, por más exquisitos y delicados que sean. En los últimos vástagos, como Armando Morel, de una familia de raza fina, nerviosa y degenerada, suelen manifestarse siempre tan inexplicables preferencias.

Una tarde que vagábamos juntos, por magnífico paseo, bajo las ramas de los laureles, donde los gorriones acudían, gozosos y ligeros, a esconderse de la sombra de la noche, vimos pasar, en magnífica victoria, tirada por cuatro parejas de caballos, montadas por lacayos de cabellos empolvados, una mujer hermosísima, una de esas diosas a la moda, seguida por numerosos jinetes entre dobles filas de carruajes. Tenía la belleza alocada de las Cleopatras, de las Faustinas, y de toda esa legión femenina que vive todavía en el recuerdo de la humanidad. Viéndola en su coche magnífico, traía a la memoria la figura trazada por los historiadores de Mme. Recamier, cuando se presentaba vestida de Aspasia en Longchamps, dentro de una

carroza dorada, envuelta en un peplo, calzada con sandalias que dejaban ver su pie rosado sobre una piel de tigre, sueltos los rizos por la espalda y encadenado el brazo desnudo de magníficos camafeos, recibiendo los homenajes de más de veinte mil admiradores.

Desde esa tarde, mi amigo se enamoró locamente de aquella mujer que, como una visión de otro siglo, había pasado ante sus ojos, dejando en ellos el deslumbramiento que produce la contemplación de alguno de nuestros ideales más acariciados. Vanos fueron los medios empleados para curarle de su pasión. Nada le distraía. Hasta la música le hastiaba. Vivía sumergido perennemente en ese estado de somnolencia estúpida que el amor engendra en ciertos caracteres y esquivaba la compañía de los amigos que se atrevían a darle consejos.

¡Pobre Armando! ¡Cuán pronto se convenció de que todos tenían razón, menos él!

III

Era una noche de Carnaval. Las calles estaban llenas de grupos numerosos de gentes alegres que invadían las aceras, se aglomeraban en las esquinas y se introducían en los cafés, donde se atiborraban de alcohol, yendo luego a desaguar, como inmundicias de la cloaca social, al primer teatro de la población, lugar en que se confundían, bajo diversos disfraces, todas las clases de la sociedad.

En la sala reinaba gran animación. Bajo la araña central, rodeada de triple cordón de bombillos de cristal cuajado, como el cuello de una mujer de triple sarta de perlas, las parejas se deslizaban, por el pavimento de madera, a los acordes de la danza. El gas hacía resplandecer los trajes caprichosos. Ya pasaba una reina, con su manto de púrpura y su corona esmaltada de pedrería; ya un trovador antiguo, con el arpa al hombro y la canción entre los labios; ya una dama del siglo pasado, con su peluca blanca y su rostro carmíneo estrellado de lunares; ya una juglaresca, con su traje de

muselina y ornada de ajorcas, brazaletes y collares; ya una ondina de traje blanco cubierto de algas y cabellera rubia nevada de perlas; ya en fin, una multitud de dominós azules, negros, verdes, rojos y amarillos.

Arrastrado por la muchedumbre, el héroe de esta historia se había refugiado en el teatro, donde no hacía más que andar de un extremo a otro de la sala, paseando su mirada melancólica sobre el rebaño humano que se divertía y experimentando la sensación de aislamiento entre la multitud. El dolor de su alma se acrecentaba entre la alegría de los demás. Su rostro, donde se veía tanta nobleza de raza y tanta amargura comprimida, formaba un contraste singular con el de los hombres que, despojados del antifaz, vagaban alrededor de las parejas danzantes, aspirando el olor de aquellos cuerpos unidos, frotados y mal olientes.

Ya se disponía a retirarse, cuando se le ocurrió dar una vuelta por el salón de cenar. Allí el bullicio era mayor que en la sala. Del fondo de los gabinetes salían cantos, gritos, risotadas,

taponazos, besos y fermentos de alcoholes. Muchas parejas aguardaban que se desocuparan las meses para abalanzarse de seguida sobre ellas.

Ansioso de contemplar lo que pasaba en el interior de los gabinetes, Armando introdujo su mirada por los intersticios de las maderas, satisfaciendo su curiosidad. De pronto retrocedió al llegar a uno de ellos. Dentro de la pieza había una pareja sentada a la mesa, cuajada de flores, frutas y licores. Al asomarse mi amigo, vio a la mujer de sus sueños, vestida de Salambó, que se levantaba gradualmente de su asiento para alcanzar con sus dientes pequeños, perlados y puntiagudos, un racimo de uvas que, como un ramillete de perlas verdes, temblaba en la boca desdentada de un viejo banquero que la acompañaba y que, con la faz congestionada y con los ojos desencajados, se inclinaba fuera de su sitio estirando el brazo derecho para estrechar la cintura de aquella mujer.

Entonces se retiró, lívido, jadeante, sin poder sostenerse de pie, buscando el apoyo de las paredes, como un hombre ebrio,

para no caer al suelo. Y, al salir a la calle, ciego de cólera y transido de dolor, después de exhalar un fuerte sollozo que le comprimía la garganta, se alejó de las calles ruidosas, infernándose en las avenidas oscuras y desiertas y alzando frecuentemente los ojos enrojecidos hacia el espacio azulado, como si buscara su dolor, a través de los encajes verdes de las hojas de los árboles, la mirada consoladora de las estrellas.

La Casa del Poeta

I

Atardecía. El disco rojo del sol, como redonda mancha de sangre caída en manto de terciopelo azul, rodaba por la bóveda celeste hacia el fondo del mar. El aire estaba impregnado de aromas suaves, sutiles y embriagadores. La niebla envolvía entre sus pliegues, a manera de sudario de gasa, agujereado a trechos, las verdes cumbres de las montañas lejanas. Se oía a lo lejos, entre el ruido de los carruajes, el mugido imponente del mar, cuyas ondas verdinegras, franjeadas de espumas blancas, se hinchaban monstruosamente, se erguían coléricas y se estrellaban contra las rocas puntiagudas.

Deseoso de hacer ejercicio, yo había salido, en la tarde aquella, a recorrer las calles, experimentando ese bienestar que produce la ausencia de ideas en el cerebro y la terminación de las labores cotidianas. Nada me preocupaba. Distraído por el aspecto de las cosas, había andado más de una hora, sin rumbo fijo, hasta llegar a una de las alamedas centrales de la población, donde un grupo de niñas, rubias unas y morenas otras, bailaban en torno de una fuente, mientras las ayas, con sus cofias de encajes y con sus delantales blancos, permanecían alejadas a cierta distancia, dirigiendo frecuentemente sus miradas melancólicas a los transeúntes.

Ancha nube cenicienta se interpuso ante el sol. Detrás de ella, impulsado por el aire, se precipitó un ejército de nubecillas róseas, verdes, moradas, purpúreas y amarillas, fundiéndose en una sola de color gris, de un gris metálico, que se fijó, como enorme murciélago de alas abiertas, en mitad del firmamento azul. Una ráfaga de viento, salida del mar, se extendió por la ciudad, levantando un remolino de polvo que envolvió las siluetas de las torres, palacios, árboles y paseantes. La lluvia empezó a caer. A los pocos minutos no se escuchaba más que el ruido monótono del agua que descendía incierta sobre las calles tristes, lodosas, desiertas.

Antes de empezar a llover, había formado el proyecto de encaminarme a una casa próxima, donde habitaba, en compañía de sus hijos, la viuda de un compañero de colegio, poeta de fantasía poderosa y de estilo irreprochable, muerto prematuramente sin haber realizado las esperanzas que hiciera concebir. Pero la lluvia no me permitió llegar. Huyendo de ella me guarecí en un café inmediato, resuelto a hacer la visita tan pronto como acabara de llover. Mientras aguardaba que escampase, sentí surgir en mi memoria la figura del poeta rodeada de esa bruma melancólica que el recuerdo de los muertos esparce en nuestro corazón. Recordé su carácter enigmático, sus aventuras amorosas, su s gustos aristocráticos, sus proyectos literarios, su matrimonio realizado en pocos días, sus triunfos artísticos y, más que nada, la inercia inexplicable en que cayó después de haber alcanzado esos triunfos.

Sintiendo que este enigma me torturaba demasiado el pensamiento, me levanté de la mesa y salí a la calle, porque el aguacero estaba a punto de cesar.

II

Poco después llamaba a la casa.

Era de aspecto sencillo y vulgar. Junto a la puerta pintada de color marrón, tenía una ventana alta, tras cuyos barrotes de hierro, manchados por los lunares rojizos de la oxidación, se veían dos postigos completamente cerrados. Ningún ruido interno llegaba al exterior. Al cabo de algunos momentos, una criada se asomó por uno de los postigos, lo cerró de seguida y me abrió la puerta.

Envié mi tarjeta y me senté a esperar.

La criada se alejó, reapareció de nuevo, encendió el gas y me dijo que la señora iba a venir.

Durante el tiempo que tardó en aparecer, me puse a examinar el interior, donde nunca había penetrado, poco después del matrimonio de mi amigo, yo me había ido a viajar. Conocía a su mujer porque me la había presentado en un teatro. Pero no había ido a visitarla. De vuelta de mis viajes supe que él había muerto, a los tres años de matrimonio; de una enfermedad del corazón. Y aplazando la visita de un día para otro, no la había ido a hacer hasta entonces.

La sala era pequeña, bastante incómoda, de forma cuadrangular. Las paredes estaban sucias, húmedas y salitrosas. En las esquinas, cerca del techo, se veían manchones negros, semejantes a telarañas humedecidas. Tenía el piso de ladrillos, mitad rojos, mitad amarillentos, sobre el cual habían quedado impresas las huellas de los pies mojados de la criada que me acababa de abrir.

Frente a la ventana de la calle se alzaba un estrado vulgarísimo, compuesto de un sofá y seis butacas, bajo el cual se abría una alfombra de fondo rojo, jaspeada de flores casi descoloridas por los años. Encima del sofá colgaba un espejo oval, rodeado de marco negro, cubierto de un velo de tarlatana verde, donde un enjambre de moscas se había detenido a reposar. Debajo de éste, un retrato de mujer. Sobre la mesa del centro, dos búcaros de porcelana ordinaria, repletos de papeles hasta los bordes, cuyos filetes dorados se empezaban a des colorear. Alrededor del estrado se alineaba una docena de sillas pegadas a la pared.

De cuando en cuando llegaba hasta la sala, por una puerta lateral, un vaho repugnante de cocina que, mezclado al lloriqueo de un chiquillo, me hacía insoportable la permanencia en aquella sala donde yo buscaba vanamente algún detalle que me recordara el gusto fino, aristocrático y refinado de aquel camarada de mi juventud y que, a la par de recrearme la vista,

disipara la tristeza que el recuerdo del desaparecido había amontonado en mi corazón.

Una mujer se presentó ante mis ojos. Era alta, robusta, de fisonomía estúpida, repulsiva a simple vista y más repulsiva después. Venía envuelta en peinador blanco, completamente liso, que moldeaba lo ancho .de su cintura y la redondez de sus caderas. Su rostro, manchado de pecas, carecía de expresión. Estaba algo acatarrada y se llevaba frecuentemente el pañuelo a las narices. Sus modales eran ordinarios. Hasta el timbre de su voz me repelía. Todo revelaba que era una mujer vulgar, una gallina humana, como diría un discípulo de Schopenhauer, apta sólo para cuidar la casa y dar a luz cada nueve meses.

Inútil fue que pretendiera hacerla hablar de su marido. Cada vez que trataba de llevar por ese camino la conversación, me respondía vagamente, como si nada recordara, demostrando siempre la misma calma estúpida en su espíritu y la misma sinceridad grosera en sus palabras.

Después de media hora de visita, tomé el sombrero y me despedí de ella, sabiendo solamente que mi amigo le había dejado tres hijos.

III

La lluvia había recomenzado a caer

Era una lluvia fina, monótona y silenciosa, una de esas lluvias de las tardes otoñales, que cubren de lodo el pavimento de las calles, saturan la atmósfera de humedad y engendran una melancolía intensa en los temperamentos nerviosos. A través de las gotas que formaban una especie de cortina de hilos perlados, las luces amarillas de los faroles encendidos que brillaban en las alamedas, entre filas de árboles, parecían blandones fúnebres agitados por ráfagas glaciales.

Un coche pasaba y me introduje en él. Mientras llegaba al punto de mi dirección, no pude apartar de mi memoria el interior de la casa que acababa de abandonar. Y no sólo me expliqué que mi amigo dejara de cultivar las letras, en los albores de su gloria, después de haber alcanzado triunfos ruidosos, sino que me asombré también, dados su carácter, sus gustos y sus cualidades, de que hubiera podido vivir tres años al lado de aquella bestia, de aquella mujer.

La Tristeza del Alcohol

¿Qué enfermedad es comparable al alcohol?
E. A. Poe

I

—¿No te parece, —dijo Gustavo a su amigo Adolfo, después de terminar la comida, una de esas comidas fraternales, en que los amigos íntimos se cuentan sus proyectos, sus amoríos, sus goces, sus tristezas y hasta sus miserias desconocidas—,

no te parece que debemos pedir una botella de Champaña?

—No, no, de ninguna manera.

—¿Por qué?

—Porque he bebido demasiado Borgoña y temo que se me suba a la cabeza.

—¿Qué dices?

—Lo que oyes.

—¿Te has vuelto sobrio al cabo de tus años?

—No; pero no tomo más.

—Y ¿a qué se debe ese cambio repentino?

—A nada: a que he resuelto no tomar más alcohol.

—Ya lo supongo; pero esa resolución obedece a alguna causa.

—¡Ahora no tengo ganas de hablar de eso! ¡Vámonos a la calle!

—Espérate. Además ¿a dónde vamos a ir? Hoy es víspera de fiesta y no se encuentran más que tenderos, zapateros, bodegueros y una multitud de desconocidos que, como una legión de insectos de una piedra levantada, salen de sus guaridas en días como éste y se esparcen por todas partes.

—Prefiero codearme con esa gente a estar respirando el olor de los manjares que hay en los gabinetes inmediatos.

—Bueno; vámonos donde quieras, pero con una condición.

—¿Cuál?

—La de que me prometas contarme la causa que te ha obligado a dejar el alcohol.

—Te lo prometo. Y, cogidos del brazo, los dos amigos salieron del restaurant, resueltos a dar un largo paseo, después de tomar de la mesa un par de rosas encarnadas que agonizaban en un búcaro japonés.

II

Apenas echaron a andar, Adolfo preguntó a Gustavo:

¿Conoces las obras de Edgardo Poe?

—Casi todas.

—¿Recuerdas la historia del Gato Negro!

—Sí.

Hay allí una pregunta suelta, misteriosa y sutilmente ligada a la narración, que encierra un mundo de ideas y que a muchos habrá hecho sonreír. ¿Qué enfermedad es comparable al Alcohol? dice el autor. Pregunta de borracho, exclamarán algunos, que no tiene respuesta. yo mismo, yo que te hablo, que te la recuerdo y que trato de explicártela, yo mismo la he pasado por alto, sin darle importancia alguna, muchas veces.

Pero ahora comprendo perfectamente y te digo que no hay tristeza, sí, que no hay tristeza mayor que la engendrada por el alcohol. Ésa es la enfermedad de que habla Poe y voy a describírtela de la mejor manera posible. No sé si acertaré.

Tú me conoces demasiado hace ya muchos años. Tú sabes que yo he sentido siempre, desde la infancia, una tristeza inmensa, desoladora y cruel. Esto no es extraño. Se nace triste o alegre, como se nace enfermo o sano, bueno o malo, inteligente o estúpido. Esa tristeza desesperaba a mi madre, porque no la encontraba justificada. Ella hacía esfuerzos inconcebibles para distraerme, sin lograr su .objeto. Si me divertía un momento, la tristeza en que luego me abismaba era mucho mayor. Y no sólo me encontraba siempre triste sino que me era imposible ver a algún ser alegre a mi alrededor.

A medida que iba creciendo, mi estado de ánimo se agravaba más. Y, sin embargo, nadie descubría la causa, porque yo era un niño mimado, rodeado de ternuras y de todo lo que hace alegre y fácil de soportar. Se me colmaba de besos, de caricias y de juguetes. Pero yo me aburría de todo al momento. Yo estaba hastiado de lo que conocía y prehastiado de lo que no conocía, de lo que no quería conocer.

Queriendo disipar mi tristeza, porque la vida se me hacía insoportable, me arrojé desenfrenadamente en brazos de los placeres.

A los dieciocho años, estaba hastiado de todos. Entonces comencé a viajar. Durante mi permanencia en Inglaterra, aprendí a tomar el alcohol. Para combatir la nostalgia que me seguía por todas partes, como un lobo hambriento detrás de un cordero, empleaba dos medios momentáneamente eficaces: poseer el mayor número posible de mujeres, hasta aniquilar mis fuerzas o tomar el mayor número posible de licores, hasta sentir las primeras náuseas.

Después de ambos excesos, yo caía en un sueño profundo, pesado y brutal, del que tardaba muchas horas en salir.

Tengo ya treinta y dos años. Yo he visto morir a mis padres, víctimas de crueles enfermedades; tras largos años de indecibles sufrimientos morales he sentido desplomarse mi hogar sobre mis hombros, como pulverizado por una descarga formidable, sin que me quedase el consuelo de pasearme sobre sus ruinas; he sido el esclavo de cien mujeres, que han ejercido contra mí la triple tiranía de la belleza, del amor y de la debilidad; he llegado a los últimos límites de la miseria, en países extranjeros, casi hasta llamar a la puerta del hospital; he estado cuatro años en la guerra, sin esperar más que la derrota; he vivido esperando la muerte, por espacio de cuarenta horas, en el medio del mar, bajo la influencia de pavorosa tempestad; he experimentado en fin los mayores sufrimientos que el corazón humano puede experimentar, pero yo te aseguro, con la mano puesta sobre el corazón y con toda la sinceridad de que soy capaz, que ninguna de esas desgracias me ha abatido tanto, me ha inoculado una tristeza tan honda como la que me inoculaba el alcohol.

Yo no he dejado de tomarlo, porque me deformara el rostro, me debilitara las piernas, me hinchara el vientre, me ensangrentara las pupilas, me abrasara el hígado, me embotara la inteligencia, me agriara el carácter y me arrojara en pasto a la burla de los extraños, sino porque, después de absorber una dosis de alcohol, por pequeña que fuese, me sentía invadido de una tristeza opresora, tan opresora como difícil de sacudir. La mañana que sigue a la noche de la embriaguez es más horrible que la mañana que brilla tras la noche de amor. Cuando se abren los ojos, se siente un malestar que nada puede vencer. El ruido y la luz se hacen insoportables. Cualquiera frase escuchada, por inofensiva que sea, nos causa una herida mortal. Amanece uno pálido, sudoroso, malhumorado, áspero y deseoso de reñir con los demás. El espíritu de contradicción se desarrolla de una manera alarmante en los alcoholistas. Y ¿qué te diré de las noches en que, por efecto, de la excitación nerviosa, no se pueden cerrar los párpados? Hay que estar echado en el lecho, boca–arriba, sin poder dar vueltas, como si se tuviera un cañón colgado del cuello, porque el cerebro pesa demasiado, sujeto a un número infinito de alucinaciones. Las del oído son terribles, mucho más terribles que las de la vista. En mis noches de insomnio alcohólico, he percibido siempre un ruido tan sordo, tan lejano, tan extraño y grandioso a la vez, que he acabado por creer que era el ruido del eje de rotación del planeta en que habitamos. Y lo peor es que siempre he conocido mi estado. Como hay en mí dos entidades opuestas, una soñadora y otra analítica, unidas estrechamente las dos, he tenido siempre conciencia de mis actos, hasta de los cometidos bajo la influencia del alcohol.

La tristeza alcohólica, como el suplicio de Tántalo, está formada por el deseo de poseer una cosa que tenemos a la vista y sentirnos sin fuerzas para poderla alcanzar. Así por ejemplo, si uno tiene un vaso de agua al lado, no puede extender la mano, porque el brazo se le desprende de los hombros; si uno se sienta en una butaca, se pega materialmente a ella, sin poderse levantar, porque le flaquean las piernas; si uno desea hablar, la palabra se enreda en la garganta, sin aceptar a traducir fielmente las ideas. Muchas veces, en mis crisis agudas, he sentido el deseo de echarme de bruces sobre el suelo, para ver si me deshacía, como una botella de vidrio, en cien mil pedazos.

¿Comprendes ahora, después de esta ligera explicación, que yo haya desistido de tomar alcohol y, sobre todo, no te explicas el alcance de la frase de Poe: ¿qué enfermedad es comparable al Alcohol? –Sí, exclama Gustavo, echando una mirada compasiva sobre su interlocutor.

III

Cambiadas estas palabras, anduvieron en silencio algunos momentos.

–¿Qué hora tienes?–preguntó Adolfo a su acompañante.

–Las doce y cuarto.

–Me voy a casa.

–Yo también.

Y, estrechándose cordialmente las manos, los héroes de esta narración se encaminaron por rumbos opuestos, alumbrados por la luz de la luna, cuyo disco ambarino, inmóvil contra una nube blanca, parecía el rostro de una princesa oriental, dormida sobre un cojín de armiño y con el cuerpo oculto entre los pliegues de ancha sábana de terciopelo azul, recamada de diamantes.

La Poesía de Julián del Casal

Autobiografía

El poema *Autobiografía*, fue publicado en *La Habana Elegante* el 30 de Marzo de 1890. Los versos finales fueron inscritos en la tarja que se encuentra en la fachada de la casa de la Avenida del Prado, donde murió el poeta en 1893.

Nací en Cuba. El sendero de la vida
Firme atravieso, con ligero paso.
Sin que encorve mi espalda vigorosa
La carga abrumadora de los años.

Al pasar por las verdes alamedas,
Cogido tiernamente de la mano,
Mientras cortaba las fragantes flores
O bebía la lumbre de los astros,
Vi la Muerte, cual pérfido bandido,
Abalanzarse rauda ante mi paso
Y herir a mis amantes compañeros,
Dejándome, en el mundo, solitario.

¡Cuán difícil me fue marchar sin guía!
¡Cuántos escollos ante mí se alzaron!
¡Cuán ásperas hallé todas las cuestas!
Y ¡cuán lóbregos todos los espacios!
¡Cuántas veces la estrella matutina
Alumbró, con fulgores argentados,
La huella ensangrentada que mi planta
Iba dejando en los desiertos campos.
Recorridos en noches tormentosas,
Entre el fragor horrísono del rayo,
Bajo las gotas frías de la lluvia
Y a la luz funeral de los relámpagos!

Mi juventud, herida ya de muerte,
Empieza a agonizar entre mis brazos.
Sin que la puedan reanimar mis besos,
Sin que la puedan consolar mis cantos.
Y al ver, en su semblante cadavérico,

De sus pupilas el fulgor opaco
  — Igual al de un espejo desbruñido —
Siento que el corazón sube a mis labios,
Cual si en mi pecho la rodilla hincara
Joven titán de miembros acerados.

Para olvidar entonces las tristezas
Que como nube de voraces pájaros
Al fruto de oro entre las verdes ramas,
Dejan mi corazón despedazado,
Refúgiome del Arte en los misterios
O de la hermosa Aspasia entre los brazos.

Guardo siempre en el fondo de mi alma,
Cual hostia blanca en cáliz cincelado,
La purísima fe de mis mayores,
Que por ella en los tiempos legendarios
Subieron a la pira del martirio,
Con su firmeza heroica de cristianos,
La esperanza del cielo en las miradas
Y el perdón generoso entre los labios.

Mi espíritu, voluble y enfermizo,
Lleno de la nostalgia del pasado,
Ora ansia el rumor de las batallas,
Ora la paz de silencioso claustro,
Hasta que pueda despojarse un día
--Como un mendigo del postrer andrajo--
Del pesar que dejaron en su seno
Los difuntos ensueños abortados.

Indiferente a todo lo visible,
Ni el mal me atrae, ni ante el bien me extasío,
Como si dentro de mi ser llevara
El cadáver de un Dios, ¡de mi entusiasmo!

Libre de abrumadoras ambiciones,
Soporto de la vida el rudo fardo,
Porque me alienta el formidable orgullo
De vivir, ni envidioso ni envidiado,
Persiguiendo fantásticas visiones,
Mientras se arrastran otros por el fango
Para extraer un átomo de oro
Del fondo pestilente de un pantano.

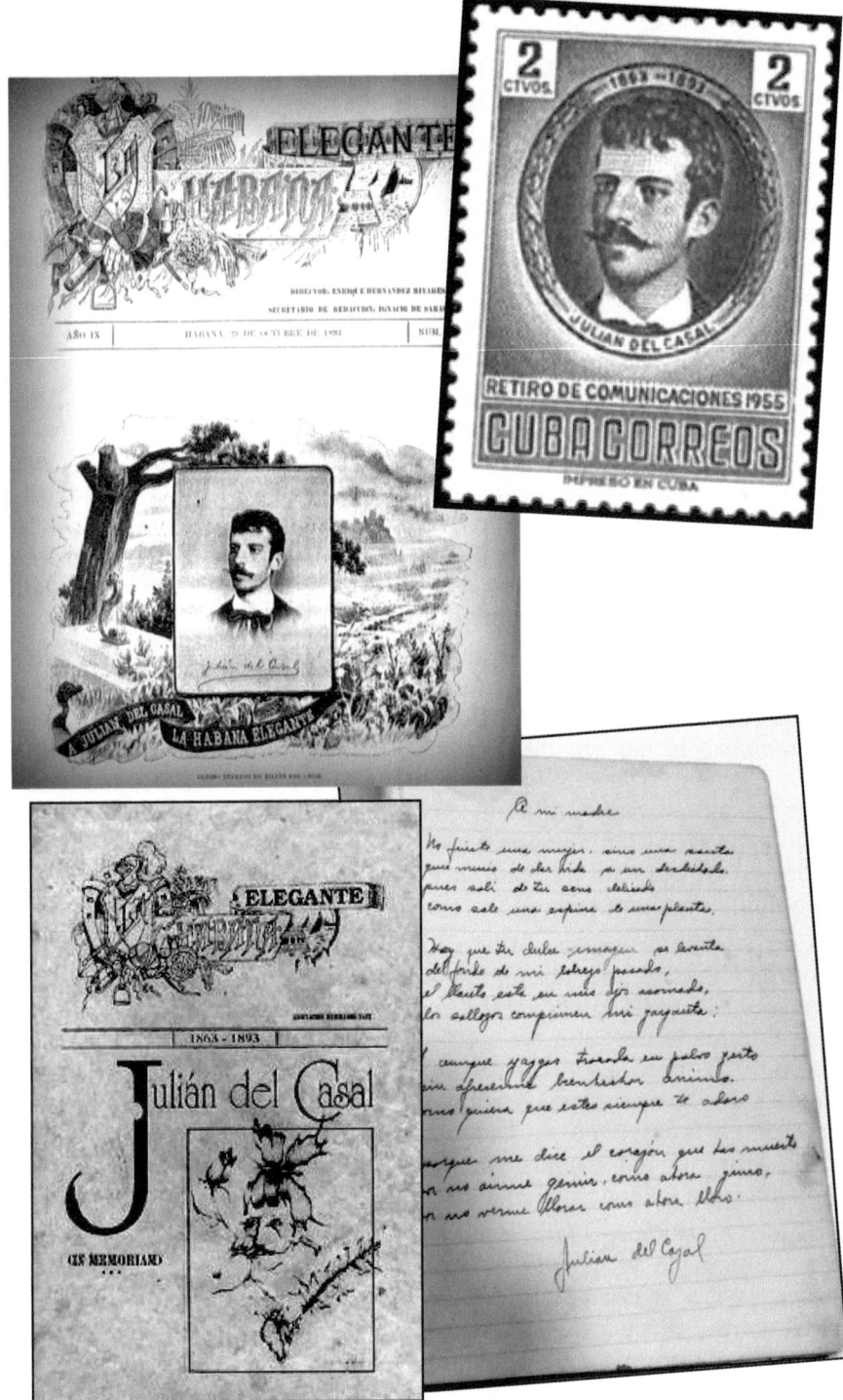

Fernando Ortiz

Fernando Ortiz Fernández (La Habana, Cuba, 1881—1969) fue un etnólogo, antropólogo, jurista, arqueólogo y periodista. Estudioso de las raíces histórico-culturales afrocubanas. Criminólogo, lingüista, musicólogo, folklorista, economista, historiador y geógrafo. Realizó notables aportes relacionados con las fuentes de la cultura Cubana.

Por su labor investigadora, así como por la amplitud y profundidad de sus temas de estudio es conocido como el **tercer descubridor de Cuba**, después de Cristóbal Colón y Alejandro de Humboldt. Investigó especialmente la presencia africana en la cultura Cubana. Con el concepto de transculturación realizó un importante aporte a la antropología cultural. Indagó y profundizó en los procesos de transculturación y formación histórica de la nacionalidad Cubana e insistió en el descubrimiento de lo cubano.

A los dos años de edad es trasladado a Menorca bajo la tutela de sus ascendientes maternos; allí cursa sus estudios primarios y secundarios, graduándose de bachiller en 1895. Ese año se traslada a La Habana donde comienza la carrera de Derecho en la **Universidad de la Habana**; tres años más tarde (1898) parte nuevamente rumbo a España, esta vez a Barcelona, donde finaliza la carrera y obtiene la licenciatura en Derecho en la **Universidad de Barcelona**. En 1901 obtiene el título de doctor en Derecho en *Madrid*. Posteriormente, durante su estancia en Italia amplió sus estudios en Criminología.

Con 20 años regresa a Cuba, de donde parte nuevamente a Europa como diplomático de Cuba ejerciendo el cargo de **Cónsul** en la Coruña, Génova y Marsella. Luego, trabaja por un breve período como Secretario de la Embajada de Cuba en París regresando posteriormente a La Habana. En 1906, pasa a ejercer como abogado fiscal de la **Audiencia de La Habana** donde ejerce por 3 años, hasta que en 1909 obtiene la plaza de Profesor en la Facultad de Derecho de la **Universidad de La Habana**, donde impartió por espacio de nueve años las asignaturas de Derecho Constitucional y Economía Política.

Figuró en el **Grupo Minorista**, de gran repercusión en la cultura y política Cubana de la década del treinta (1930-1940), y se relacionó con intelectuales y artistas de renombre, como Juan Ramón Jiménez, Federico García Lorca, Nicolás Guillén, Wifredo Lam, Alejo Carpentier, Rita Montaner, María Zambrano y Fernando de los Ríos. En la Universidad de La Habana impartió seminarios de verano que constituyeron un hito en el proceso de conocimiento de la identidad Cubana. De esos seminarios, surgieron figuras tan relevantes en los estudios etnomusicales y etnográficos como Argeliers León, María Teresa Linares e Isaac Barreal.

Entre 1931 y 1933 residió en Washington, donde llevó a cabo diversas actividades de denuncia contra el régimen dictatorial que Gerardo Machado había impuesto en Cuba. Durante este período participó en la sesión anual de la *American History Association*, y denunció los diversos factores económicos y políticos a través de los cuales dicho país había incidido negativamente en el desarrollo histórico de la mayor de las Antillas.

Fernando Ortiz se dedicó infatigablemente al descubrimiento de lo Cubano y al rescate y revalorización de la presencia africana en la cultura Cubana. Indagó y profundizó en los procesos de transculturación y formación histórica de la nacionalidad Cubana. Sus indagaciones sobre la cultura afrocubana y la tradición insular son las más importantes realizadas en ese campo, y sus ensayos sobre la presencia de África en Cuba son clásicos del género.

En 1940, en su obra fundacional, *Contrapunteo Cubano del Tabaco y el Azúcar*, introduce el concepto **transculturación**, considerado por Bronislaw Malinowski como uno de sus mayores aporte a la antropología cultural.

Recibió, en 1928, la medalla de socio de mérito de la *Sociedad Económica de Madrid*. Además, fue merecedor de los títulos Doctor Honoris Causa en Humanidades por la *Universidad de Columbia*, en Etnografía por la *Universidad de Cuzco* y en Derecho por la *Universidad de Santa Clara*.

Sobre Transculturación

Con la venia del lector, especialmente si es dado a estudios sociológicos, nos permitimos usar por primera vez el vocablo **transculturación**, a sabiendas de que es un neologismo. Y nos atrevemos a proponerlo para que en la terminología sociológica pueda sustituir, en gran parte al menos, al vocablo aculturación, cuyo uso se está extendiendo actualmente.

Por aculturación se quiere significar el proceso de tránsito de una cultura a otra y sus repercusiones sociales de todo género. Pero transculturación es vocablo más apropiado.

Hemos escogido el vocablo transculturación para expresar los variadísimos fenómenos que se originan en Cuba por las complejísimas transmutaciones de culturas que aquí se verifican, sin conocer las cuales es imposible entender la evolución del pueblo cubano, así en lo económico como en lo institucional, jurídico, ético, religioso, artístico, lingüístico, psicológico, sexual y en los demás aspectos de su vida.

La verdadera historia de Cuba es la historia de sus intrincadísimas transculturaciones. Primero la transculturación del indio paleolítico al neolítico y la desaparición de éste por no acomodarse al impacto de la nueva cultura castellana.

Después, la transculturación de una corriente incesante de inmigrantes blancos. Españoles, pero de distintas culturas y ya ellos mismos desgarrados, como entonces se decía, de las sociedades ibéricas peninsulares y trasplantados a un Nuevo Mundo, que para ellos fue todo nuevo de naturaleza y de humanidad, donde tenían a su vez que reajustarse a un nuevo sincretismo de culturas. Al mismo tiempo, la transculturación de una continua chorrera humana de negros africanos, de razas y culturas diversas, procedentes de todas las comarcas costeñas de África, desde el Senegal, por Guinea, Congo y Angola, en el Atlántico, hasta las de Mozambique en la contracosta oriental de aquel continente. Todos ellos arrancados de sus núcleos sociales originarios y con sus culturas destrozadas, oprimidas bajo el peso de las culturas aquí imperantes, como las cañas de azúcar son molidas entre las mazas de los trapiches. Y todavía más culturas inmigratorias, en oleadas esporádicas o en manaderos continuos, siempre fluyentes e influyentes y de las más varias oriundeces: indios continentales, judíos, lusitanos, anglosajones, franceses, norteamericanos y hasta amarillos mongoloides de Macao, Cantón y otras regiones del que fue Imperio Celeste. Y cada inmigrante como un desarraigado de su tierra nativa en doble trance de desajuste y de reajuste, de desculturación o exculturación y de aculturación o inculturación, y al fin de síntesis, de transculturación.

En todos los pueblos la evolución histórica significa siempre un tránsito vital de culturas a ritmo más o menos reposado o veloz; pero en Cuba han sido tantas y tan diversas en posiciones de espacio y categorías estructurales las culturas que han influido en la formación de su pueblo, que ese inmenso amestizamiento de razas y culturas sobrepuja en trascendencia a todo otro fenómeno histórico. Los mismos fenómenos económicos, los más básicos de la vida social, en Cuba se confunden casi siempre con las expresiones de las diversas culturas. En Cuba decir siboney, taino, español, judío, inglés, francés, angloamericano, negro, yucateco, chino y criollo, no significa indicar solamente los diversos elementos formativos de la nación cubana, expresados por sus sendos apelativos gentilicios. Cada uno de éstos viene a ser también la sintética e histórica denominación de una economía y de una cultura de las varias que en Cuba se han manifestado sucesiva y hasta coetáneamente, produciéndose a veces los más terribles impactos. Recordemos aquél de la "destrucción de las Indias", que reseñó Bartolomé de las Casas.

Toda la escala cultural que Europa experimentó en más de cuatro milenios, en Cuba se pasó en menos de cuatro siglos. Lo que allí fue subida por rampa y escalones, aquí ha sido progreso a saltos y sobresaltos. Primero fue la cultura de los siboneyes y guanajabibes, la cultura paleolítica. Nuestra edad de piedra. Mejor, nuestra edad de piedra y palo; de piedras y maderas rústicas sin bruñir, y de conchas y espinas de peces, que eran como piedras y púas del mar.

Después, la cultura de los indios tainos, que eran neolíticos. Edad de la piedra con pulimento y de madera labrada. Ya con los tainos llegan la agricultura, la sedentariedad, la abundancia, el cacique y el sacerdote. Y llegan por conquista e imponen la transculturación. Los siboneyes pasan a siervos naborías o huyen a las serranías y selvas, a los cibaos y coanaos. Luego, un huracán de cultura; es Europa. Llegaron juntos y en tropel el hierro, la pólvora, el caballo, el toro, la rueda, la vela, la brújula, la moneda, el salario, la letra, la imprenta, el libro, el señor, el rey, la iglesia, el banquero. . . Y un vértigo revolucionario sacudió a los pueblos indios de Cuba, arrancando de cuajo sus instituciones y destrozando sus vidas. Se saltó en un instante de las soñolientas edades de piedra a la edad muy despertada del Renacimiento. En un día se pasaron en Cuba varias edades; se diría que miles de "años-culturas" si fuere admisible una tal métrica para la cronología de los pueblos. Si estas Indias de América fueron Nuevo Mundo para los pueblos europeos, Europa fue Mundo Novísimo para los pueblos americanos. Fueron dos mundos que recíprocamente se descubrieron y entrechocaron. El contacto de las dos culturas fue terrible. Una de ellas pereció, casi totalmente, como fulminada. Transculturación fracasada para los indígenas y radical y cruel para los advenedizos. La india sedimentación humana de la sociedad fue destruida en Cuba y hubo que traer y transmigrar toda su nueva población, así la clase de los nuevos dominadores como la de los nuevos dominados. Curioso fenómeno social éste de Cuba, el de haber sido desde el siglo XVI igualmente invasoras, con la fuerza o a la fuerza, todas sus gentes y culturas, todas exógenas y todas desgarradas, con el trauma del desarraigo original y de su ruda trasplantación, a una cultura nueva en creación.

Con los blancos llegó la cultura de Castilla y envueltos en ella vinieron andaluces, portugueses, gallegos, vascos y catalanes. Pudiera decirse que la representación de la cultura ibérica, la blanca subpirenaica. Y también desde las primeras oleadas inmigratorias arribaron genoveses, florentinos, judíos, levantinos y berberiscos, es decir, la cultura mediterránea, mixtura milenaria de pueblos y pigmentos, desde los normandos rubios a los subsaharianos negros. Mientras unos blancos trajeron la economía feudal, como conquistadores en busca de saqueo y de pueblos que sojuzgar y hacer pecheros, otros, blancos también, venían movidos por la economía del capitalismo mercantil y aun del industrial que ya alboreaba. En varias economías que llegaban, entre sí resueltas y en transición, a sobreponerse a otras economías también varias y mezcladas, pero primitivas y de imposible adaptación a los blancos de aquel ocaso de la Edad Media. El mero paso del mar ya les cambiaba su espíritu; salían rotos y perdidos y llegaban señores; de dominados en su tierra pasaban a dominadores en la ajena. Y todos ellos, guerreros, frailes, mercaderes y villanos, vinieron en trance de aventura, desgajados de una sociedad vieja para reinsertarse en otra, nueva de climas, de gentes, de alimentos, de costumbres y de azares distintos; todos con las ambiciones tensas o disparadas hacia la riqueza, el poderío y el retorno allende al declinar de su vida; es decir, siempre en empresa de audacia pronta y transitoria, en línea parabólica con principio y fin en tierra extraña y sólo un pasar para el medro en este país de Indias.

No hubo factores humanos más trascendentes para la cubanidad que esas continuas, radicales y contrastantes transmigraciones geográficas, económicas y sociales de los pobladores, que esa perenne transitoriedad de los propósitos y que esa vida siempre en desarraigo de la tierra habitada, siempre en desajuste con la sociedad sustentadora. Hombres, economías, culturas y anhelos todo aquí se sintió foráneo, provisional, cambiadizo, "aves de paso" sobre el país, a su costa, a su contra y a su malgrado. Con los blancos llegaron los negros, primero de España, entonces cundida de esclavos guineos y Congos, y luego directamente de toda la Nigricia. Con ellos trajeron sus diversas culturas, unas selváticas como la de los siboneyes, otras de avanzada barbarie como la de los tainos, y algunos de más complejidad económica y social, como los mandingas, yolofes, hausas, dahomeyanos y yorubas, ya con agricultura, esclavos, moneda, mercados, comercio forastero y gobiernos centralizados y efectivos sobre territorios y poblaciones tan grandes como Cuba; culturas intermedias entre las tainas y las aztecas; ya con metales, pero aún sin escritura.

Los negros trajeron con sus cuerpos sus espíritus, pero no sus instituciones, ni su instrumentario. Vinieron negros con multitud de procedencias, razas, lenguajes, culturas, clases, sexo y edades, confundidos en los barcos y barracones de la trata y socialmente igualados en un mismo régimen de esclavitud. Llegaron arrancados, heridos y trozados como las cañas en el ingenio y como éstas, fueron molidos y estrujados para sacarles su jugo de trabajo. No hubo otro elemento humano en más profunda y continua transmigración de ambientes, de culturas, de clases y de conciencias. Se traspasaron de una cultura a otra más potente, como los indios; pero éstos sufrieron en su tierra nativa, creyendo que al morir pasaban al lado invisible de su propio mundo cubano, y los negros, con suerte más cruel, cruzaron el mar en agonía y creyendo que aún después de muertos tenían que repasarlo para revivir allá en África con sus padres perdidos. Fueron los negros arrancados de otro continente como los blancos; pero aquéllos fueron traídos sin voluntad ni ambición, forzados a dejar sus antecedentes costumbres tribales para aquí desesperarse en la esclavitud, mientras el blanco, que de su tierra salía desesperado, llegaba a las Indias en orgasmo de esperanzas, trocado en amo ordenador. Y si indios y castellanos en sus agobios tuvieron amparo y consuelo de sus familias, sus prójimos, sus caudillos y sus templos, los negros nada de eso pudieron hallar. Más desgarrados que todos, fueron aglomerados como bestias en jaula, siempre en rabia impotente, siempre en ansia de fuga, de emancipación, de mudanza y siempre en trance defensivo de inhibición, de disimulo y de aculturación a un mundo nuevo. En tales condiciones de desgarre y amputación social, desde continentes ultra oceánicos, año tras año y siglo tras siglo, miles y miles de seres humanos fueron traídos a Cuba. En mayor o menor grado de disociación estuvieron en Cuba así los negros como los blancos. Todos convivientes, arriba o abajo, en un mismo ambiente de terror y de fuerza; terror del oprimido por el castigo, terror del opresor por la revancha; todos fuera de justicia, fuera de ajuste, fuera de sí. Y todos en trance doloroso de transculturación a un nuevo ambiente cultural.

Después de los negros fueron llegando judíos, franceses, anglosajones, chinos y gentes de todos los rumbos; todas ellas a un nuevo mundo, y todas de paso, a un proceso de trasplantación y reforma más o menos hirviente.

Entendemos que el vocablo transculturación expresa mejor las diferentes fases del proceso transitivo de una cultura a otra, porque éste no consiste solamente en adquirir una distinta cultura, que es lo que en rigor indica la voz anglo-americana acculturation, sino que el proceso implica también necesariamente la pérdida o desarraigo de una cultura precedente, lo que pudiera decirse una parcial desculturación, y, además, significa la consiguiente creación de nuevos fenómenos culturales que pudieran denominarse de neoculturación. Al fin, como bien sostiene la escuela de Malinowski, en todo abrazo de culturas sucede lo que en la cópula genética de los individuos: la criatura siempre tiene algo de ambos progenitores, pero también siempre es distinta de cada uno de los dos. En conjunto, el proceso es una transculturación, y este vocablo comprende todas las fases de su parábola.

Estas cuestiones de nomenclatura sociológica no son baladíes para la mejor inteligencia de los fenómenos sociales, y menos en Cuba donde, como en pueblo alguno de América, su historia es una intensísima, complejísima e incesante transculturación de varias masas humanas, todas ellas en pasos de transición. El concepto de la transculturación es cardinal y elementalmente indispensable para comprender la historia de Cuba y, por análogas razones, la de toda América en general. Pero no es ésta la ocasión oportuna para extendernos en ese tema.

Sometido el propuesto neologismo, transculturación, a la autoridad irrecusable de Bronislaw Malinowski, el gran maestro contemporáneo de etnografía y sociología, ha merecido su inmediata aprobación. Con tan eminente padrino, no vacilamos en lanzar el neologismo susodicho.

Agustín Acosta Bello

Agustín Acosta Bello nació en la ciudad de Matanzas el 12 de Noviembre de 1886. Estudió leyes, graduándose con el título de **Doctor en Leyes.** Ejerció la profesión en su ciudad natal mientras que alcanzó también una vida política de triunfos después de haber sufrido cárcel por su oposición al gobierno del presidente Gerardo Machado. Siempre se expresó y actuó de acuerdo a sus convicciones políticas y morales. A la caída del machadato pasó a ocupar la Gobernación provisional de la provincia de Matanzas (1933-1934) y ejerció la **Secretaría de la Presidencia** durante el gobierno del presidente Carlos Mendieta. También fue elegido **Senador de la República**, y sirvió como tal de 1936 al 1944. Fue presidente del *Partido Unión Nacionalista*.

A partir de 1938 fue miembro de la *Academia Nacional de Artes y Letras de Cuba,* de la prestigiosa *Academia Cubana de la Lengua* y fue nombrado **Poeta Nacional** por el Congreso Cubano en 1955. Colaboró en varias publicaciones nacionales de reconocida importancia, tales como *Letras*, *El Fígaro*, *El Cubano Libre*, *Orto*, *Social*, Carteles, Diario de la Marina, *Las Antillas*, *Ariel*, *Archipiélago* y otros periódicos y revistas importantes.

En la obra de Acosta se incluyen algunos de los primeros poemas líricos libres del pesimismo que dominó en la poesía Cubana el principio de la República. Junto con **Regino Boti** y **José Manuel Poveda** es uno de los representantes del renacimiento lírico que tuvo lugar en las provincias antes de la década del 1920. Su estilo se destaca por la sencillez de los **postmodernistas** con acentos, en ciertos poemas bien definidos, del modernismo y **romanticismo**. Fue precursor de la poesía social en Cuba. En muchas de sus poesía supo expresar su amor a la tierra cubana. Algunos de sus poemas han sido traducidos al francés.

En 1972 abandonó exiliado la Isla con su esposa para estar en Miami junto a su hija. Murió en la ciudad de Miami, Florida el 12 de Marzo de 1979.

Sobre la poesía de Agustín Acosta

Los lectores asiduos de poesía, cuando consideran a el **Poeta Nacional de Cuba**, Agustín Acosta y Bello, no vacilan en decir que... *«... su mayor acierto es el haber sentido ese turbador aroma que impregna los campos durante la molienda, la polarización sensual del drama de la isla...»*

En cañaverales y cafetales negros esclavos, mayorales, campesinos, ferroviarios, maquinistas, yanquis... lidian contiendas a ritmo de versos. Entre un abanico floral y una fauna, donde predominan aves y bueyes, el amor encuentra lugar en los cantos. La fe cristiana también halla su sitio en la lírica de Agustín Acosta. Como Poeta Nacional de Cuba le precedieron el parnasiano **José María Heredia** (1803-1839) y el modernista **Julián del Casal** (1863-1893).

Los poemas de Agustín Acosta, autor encuadrado dentro de la estética **posmodernista**, se inspiran en su tierra, el sabor de lo Cubano es la característica común que uno encuentra en ellos. La tierra de Acosta ofreció a su versos estilos diversos.

La obra de nuestro tercer **Poeta Nacional**, según los estudiosos y los creadores de la poesía, se divide en **poemas de atmósfera** (modernistas), **poemas religiosos**, **poemas** patrióticos y sociales y **poemas intimistas** (sentimentales).

Agustín Acosta se reconoció deudor de la obra de **Rubén Darío**. Pero todos creen que, a diferencia de Darío que idealizó la belleza de tiempos lejanos y se dejó llevar por la polifonía de las palabras —*«la música por delante de todo»* decía el prodigioso **Paul Verlaine**—, en la poesía de Acosta encontramos supeditada la forma y el cultismo al **alma**.

Esa avecilla propicia que vuela recurrentemente por sus versos, esas flores que engalanan y dan fragancia a las páginas, llevan la simiente del espíritu ávido y mirón de su creador (Acosta fue un observador sensible de su entorno). Sus lectores, encuentran en lo que leen numerosas y sutiles señales. **Agustín Acosta** otorgó a su poesía lo que **Rubén Darío** le escatimó a la suya: manteniendo la esencia refinada y culta, cualidad de los autores modernistas, el poeta Cubano se relajó, soltó la mano y, menos severo que su inspirador, dejó que sus versos *conversasen* con espontaneidad.

Agustín Acosta con su poemario *Ala*, **Regino Boti** (1878-1958) con su libro *Arabescos Mentales* y **José Manuel Poveda**

(1888-1926) con su volumen **Versos Precursores** encendieron la antorcha de la poesía Cubana de principios del siglo XX. Se afirma que el género poético se había vuelto *enclenque* desde que el Modernismo agonizó en la isla. Son **Acosta**, **Boti** y **Poveda** los que encabezaron la primera generación de poetas de la República de Cuba.

La fuerza y la belleza del *verso*, no sometido a los dictados del *parnasianismo*, el verbo Cubano y la esencia *humanista* de la poesía de Agustín Acosta y Bello, convirtieron su obra en punto de mira de los poetas que, por los años cincuenta del siglo pasado, transformaron la poesía Cubana con su decir *conversacional*.

De **Agustín Acosta** se publicaron los siguientes títulos: *Ala* (1915), *Hermanita* (1923), *La zafra* (1926), *Los camellos distantes* (1936), *Últimos instantes* (1941), *Las islas desoladas* (1943), *Poesías escogidas* (1950), *Poema del Centenario* (1953), *Agustín Acosta: sus mejores poesías* (1955), *Jesús* (1957) y *Caminos de hierro* (1963). Pero es *Las Carretas en la Noche* su *bestseller*. Es, sin duda alguna, «**el primer gran poema político de la primera etapa de la República**.»

Al Hablar de poesía Cubana, no puede dejarse de mencionar *La Cleptómana* y *La Camisa*, dos poemas populares de Agustín Acosta. Al mencionarlo a él, se muestra, una vez más, lo mucho que la isla de Cuba tiene de talento.

Breve poemario de Agustín Acosta

ALA

¡Ala! Maravilla de nobles intentos,
de ensueño y de gloria, de paz y de altura...
El ala no teme la cruz de los vientos,
el ala nos abre la senda futura.

El cielo, que admira la gloria del ala,
la adorna de estrellas, la nimba de nubes,
de azul luminoso le ofrece una escala
que tejen, gozosos, los blancos querubes.

El ala es un magno, divino atributo
que de la miseria del mundo sustrae

a los que del árbol arrancan el fruto
y no a los que esperan el fruto que cae...

¡Árbol de la vida! ¡Fruto de esperanza!
Hay que cosecharte verde todavía...
Tú darás la eterna bienaventuranza
cuando te madures a la luz del día.

Ala de los ángeles: —¡oh nítidas plumas!
Para regalarte nevados airones
el mar dio un tesoro de blancas espumas
y el cielo un reflejo de constelaciones.

Ala milagrosa que a las golondrinas
dióles las virtudes del vuelo sereno
cuando coronado de rudas espinas
moría el divino Jesús Nazareno;

Ala de los cóndores, ala de las aves
de la poesía: de los ruiseñores;
ala de los búhos nocturnos y graves
que huyen en el alba de los resplandores;

Ala de murciélagos y de mariposas
que aman el silencio de los escondrijos
y revolotean entre las piadosas
luces religiosas de los crucifijos;

Y que temerosos de vuelos icarios
rozan, alejadas de las chimeneas,
las solemnidades de los campanarios
y los desamparos de las azoteas;

Ala de los torvos vampiros andaluces
que en las soledades de noches obscuras,

como una bandada de cuervos voraces,
violan el misterio de las sepulturas;

Ala de las águilas, del cielo señoras,
que de las entrañas de Febo fecundo
valerosamente roban las auroras
que alegran las hoscas tinieblas del mundo;

Alas de las brujas que un falso nepente
llevan al secreto de cándida alcoba
y van cabalgando, fantásticamente,
en el irrisorio volar de una escoba;

Ala de Pegaso que escala las cumbres;

ala con que triunfa del mal, Clavileño;
ala que del seno de las podredumbres
huye a los remotos parques del ensueño...
Todas sois un símbolo que el alma comprende,
todas sois un vértigo de extraña locura
en la que, alumbrando la senda, se enciende
la maravillosa lámpara futura...

Todas sois la norma, la pauta, los sones,
el dulce Mesías, el ansia secreta;
vais dando una savia de resoluciones
a la temeraria ala del poeta...

¡Ala del poeta! Oh barca que lleva
por empavesadas, guirnaldas de flores
y busca una lírica América nueva
en las borrascosas mares interiores...

Ala que el impulso del vuelo conduce
a un desconocido país de fantasía
donde al visitante poeta seduce
sentada en su trono, la Melancolía...

Ala que conoce todos los senderos
en sus convergencias hacia lo infinito;
ala que olvidando rumbos verdaderos
llega a los dorados pórticos del Mito...

Ala submarina que sueña y descubre
en los mares muertos la perla divina,
que de rosas frescas se adorna en octubre
y hace del pantano agua cristalina...

Ala que al Ensueño tenaz aprisiona,
ala que a las furias del ábrego reta,
cuando va tejiendo la eterna corona
para la abatida frente del poeta...

Ala que es el germen de próvido huerto
y que en una loca fantasmagoría
ama el espejismo falaz del desierto
y las inconstancias de la lejanía...

Ala que no abate su vuelo en la altura,
ala que en la altura sus vuelos exalta;
que no le intimida la peña más dura
ni le obstaculiza la cima más alta...

Ala que en el fondo de todas las cosas
fugitivamente traza su silueta
y en la huella deja regueros de rosas...
¡Ala del poeta...! ¡Ala del poeta...!

A LA BANDERA CUBANA

Gallarda, hermosa, triunfal,
tras de múltiples afrentas,
de la patria representas
¡el romántico ideal...!
Cuando agitas tu cendal
—sueño eterno de Martí—
tal emoción siento en mí,
que indago al celeste velo
si en ti se prolonga el cielo
¡o el cielo surge de ti...!

HERMANITA

Abandonada a su dolor, un día
en que la sombra la envolvió en su velo,
me dijo el corazón que ella vendría
en el milagro espiritual de un vuelo.

Abrí los pabellones solitarios;
iluminé los vastos corredores;
quemé la mirra de los incensarios
y el frío mármol alfombré de flores...

Llegó cansada de volar... Yo dije:
—Alma, mujer inspiradora: rige
mi vida entera para siempre. Arde

como la mirra el corazón que inmolo...
Amor no llega demasiado tarde
¡a quien se siente demasiado solo...!

Ella puso un dolor en su mirada,
y yo sentí que mi tristeza era
una blanca bandera desplegada
diciendo adiós a la ilusión postrera.

Abandonada a su dolor, sabía,

cuando la noche la envolvió en su velo,
que en mi antigua tristeza encontraría
un remanso de paz y de consuelo.

Un poema de amor dejé en su oído:
tal vez el ave no encontró su nido
y se perdió en el viento su querella...

El alma estaba ansiosa, reclinada
al borde de sus ojos... pero ella...
¡ella puso un dolor en su mirada...!

Soles te nimben, plácida Hermanita;
tejan mis lirios a tus pies su alfombra,
que tú eres la blanca y la exquisita
hada en viaje de luz por la alta sombra.

Rosas te ofrenden todos, Hermanita,
y que tus ojos donde el bien asombra,
rieguen la luz de tu alma infinita
en toda alma que muera en la sombra.

Coge estrellas con tu mano de estrella,
y riega el mundo de tu luz. Asume
la divina actitud, la noble y bella

actitud de tu alma conmovida,
e inúndame de luz y de perfume,
¡astro y flor en mi vida!

Ebrio de soledad, a la ventura
lancé mi soñadora carabela
en busca de tu angélica ternura,
aliada de mi última novela.

Puerto donde abrigarse hubo el errante,
misericordia el cancionero amigo,
eché todos mis sueños por delante
y se pusieron a jugar contigo.

Callar es el secreto de quien sabe
decirlo todo; de quien triste y grave
aspira al manantial y ama la cumbre.

Perdón por todo cuanto fue nublado:
sé tú el lucero místico que alumbre
mi viejo corazón arrodillado.

MI CAMISA

Esta camisa blanca que mi madre ha zurcido,
tan llena del aroma íntimo de mi casa,
tiene una santidad cuyo oculto sentido
¡ni envejece ni pasa...!

Yo podré ser mañana un hombre potentado,
sin soberbias ridículas y sin turbios sonrojos.
A estos días de ahora llamaré mi pasado,
y una lágrima triste caerá de mis ojos.

¡Mi pasado! ¡Oh qué dulce me será todo esto!
En el viejo horizonte ya mi sol se habrá puesto,
y yo despreciaré honores y fortuna...

Acaso esté de sedas riquísimas vestido;
más como esta camisa que mi madre ha zurcido,
¡no me pondré ninguna...!

LAS CARRETAS EN LA NOCHE

Mientras lentamente los bueyes caminan,
las viejas carretas rechinan... rechinan...

Lentas van formando largas teorías
por las guardarrayas y las serventías...

Vadean arroyos, cruzan las montañas
llevando el futuro de Cuba en las cañas...

Van hacia el coloso de hierro cercano:
van hacia el ingenio norteamericano...

Y como quejándose cuando a él se avecinan,
las viejas carretas rechinan... rechinan...

Espectral cortejo de incierta fortuna,
bajo el resplandor de caña de la luna...!

Dando tropezones, a obscuras, avanza
el fantasmagórico convoy de esperanza.

La yunta guiadora de la cuerda tira,
mientras el guajiro canta su guajira...

Ovillo de amores que se desarrolla
en la melancólica décima criolla:

*"Hoy no saliste al portal
cuando a caballo pasé:
guajira: no sé por qué
te estás portando muy mal..."*

Y al son de estos versos rechinan inquietas
con su dulce carga las viejas carretas...

*"En el verde platanal
hoy vi una sombra correr:
mucho tendrá que temer
quien te me quiera robar,
que ya yo tengo un altar
para hacerte mi mujer".*

En bruscos vaivenes se agachan, se empinan...
las viejas carretas rechinan... rechinan...

Las ruedas enormes, pesadas, se atascan...
Los bueyes se lamen los morros y mascan...

Jura el carretero, maldice, blasfema,
y cada palabra es un anatema...

Detiénese el tardo cortejo a ayudar
a quien paso libre tiene que dejar.

Aquí de las piedras que calcen las ruedas,
los troncos robados a las arboledas...

El esfuerzo inútil y la imprecación...
La frase soez y la maldición...

Oh guajiro... y mientras a gritos maldices,
los bueyes se lamen las anchas narices...!

Al fin sobre firme terreno ha rodado
el carro de caña de azúcar cargado.

Y de otra carreta sale una canción
que exorciza el eco de la maldición:

*"Yo nunca podré aspirar
a darte un beso de amor:
tú conoces mi dolor
y no lo quieres calmar".*

Y al son de estos versos rechinan inquietas
las tardas, las viejas carretas...

*"Te vas al pueblo a bailar
y no te acuerdas de mí;*

*de mí que me quedo aquí,
y que como buen poeta
te dedico esta cuarteta
que he sacado para ti".*

En bruscos vaivenes se agachan, se empinan...
las viejas carretas rechinan... rechinan...

El ingenio anuncia cambio de faena
con un prolongado toque de sirena.

Y a través de sombras fantásticas brilla
como gigantesca lámpara amarilla,

soplando cautivos vapores rugientes
hacia los irónicos astros esplendentes.

Por las guardarrayas y las serventías
forman las carretas largas teorías...

Vadean arroyos... cruzan las montañas
llevando la suerte de Cuba en las cañas...

Van hacia el coloso de hierro cercano:
van hacia el ingenio norteamericano,

y como quejándose cuando a él se avecinan,
cargadas, pesadas, repletas,
¡con cuántas cubanas razones rechinan
las viejas carretas...!

CLEPTTOMANA

Era una cleptómana de bellas fruslerías;
robaba por un goce de estética emoción...
Linda facinerosa de cuyas fechorías
jamás supo el severo juzgado de instrucción...
La sorprendí una tarde, en un comercio antiguo,
hurtando un caprichoso frasquito de cristal
que tuvo esencias raras... En su mirar ambiguo
relampagueó un oculto destello de ideal...
Se hizo mi camarada para cosas secretas
—cosas que sólo saben mujeres y poetas—;
pero llegó a tal punto su indómita afición,
que perturbó la calma de mis serenos días...
Era una cleptómana de bellas fruslerías,
¡y, sin embargo, quiso robarme el corazón...!

LA ZAFRA
(Fragmento)

Huele a caña de azúcar. Sobre el verde
oleaje de los cañaverales
hay un temblor de sol, un rizamiento,
una vibración impalpable
que tuesta el estuche pajizo
de los erectos frutos.
El almagre
de la tierra, reseco por la falta
de lluvia, muestra huellas imborrables
de ruedas de carretas, de pesuñas bovinas,
que son pozos de sangre...
El aire quema. Apenas se produce
sombra en la tierra de los árboles
que refrescan las rojas guardarrayas
y frutecen en oro: naranjales;
o en púrpura dulcísima: caimitos
de corazón violeta: episcopales
universos de fragmentaria pulpa.
Hay vago olor de caña de azúcar en el aire,
y los bueyes descansan en las sabanas rubias,
con esa placidez que los substrae
de toda tentación. Sobre los bueyes,
meditativos y poligonales,
saltan totíes —cuervos con espíritu—
tan negros como el NO que a la esperanza
suele darle la vida. Los maizales
pierden sus áureos granos bajo el pico
de los alegres pájaros. El aire
es un cristal azul que transparenta
toda la gama verde de los árboles;
y sobre toda la esmeralda inmensa,
atlántica de los cañaverales,
el sol es un cristal que se acrisola,
y el viento es un cristal que va de viaje...!

El fruto espera que los fríos
el dulce jugo cuajen.
Pero si el güin en cada caña eleva
su gris penacho al aire,
como una larga pluma de guinea
que resiste del viento los embates,
—¡año de ruina...! predirá el guajiro,
desde la sombra de sus verdes árboles...

Juan J. Remos

Juan J. Remos nació en Santiago de Cuba, Cuba el 8 de Abril de 1896. En La Habana cursó la primera enseñanza y el bachillerato. Fundó *la Sociedad de Estudios Artísticos*. Se doctoró en Filosofía y Letras en la **Universidad de La Habana**. Se graduó en la **Escuela Profesional de Periodismo**. Durante la presidencia de Laredo Bru estuvo al frente de la **Secretaría de Estado** y representó a Cuba en la *Conferencia Internacional Panamericana de Lima*. Entre 1936 y 1940 ocupó los cargos de Ministro de Defensa Nacional, de Relaciones Exteriores y de Educación. Fue Delegado Permanente de Cuba ante la UNESCO. Ocupó el cargo de Embajador extraordinario y plenipotenciario para asuntos culturales. Fue Embajador de Cuba en España. Asistió como delegado a diversos encuentros internacionales, como la *Primera Conferencia del Caribe* (La Habana, 1939), el *IV Congreso del Instituto Internacional de Literatura Iberoamericana* (La Habana, 1940), el *Primer Congreso de Academias de la Lengua Española* (México, 1951). En 1959, al triunfo de la revolución abandonó el país y se trasladó a Estados Unidos, donde siguió vinculado al mundo de la cultura y las letras. Utilizó los seudónimos *Falstaff* y *El Duque de Saint-Simon*. En 1914 dirigió la **Revista Arte**. En 1917 ocupó la *Sección de Bellas Artes del Ateneo de La Habana*. Ganó por oposición, ese mismo año, la Cátedra de Gramática y Literatura Castellanas en el Instituto de Segunda Enseñanza de La Habana. Fue profesor de estética de la música en el Conservatorio Nacional, y miembro de la Academia Nacional de Artes y Letras de Cuba, de la Academia Cubana de la Lengua, individuo de número de la Academia de la Historia de Cuba y miembro correspondiente de diversas instituciones culturales extranjeras. En 1929 dirigió la **Revista Ideas**. Colaboró en la Universidad de la Habana, **Revista Cubana**, **Diario de la Marina** y en la **Revista de Indias**, del Consejo Superior de Investigaciones Científicas, de Madrid. Fue autor de la Antología Comentada de textos Españoles e Hispanoamericanos (La Habana, 1926), para uso de institutos y escuelas normales. Dirigió, con Ramiro Guerra, Emeterio S. Santovenia y José Manuel Pérez Cabrera, la Historia de la nación Cubana, en 10 volúmenes, para la que escribió ocho monografías. Falleció el 21 de Septiembre de 1969.

La Tradición Cervantina en Cuba
Discurso pronunciado por Juan J. Ramos
(Fragmentos)

Desde que llegó el Quijote a nuestro continente en los albores del siglo XVII, burlando las Leyes de Indias, que prohibían pasar de la Península a nuestras tierras *«libros de romances de historias vanas o de profanidad, como son de Amadís y otros de esta calidad, porque éste es mal ejercicio para los indios, e cosa en que no es bien que se ocupen y lean»*; desde que el máximo libro de España se filtra en nuestro inmenso solar, cuando *«algún viajero lo llevase solapadamente sobre su cuerpo o entre otras mercaderías»*, viene con él, también subrepticiamente, el legado precioso que contiene la suprema expresión de armonía y propiedad, de donaire y belleza, del más grande elemento de cultura traídos por los conquistadores en su hazaña epopéyica.

Es imposible que las creencias, los caprichos de la imaginación y mil asociaciones casuales no produjesen una grandísima discrepancia en los medios de que se valen las lenguas para manifestar lo que pasa en el alma, discrepancia que va siendo mayor y mayor a medida que se apartan de su común origen.

La literatura de Cervantes fue la que más ganó el gusto de los escritores Iberoamericanos entre cuantos autores clásicos Españoles circularon en nuestros países; no dudo que contribuyó a ello el ser el **Quijote** la más difundida de las obras Españolas, pero no cabe duda de que una mayor proporción corresponde a aquellas dotes de pulcritud y sugestiva elegancia en el giro que tanto caracterizan las páginas inmortales de la incomparable sátira caballeresca, así como su calor humano.

El culto por Cervantes tiene presencia en Cuba desde que asoma tímidamente lo que podemos reputar como genuina literatura nuestra; es decir, aquella que comienza a manifestarse bordeando los temas de la vida Cubana. Desde el *Papel Periódico* late esa predilección por el tema Cervantino: un colaborador anónimo de nuestra primera publicación periodística con sabor literario, que no ha sido identificado, elogia los valores de Cervantes y de el Quijote en los números correspondientes al 14 y al 16 de Junio de 1790. A lo largo de nuestra historia literaria se recogen multitud de trabajos, en especial ediciones hechas con motivo de celebrarse el Tercer Centenario de la aparición de la célebre novela, y las citas son numerosas. Sea como ejemplo la obra en verso de **Eugenio Arriaza**, *Don Quijote de la Mancha en Octavas*, que fue publicada en 1849, aunque hay que reconocer que los versos del entusiasta Habanero son tan pedestres y el propósito en sí de tan mal gusto, que truecan en irreverencia lo que debió haber nacido casto por amor de la veneración.

La preocupación por Cervantes y su obra, reflejada en la laboriosidad de destacados escritores Cubanos, que son los que al cabo vienen a encarnar la más ejemplarizante actividad en lo que toca al cultivo y atención del granero filológico y literario, entraña la postura más autorizada del espíritu Cubano ante uno de los más importantes e insinuantes problemas que atañen a la cultura.

Por el año 1861, un sacerdote Bayamés, **Tristán de Jesús Medina**, novelista, poeta y periodista, pero cuya más relevante personalidad se registra en la cátedra sagrada, hallándose a la sazón en Madrid fue objeto de señalada distinción por parte de la *Real Academia Española*, la que le encomendó, siguiendo una tradición, la oración anual que el 23 de Abril de aquel año debía pronunciarse en las honras que en memoria del Cervantes. Gozaba **Medina** de gran crédito como orador, y don **Marcelino Menéndez y Pelayo**, al aludirlo, lo califica de *«famoso predicador, de estilo florido, sentimental, vaporoso, adamado»*. De esta oración sobre Cervantes se hizo lenguas con cálido elogio la prensa Madrileña de la época, y, entre nosotros, recogió el eco de tan resonante pieza *La Revista Habanera*, que dirigía **Juan Clemente Zenea**. Mucho debe de haber impresionado este discurso de **Medina**, pues no sólo los periódicos de Madrid *El Contemporáneo* y *Las Novedades* se produjeron en forma sumamente laudatoria, sino que, al calor del entusiasmo que despertó, se contempló la idea de llevar a **Medina** a un sillón de la *Academia*, la primera manifestación de calidad en la tradición Cervantina de Cuba.

Otro sacerdote contemporáneo de **Medina**, de **Ricardo Arteaga**, de **Manuel de Jesús Dobal** y de **Manuel Domingo Santos**, que como éstos unió al ideal religioso el ideal patriótico, nos ofrece el segundo apreciable testimonio de nuestro culto Cervantino. Me refiero al presbítero **Emilio de los Santos Fuentes y Betancourt**, Camagüeyano, doctor en Filosofía y Letras de la *Universidad Central de Madrid* y de la *San Marcos*, de Lima, en la que hizo su tesis sobre la aparición y desarrollo de la poesía en Cuba.

En su libro *Frutos Primaverales*, editado en La Habana (1875), insertó su *Lectura sobre Cervantes*, la cual fue hecha ante la *Sociedad Científico-Literaria de Filosofía y Letras y de Derecho*. Se propuso determinar en su meditación la significación estética que en la historia filosófica del arte tiene **Miguel de Cervantes**; y afirma que éste logra en el Quijote la armonización más cumplida de la idealidad con la realidad en el desarrollo de la vida humana.

A mediados del siglo XIX, ya estaba en boga la opinión de que Cervantes había sido el introductor en su obra del «*elemento humano*», porque fue el primero que dotó a los personajes con los caracteres propios de la esencia del hombre en todo lo que la naturaleza humana tiene de estable y permanente.

En 1883 se produce la primera entre las que podemos considerar las grandes piezas Cubanas sobre el genio Cervántico: es la conferencia que pronuncia en el *Nuevo Liceo de La Habana*, **Enrique José Varona**, y que se incluye en el volumen *Seis Conferencias* (Barcelona, 1887), que comentó Martí en *El Economista Americano* y que considera «*un estudio intachable*». **Varona** sigue en su disertación sobre Cervantes el guión biográfico del escritor, glosando episodios y deduciendo afirmaciones sobre el carácter y la trascendencia del héroe literario.

Es el milagro de dos claridades proverbiales: la claridad con que **Varona** miraba el fenómeno y la claridad con que su estilo proyectaba la imagen observada. No se ha dado en Cuba (acaso en **Piñeyro**) diafanidad más pulcra; pero con la ventaja sobre el autor de *El Romanticismo en España* de empapar el estilo en una emoción comunicativa excepcional que emana de la misma pureza, de la limpidez, de la sobriedad y de esa virtud traslúcida de su lenguaje, en que la economía en el giro y la riqueza en el léxico hacen el prodigio de su prosa genérica.

Varona, que siguió en el hondón de su espíritu la medula del tema, hace bueno en sí mismo su propio aserto: «*Ninguna religión ha unido más durablemente a los humanos que el fervoroso amor, el culto, pudiéramos decir, de los grandes hombres*».

Salta lógicamente el paralelo entre las dos grandezas que pesan en aquel instante en los destinos de España; una consciente y otra insensiblemente; el paralelo entre el escritor y **Felipe II**, sendos símbolos de las dos fuerzas más vigorosas que impulsaban el ritmo español. Cervantes, que había penetrado el estado social de su patria, *«levantó con mano firme, como dice* **Varona**, *el manto espléndido de que se revestía aquella brillante sociedad, y pudo contemplar las deformidades que ocultaba»*. Allí estaba aquella *«voluntad despótica, que había querido sustituir a todas las voluntades y convertir la nación en una máquina enorme e inerte, sometida a un solo impulso»*.

El conferenciante, fue perfilando todos los factos que precipitan el determinismo absolutista del monarca que *«había abatido a la grandeza sin levantar por eso al pueblo»*; y en la meticulosa disección van surgiendo: el **alto clero**, que se agitaba al ver crecer en la sombra un poder que le disputaba el predominio de las armas espirituales; la **magistratura**, envuelta en la corrupción y venalidad; el **municipio**, perdido en la enemiga y rivalidad intestina de cada pueblo; las **costumbres, licenciosas**; la **mujer, tiranizada**, desquitándose con su liviandad y deshonor; la **religión**, arrinconada en el ritualismo y temblorosa ante el Santo Oficio; la **gran masa popular**, por sus preocupaciones de jerarquía, pobreza, ociosidad, mezcla de razas, en incesante fermentación.

Hidalgos, Cristianos, viejos Judaizantes, Moriscos y Gitanos, ya separados, ya confundidos, iban dejando en el fondo de aquella sociedad un sedimento en estado de corrupción, de donde se levantaban miasmas deletéreos que todo lo emponzoñaban.

Frente a ese espectáculo, Cervantes reaccionó y, sin poder contener los impulsos de su corazón de patriota, escribió, pero no como hasta entonces lo había hecho. El fenómeno que se opera y justifica la magnitud de su obra lo explica así **Varona** en este cotejo tan perspicaz y sugerente:

Cuando las últimas páginas de su conferencia, **Varona** enfoca *El Quijote*, observa en un concepto precioso que sería imposible pedir más al arte de la perspectiva, por su colorido y relieve; y que a esto se suma un arte tal de reproducción, que oímos discutir y pensar y nos parece ver cómo se apasionaban los hombres de aquella edad remota. La conferencia, pues, entraña una finalidad primordial: destacar a Cervantes como un hombre que conoce a su pueblo y lo pinta; como un hombre que es de su época y la estudia, hoy como entonces, en Inglés, en Ruso, y en Castellano, *«su obra inmortal es deleite y enseñanza y pasmo de los hombres todos por el mero hecho de ser hombres»*.

La elocuencia de **Varona** en la contemplación de Cervantes ha tenido la oportunidad de difundir su eficacia persuasiva: primero en el discurso con que cerró la serie de conferencias organizada por la **Universidad de La Habana** en 1905 y después el artículo publicado el mismo año en *El Fígaro* y titulado: *Cómo debe leerse el 'Quijote'.*

El primero es una oración poco extensa, pero llena de enjundia. Es en ella donde subraya que las raíces de la más gloriosa novela de nuestra habla están en las entrañas del pueblo Español, y que el *Romancero*, aun antes que la literatura *Caballeresca*, es el gran inspirador del Quijote, no sólo por los múltiples tipos que le da y que a cada paso cita Cervantes, sino porque «*es la fuente de maravillosa frescura en que ha bebido su estilo inimitable, su lengua incomparable*».

El artículo mencionado, por su parte, tocado de gracia inefable, es una sustanciosa confesión de su impenitente postura Cervantista. «*Lo soy de la antevíspera*», declara, y recuerda sus lecturas del Quijote, desde la niñez, en que experimentó la emoción que a sus años podía propiciarle lo que con razón ha sido reputada como obra para todas las edades. Cervantes dijo lo que quiso y donde quiso decirlo.

En 1884 se revela otro de los más calificados cervantistas cubanos: **José de Armas y Cárdenas (Justo de Lara).**

Dieciocho años sólo cuenta cuando publica *El Quijote de Avellaneda*, en la que reconoce y elogia los valores de la novela, aunque lamenta y condena su origen, respaldándose en **Lope de Vega**, cuya enemistad con el creador del hidalgo Manchego no se discute. Desde el primer opúsculo, **Justo de Lara** analiza todas las posibilidades del autor de la agresiva obra que, según el dicho de Cervantes, «*se engendró en Tordesillas y nació en Tarragona.*» **De Lara** descarta **Lope**, el cautivo de Argel, como autor, y confiesa la imposibilidad de precisar quién hubiera podido ser, porque esto constituye «*un enigma indescifrable*»; cree ahora que Cervantes, al escribir la auténtica segunda parte, conocía el verdadero **Avellaneda**, pero que lo ocultó, no obstante aludirlo indirectamente, por lo grave que era para un hombre pobre como él, huérfano de protección, enfrentarse con personaje tan poderoso como don **Luis Fernández de Córdoba**, Duque de Sessa.

Mucho escribió sobre Cervantes este insigne crítico Cubano, cuya pluma se ejerce en este arte de buen decir, sencillo y claro, que tanto caracteriza también (como advertimos) a **Varona**. Es otro de los prosistas nuestros que huye de lo laberíntico para expresar con transparencia fluida y con donosura su saber copioso. Los dos libros fundamentales que produjo **Justo de Lara** sobre Cervantes son ***Cervantes y el 'Quijote'*** y ***El 'Quijote' y su Época.*** El primero, en 1915, que es una ampliación de aquél, añadiéndole datos y apreciaciones que hacen definitiva su labor en este sentido. En *Cervantes y el 'Quijote'* utilizó bocetos ya publicados: uno, biográfico, en el *Diario de la Marina*, y *El 'Quijote' y su Época*, en *La lucha*. Denotan estos libros su filiación a la escuela histórico-comparada, que orientó y ejemplificó **Menéndez y Pelayo**, por quien mostró justa y creciente devoción de discípulo.

Colocado Cervantes en esa eminencia del consenso general, **Justo de Lara** narra con amena erudición la dramática existencia del más representativo de los escritores Castellanos; y el biógrafo, tan literato como historiador, crea páginas antológicas de fecunda emoción artística cuando traza felices y animados paralelos entre Cervantes y el Fénix de los Ingenios (en la primera parte) y entre aquél y Velázquez (en la segunda).

Los individuos de su estampa [se refiere a **Lope**, tras de exaltar sus valores literarios y sus ventajas materiales], cuando los acompañan la diligencia y el don de gentes, tan inapreciables para los que aman la sociedad y el mundo, prosperan siempre. No es de extrañar, por tanto, que mientras los nobles le protegían de tal manera y se honraban firmando versos en su elogio, Cervantes, más independiente y altivo, apenas lograba que el *Duque de Béjar* consintiera ver su nombre en la dedicatoria de la primera parte del Quijote.

Reputa a Cervantes como un genio eminentemente gráfico, diciendo que el único artista Español que puede comparársele, según Armas, es el pintor **Diego Velázquez**, pues «*Cervantes pintaba con la pluma y Velázquez escribía con el pincel*», ya que sus retratos son biografías; pero [acota el comentarista] si Cervantes hubiera podido describir bien todos los cuadros de Velázquez, éste no hubiera podido pintar, en cambio, todo el Quijote. Al cabo, los dos habían bebido con provecho en la misma fuente, porque los dos buscaron sus originales en España. La biografía de **Justo de Lara** tiene muy otro sentido que la de **Varona**; en la de éste predomina la mirada del **pensador**; en la de aquél, la del **artista**, y eso que no se puede negar cuánto de artista hay en el afortunado disertante de la inolvidable conferencia del Nuevo Liceo.

Muy fecundo vamos viendo el 1905 para nuestra producción en

torno a Cervantes. Es el año en que el *Diario de la Marina* hizo la primera edición Cubana del Quijote y en que la **Universidad de La Habana** conmemoró tan importante data con la serie de cuatro conferencias (presidido cada acto en que fueron leídas por el Honorable Señor Presidente de la República, don **Tomás Estrada Palma**), y que estuvieron a cargo, además del propio **Varona**, de **Ramón Meza** y **Suárez Inclán, Guillermo Domínguez Roldán** y **Esteban Borrero Echevarría**. Dichas conferencias se reprodujeron en la *Revista de la Facultad de Letras y Ciencias* (vol. I, número 1, 1905). También aparecieron en diarios y revistas de este año artículos meritísimos, como el de don **Manuel Márquez Sterling**, en *El Mundo*: «*Mi Cuarto a Espadas sobre el Quijote*»; los de **Pedro Giralt**, en el *Diario de la Marina*, abordando aspectos diversos de la novela impar, y el de **Enrique Piñeyro**, en *El Fígaro*: «*En honor del Quijote*».

El trabajo de **Ramón Meza** lleva por título «*Don Quijote como tipo ideal*». El distinguido novelista y crítico, hace un afortunado paralelo entre *don Quijote* y *Robinson Crusoe*, de **Defoe**, para encarnar en cada uno la cultura Hispánica y la Anglosajona, respectivamente, las cuales comparten el escenario del Nuevo Mundo.

De todos estos estudios, el más profundo, el de mayores alientos, el de más garra, es el de **Esteban Borrero Echeverría**, «*Influencias sociales del Quijote*», el cual fue recogido también en un folleto, junto con otro ensayo que complementa a éste y que se llama «*Juicio sobre el Quijote*».

El folleto que los comprende, y en el que también se halla el antes aludido «*juguete literario*» «*Don Quijote, poeta*», lleva el título general: *Alrededor del 'Quijote'* (1905). En estos ensayos **Borrero** analiza las peculiaridades del hombre y del artista en Cervantes, penetra en la esencia poética del famoso libro y constata después las razones sociales que sobre ella gravitan al originarse en la inspiración de Cervantes y las que de la misma se proyectan hacia fuera. Ve claro el sapientísimo **Borrero** que los personajes creados por Cervantes no podían ser más que Españoles y que su personalidad artística la sacó de su fondo interno. El Quijote expresa, envuelve ...por ministerio del arte supremo que lo impregna, como una atmósfera melancólica de vida, del seno de la cual se desprenden sentimientos solemnemente tristes, en alianza feliz con no se sabe qué gozo dulcísimo, y que parece nacer del inefable consorcio de la razón que sabe y del corazón que siente; por todo lo cual nos penetra el espíritu de honda resignación, que impregna el libro y que se tamiza así por la inteligencia más serena del Renacimiento.

Fue **Borrero** de los que con más hondura se coló, para explicarlas, en la psicología del **caballero** y la del **escudero**, entre cuantos han tanteado este propósito entre nosotros. Así explica a Sancho como la voz llana y vulgar que hace coro a la canción del caballero; *«eco sordo con que responde la verdad desnuda, tangible, al himno de la verdad intangible y soñada que canta a toda hora el caballero, enamorado de una belleza femenina de que estaba en el Toboso prendado».*

Cuba tiene en **Borrero** el filósofo de Cervantes, como tiene en **Varona** al sociólogo, y en **Armas** el artista. Nada tan nuevo se había dicho ni se dijo después. Y los tres grandes cervantistas Cubanos coinciden en que el Quijote, no obstante su cantera inagotable de sugerencias y el sentido oculto en que tanto se escudriña, es un libro sencillo para todos, que, como dice **Borrero**, ha llevado sus emociones a todos los hogares, como la luz solar, que si ilumina la torre del alcázar, dora con el mismo rayo del techo de la humilde cabaña; y al insistir Borrero en que el Quijote tiene la misma veracidad que la luz, apunta que *«así como sentirse vivificado por ella y para amarla no ha menester nadie saber astronomía, no necesita el intelecto iniciación crítica alguna para sentir la virtualidad artística del libro inmortal».*

El año del tricentenario de la muerte del más comentado y traducido de los escritores de España, se editó en Madrid un volumen muy original, que comprende el proceso de *El Secreto de Cervantes*, descubierto, según sus afirmaciones, por el autor del hallazgo, don **Atanasio Rivero** (periodista español radicado mucho tiempo en Cuba); y que promovió gran revuelo, provocando declaraciones y artículos de notables Cervantistas, quienes estaban contestes en que Rivero había caído en la manía subrayada por **Díaz de Benjumea**, aunque más peligrosa, porque Rivero afirmaba, en síntesis, que dentro de la obra de Cervantes había otra que era preciso descubrir, descifrando la traza anagramática escondida en un verdadero replanteamiento de la propia escritura.

Una de las primeras conferencias de entonces se debió a uno de los hombres de más amplia cultura de la era republicana, a **José Antonio González Lanuza**. Su disertación versó *sobre «Rocinante»*. La publicó el *Heraldo de Cuba*, y en Madrid, la revista mensual *Cervantes* (Febrero de 1917). El gran expositor que era Lanuza, dando pruebas de una evidente familiaridad con el texto

Cervantino, fue recordando los distintos pasajes de la obra en que interviene el glorioso **Rocinante**, elevado por el fresco humorismo y hondísima intención del disertante, a la categoría de personaje, considerando que la pobre y maltrecha bestia es una de las creaciones más salientes de la literatura universal.

Lanuza nos lleva, con el manar de su verbo, a sorprender lo que él, sin decirlo, estima como **psicología de Rocinante**, cuyas cualidades morales, después de completar su prosopografía, justiprecia y alaba, desde su bondad, siempre patente para su amo y para el rucio de Sancho, hasta su lealtad, nunca desmentida, cargando para sí los contratiempos que la fortuna deparase al señor don Quijote, cuya hombría y valor jamás debían quedar en entredicho. Comedido y pacato, quieto y sufrido, tórnase triste y melancólico cuando su amo, dentro de una jaula, marcha en pleno encantamiento hacia su ignorado destino. El trabajo alcanza su más singular valor cuando la docta pluma de **Lanuza** confronta los rasgos característicos del *Caballero de la Triste Figura* con los de *Rocinante*. Es una página maestra de nuestra literatura. Rocinante tiene, como su amo, mucho de ridículo (observa **Lanuza**); pero también, como el amo, tiene mucho de noble y de estimable.

Ambos son flacos, escuálidos, sin fuerzas para la empresa que acometen; ambos están vistos por el propio protagonista y héroe epónimo (que pudiera decirse) del libro, a través del mismo cristal; porque don Quijote cree en su pujanza irresistible y en la fuerza de su brazo, como cree en la excelencia de su caballo.

Pero Rocinante, fiel trasunto de su padre espiritual, está transido, como se deduce de la aguda interpretación de **Lanuza**, de una peculiar y paradigmática resignación melancólica, que hace normativa y única su grandeza moral.

Cervantes y don Quijote parecen identificados en la misma fisonomía: aquél se miró a menudo en el *Caballero de la Triste Figura*, trasunto moral del desdichado alcabalero de Sevilla, y Cervantes... plasmó en el caballero su propio espíritu, mordido y desgarrado por la incomprensión, el desenfado, el engaño, la injusticia y la impiedad, lo mismo que el de su arrogante y esforzado héroe. La locura que enajenó a don Quijote es la misma que enajenó a Cervantes, que vivió las alucinaciones de su encantamiento espiritual e imaginó caballeros y gigantes donde sólo había malandrines y pigmeos. Pero Cervantes marchaba por la vida resignado y dispuesto, gastando de sus tesoros interiores lo que la penuria de la realidad le negaba en maravedíes, y así fueron cristalizando en sensaciones de bellezas, que forman novelas, comedias y poemas, las privaciones, las decepciones y los desamparos. El zumo agrio, convertido en mieles, y las mieles fermentadas, en licor dulce y generoso. Y de idéntico modo hizo marchar a su héroe, resignado y dispuesto, alentado siempre por el ideal multiplicador de fuerzas y de arrestos.

Tomado de **Juan J. Remos y Rubio**: «*La tradición Cervantina en Cuba*», en Ensayos literarios, Talleres Gráficos Aro, Madrid, 1957.

Jorge Mañach y Robato

Jorge Mañach y Robato (Sagua La Grande, 14 de Febrero, 1898 - San Juan, Puerto Rico, 25 de Junio, 1961.) De 1908 a 1913 residió en España. En 1920 obtuvo en la prestigiosa **Universidad de Harvard** el título de Bachelor y trabajó un año como instructor del Departamento de Lenguas Romances en dicho centro. Posteriormente viajó a Francia y matriculó Derecho en la **Universidad de París**. Es uno de los protagonistas de la histórica *Protesta de los Trece* que tuvo lugar en 1923 durante el gobierno de Alfredo Zayas.

En Cuba, Mañach se integró también al **Grupo Minorista**. Obtuvo los doctorados en Derecho Civil (1924) y en Filosofía y Letras (1928) en la **Universidad de la Habana**. Fue uno de los fundadores de la **Revista de Avance** (1927-1930) y colaboró en la revista **Social**. Fundó en 1932 el programa de radio la **Universidad del Aire**, con el propósito de difundir la cultura. Estuvo entre los fundadores del **ABC**, organización política que combatió la dictadura de Gerardo Machado, y fue director del periódico **Acción** (vocero del ABC) de 1934 a 1935. Fungió como Secretario de Instrucción Pública en 1934 durante el gobierno de Mendieta. Vivió exiliado en los Estados Unidos desde 1935 hasta 1939. Durante esta etapa, Mañach enseñó en la Facultad de Lengua y Literatura Hispánicas de la **Universidad de Columbia** en Nueva York siendo nombrado director de Estudios Hispanoamericanos en el *Instituto de las Españas* de dicho centro docente, donde perteneció al consejo de redacción de la *Revista Hispánica Moderna*. De vuelta a Cuba fue delegado a la *Asamblea Constituyente* (1940), y profesor titular de la cátedra de Historia de la Filosofía de la **Universidad de la Habana**. Fue uno de los dirigentes del **Partido del Pueblo Cubano (Ortodoxo)**. En 1957 marchó a España y regresó a Cuba en 1959. En 1960 sale de Cuba y da inicio a su último y definitivo exilio. Al morir, en Puerto Rico, era profesor de la **Universidad de Río Piedras**. Entre sus obras más importantes figuran: *La Crisis de la Alta Cultura en Cuba*, una Conferencia publicada en la Habana por la imprenta *La Universal* en 1925,

La Crisis de la Alta Cultura en Cuba
(Fragmento)

Despojémonos, para indagar el desolado tema, de toda riesgosa exaltación, de todo premioso extremismo, de toda actitud, en fin, que no sea la del más cauteloso análisis. Harto hemos divagado, con cuitas y con endechas, en torno a esos gravámenes del ideal. Parece como si ya fuese hora de que la crítica nacional, absorta ante nuestros problemas como el bonzo sobre su ombligo, hubiera aprendido a trascender las dos posiciones elementales y extremas que hasta ahora ha tomado: el narcisismo inerte y la estéril negación propia. Pangloss nos ha llevado ya mucho de la mano; y Jeremías también. Los cubanos hemos venido figurando en una u otra de dos greyes igualmente mansas: los que opinan que *aquí ya todo está perdido* y los que proclaman a nuestra tierra como el mejor de los mundos posibles. Entre estas dos posiciones puede que acertemos a encontrar — puede que estemos encontrando ya, en esta resurrección de esperanzas políticas porque atravesamos — aquella posición que nos permita mirar a nuestros problemas con una suerte de positivismo de laboratorio: con la fría prosopopeya del investigador analítico que no se entusiasma, que no se deprime, que desconoce igualmente la oratoria de los himnos y la de los responsos, que examina las cosas como son, ateniéndose a los hechos, y que al cabo — pero solo al cabo — enardece sobre ellos sus esperanzas.

Yo, personalmente, no podría, sin desmentir mi partida de bautismo, alzar una voz de mera queja. La juventud — por lo menos la juventud, que no ha gastado aún su lote de esfuerzo — tiene el derecho y el deber de confiar a todo trance. Pero de confiar desconfiando; de esperar sobre una base de convicciones claras y de robustos anhelos. Nuestro optimismo ha de ser el genuino, que se refiere siempre al futuro: el optimismo que se refiere al presente no es sino conformismo. En esta disposición de acuciosa objetividad, acerquémonos, pues, al problema de la crisis de la alta cultura en Cuba.

Fijaos que he dicho crisis, y que aludo sólo a la alta cultura. El concepto de crisis implica la idea de cambio; esto es, supone la existencia anterior y posterior de estados de cosas diferentes; denota un momento de indecisión frente al futuro en que no se sabe si el cambio ha de ser favorable o adverso. Tanto respecto del pasado como con relación al porvenir, nuestra alta cultura se encuentra actualmente en un instante crítico. ¿Cuál es esta alta cultura a que me refiero?

No es, claro está, la educación pública. Ni forma, por lo tanto, parte capital de mi propósito el hablaros del analfabetismo y de la deficiencia de la instrucción en Cuba. A esas furnias abismales, más de una vez os ha invitado a asomaros vuestro ilustre Presidente, y solo por alusión tendré yo que referirme a aquellos problemas y a estos testimonios para insinuar cómo el analfabetismo y la insuficiencia de la educación nacional son condiciones en gran parte responsables del estado de bancarrota que atraviesa entre nosotros lo que llamamos la alta cultura; es decir, el conjunto organizado de manifestaciones superiores del entendimiento.

Pero sería error ingenuo pensar que un problema equivale al otro, o que el retraso de la cultura superior sea una mera repercusión, en un plano más elevado, del estado precarísimo de la enseñanza. Cierto, los dos hechos se tocan en su origen. Una colectividad en que se descuida el interés primario de la instrucción pública, o en que esa función no goza de todo el alcance que para ella reclama la opinión, es ya, por esas mismas limitaciones, un pueblo pobre en aquellas iniciativas individuales de superación que contribuyen principalmente a determinar, a la postre, la formación de la alta cultura. Mas no existe, por eso, una relación de causalidad entre ambos fenómenos. La instrucción, la educación, responden a necesidades elementales y de orden general. En una sociedad civilizada, todos los hombres han de tener, claro está, un grado mínimo de preparación intelectual para que puedan participar de un modo activo y consciente en la organización social. La instrucción pública es, pues, una función extensa, de índole democrática. La alta cultura, por el contrario, es una gestión intensa — un conglomerado de esfuerzos individuales, especiales y tácitamente co-orientados — que crea una suerte de aristocracia. Por la instrucción los pueblos se organizan; sólo logran, empero, revelar su potencialidad espiritual mediante ese cúmulo de superiores aspiraciones y de abnegadas disciplinas que constituyen la alta cultura.

Una cultura nacional es, pues, un agregado de aportes intelectuales numerosos, orientados hacia un mismo ideal y respaldados por un estado de ánimo popular que los reconoce, aprecia y estimula. Consta, por lo mismo, de tres elementos: los esfuerzos diversos, la conciencia y orientación comunes, la opinión social. Ninguno de estos elementos — ni el principal de ellos, siquiera, que es el de los aportes individuales —, se basta por sí solo. La mera coexistencia territorial, es un país determinado, de numerosos espíritus de intelectualidad superior — hombres de ciencia, pensadores, artistas — no constituye por sí un estado de cultura nacional, como una multitud de hombres no basta para constituir una tribu o un ejército.

¿Os habéis parado a pensar por que decimos de Francia que es un pueblo culto, negándole, en cambio, esa excelencia a los Estados Unidos, por ejemplo? ¿Será porque Francia es un pueblo más instruido? No, ciertamente. Todos sabemos que el país donde la instrucción pública ha alcanzado un grado superior de organización difusiva y de general eficacia es el norteamericano, con su admirable prurito de didactismo democrático, su espíritu de emulación y de cooperación, su independencia municipal, su muchedumbre de instituciones docentes. Y sin embargo, Francia es, por unánime consenso de opinión, un pueblo mucho más culto. ¿Será, preguntamos otra vez, porque, con referencia a la población total, esta vieja nación ha dado al mundo en un período justamente determinado para la comparación, más y mejores hombres de alta cultura que los Estados Unidos? A mi juicio, este criterio meramente cuantitativo (pues, a la postre, toda cualidad se resuelve también en cantidad...) no es el que preside nuestro discernimiento. Sería harto difícil, en efecto, probar, que en el medio siglo anterior a la guerra, por ejemplo, los Estados Unidos no han hecho a la cultura universal aportes tan numerosos e importantes como aquellos de que Francia blasona; pero aunque esa inferioridad fuese indubitable, repito que su consideración no me parece haber influido sobre el concepto comparativo que nos hemos formado al estimar la cultura de ambos pueblos. No: lo que da y ha dado siempre a Francia su prestigio tradicional de pueblo culto es, con la cantidad de hombres excelsos que produce, la evidencia de que entre esos hombres existe una suerte de unión sagrada, una fe y un orgullo comunes, una coincidencia de actitudes hacia la tradición del pasado y hacia los destinos del futuro; y además, en todo el pueblo francés, en el campesino o en el obrero más humildes, un aprecio casi supersticioso de las virtudes intelectuales de la nación. La cultura francesa, más que un concepto bibliográfico, es un concepto sociológico: el tono espiritual de todo un pueblo, una realidad intangible, un ambiente.

Advertimos, pues, que la cultura se manifiesta como una unidad orgánica, no como un agregado aritmético. Muchedumbre de poetas, de inventores, de filósofos, no formarían nunca, en la estimación ajena al menos, un estado de superior cultura, a no ser que todos esos esfuerzos, aunque aislados en la apariencia, se hallen superiormente vinculados en una aspiración ideal colectiva, movidos por una preocupación fraterna. Este vértice de comunes alicientes es la conciencia nacional, con todos sus orgullos, sus anhelos, sus bríos asertivos, su dignidad patriótica. Por eso la formación de la alta cultura en los pueblos jóvenes suele estar condicionada por la aparición de un ideal de independencia y de peculiaridad, es decir, de independencia política, como Estado, y de independencia social, como nación. Una vez realizados esos dos ideales, la cultura propende a su conservación y ahínco. Así en Francia, la cultura nos parece superior, y lo es en realidad, porque la hallamos siempre puesta al servicio de una personalidad colectiva ya cuajada. En cambio, los Estados Unidos no han tenido hasta ahora sino una cultura aritmética, sin apariencia alguna de organicidad, debido a que la conciencia nacional está todavía esbozándose en ese crisol insondable de todas las escorias europeas. La región más verdaderamente culta de ese país — la Nueva Inglaterra — es precisamente la que de todas ha tenido siempre una conciencia étnica y social más definida; y aún allí vemos que la decadencia contemporánea de su prestigio intelectual coincide con la debilitación de aquella conciencia puritánica al influjo de ciertas inmigraciones que la han adulterado.

Entre nosotros también, la cultura nació con los primeros albores de la conciencia insular. No es menester (...) detenerse a señalar pormenorizadamente los viejos avatares de nuestro progreso colectivo. Pero si se intentara, a guisa de tabla de referencia, una síntesis de esa evolución desde la época primitiva de la colonia hasta ésta que hoy vivimos, parece que pudieran fijarse escuetamente cuatro extensos períodos, cuatro fases en el desenvolvimiento de nuestro esfuerzo y de nuestra conciencia nacionales. Esas fases son: la que convendría a nuestro objeto llamar pasiva, que comprende toda la primera época inerte y fideísta de la colonia, hasta 1820; la fase especulativa, caracterizada por la incipiencia de las inquietudes intelectuales y patrióticas; la fase ejecutiva, que abarca todo el período libertario iniciado en el 68; y, en fin, la fase adquisitiva, durante las dos décadas de vida republicana que nos traen a los días actuales. Pues bien: mientras, a lo largo de ese proceso histórico, la instrucción se desarrolla entre nosotros lenta y, por así decir, horizontalmente, la cultura, en cambio, fuera de toda correlación, describe una trayectoria ascendente que alcanza su nivel máximo en la época inmediatamente anterior a las guerras por la independencia. Verifiquemos esta síntesis.

El primer cuarto del siglo XIX — la fase que he llamado pasiva, dando a la palabra un sentido social e histórico — solo conoció, para la cultura, escasos esfuerzos individuales por parte de algunos espíritus deleitantes — *curiosos*, como se decía entonces — desprovistos de toda mira trascendental. El Padre Caballero, D. Francisco de Arango y Parreño, D. Ventura Pascual Ferrer, el mismo D. Tomás Romay, tan nutrido y fecundo, eran meros eruditos de sociedad colonial, hidalgos leídos, pero sin ningún anhelo riguroso de disciplina, de perfección, de aplicación práctica del saber; y lo que es más importante: sin ninguna aspiración ideal suficientemente concreta que hiciera de sus elucubraciones verdaderos aportes a un acervo de cultura. Fue necesario que se formase paulatinamente, a partir de 1820, un ideal más o menos definido, más o menos puro, de dignificación colectiva, para que se estableciera entre los altos espíritus una vinculación espiritual propicia al desenvolvimiento riguroso de las disciplinas intelectuales. El movimiento liberal reflejo de 1820, y la misma reacción política que le siguió, estimularon los ánimos a la especulación, engendrando en ellos un anhelo de personalidad, de afirmación insular, de independencia relativa, en una palabra. Poco perspicaz sería quien pensase que los prístinos orígenes de nuestra libertad no aparecen sino hasta cuando, mediado el siglo, comenzaron a urdirse las primeras intenciones separatistas. El espíritu de independencia, anterior siempre a la voluntad de independencia, data de muy antes. Aunque se revistiera de eufemismos y de actitudes no políticas, aunque se tradujese en esfuerzos y programas de mera reforma social o económica, como el educacionismo, el abolicionismo, el librecambismo y tales, la inquietud íntima tenía ya ese carácter afirmativo de la propia capacidad que es el caldo de cultivo de todas las emancipaciones. Y nótese, porque esto es lo capital desde nuestro punto de vista, que a medida que ese anhelo de afirmación insular se iba cuajando en los espíritus, la cultura adquiría más inequívocos visos de seriedad. Numéricamente, aumentaban sus cultivadores. Cualitativamente, la especulación intelectual se hacía más rigurosa, más intensa, más pugnaz: el diletantismo cedía al profesionalismo ideológico; el concepto de la disciplina se establecía prestigiosamente; germinaba el espíritu crítico evidenciado en el debate y en la polémica; cundía la noble pugna de los métodos y los conceptos; reñidas eran las oposiciones universitarias; la prensa exigua se animaba, en su elementalidad, de preocupaciones trascendentales. Un prurito de emulación, de honradez, de sinceridad en las cosas del saber; una preocupación más honda por el sentido y el alcance de las ideas; un ansia de extranjeras novedades; una actitud de análisis hacia los problemas; un desdén de lo fútil y lo improvisado; un afán de aplicar prácticamente los principios a las instituciones; una vaga ansia de albedrío y substancialidad local, en fin, caracterizaban ya las especulaciones de aquellos cultos del 36, modelos para nuestros simuladores de hoy. En lo hondo, la aspiración era una, no importa qué diversas sus manifestaciones. El ideal de Patria, aunque todavía sin connotaciones políticas muy perfiladas, animaba aquellas voluntades. Cuando se hablaba de la tierra, empezaba a decirse *la Isla*, en vez de *el País*. Y aunque la enseñanza era todavía, a mediados del siglo, notoriamente inadecuada; aunque ni por la cantidad ni por la calidad de su producción intelectual pudiera decirse de los Varela, Luz y Caballero, Saco y Del Monte que fuesen representantes de un apogeo deslumbrador, ¿quién negará que fue aquella la época en que nuestra cultura ha sido más rigurosamente tal, debido, en cierta medida, a la comunidad de ideales que la integraba?

Respecto de aquella fase especulativa de nuestra evolución intelectual, la época de hoy es, con toda su aparente superioridad, una época de merma y de crisis. Al período especulativo de Saco y de Heredia — porque también los poetas especulan a su modo — a aquella época que engendró el espíritu de nacionalidad y, por éste, la incipiencia de una cultura verdadera, sucedió una era de resoluciones, la época que he llamado ejecutiva, porque ya, en efecto, no se trataba tanto de ventilar como de realizar. El 68 marcó el ascenso de la voluntad sobre la curiosidad. A su manera indirecta, y a las veces pacata, la cultura había ido formando el brío sedicioso que ahora iba a cuajar en libertaria violencia. El dinamismo de la acción nació, como suele, del aparente estatismo de las ideas — estatismo de redoma — en que las reacciones se producen recónditamente, bajo la densa calma exterior del precipitado.

Pero se dijera que es sino de las culturas el retardarse a sí mismas por la virtud de sus propios efectos. La cultura, en un pueblo sometido, engendra la acción, y la acción siempre sumerge temporalmente la meditación. Así, las guerras libertarias, consecuencia en cierto modo intelectual, ahogaron la intelectualidad. Aunque la acción libertadora no fuese entre nosotros ni tan intensa ni tan unánime que enlistase en un servicio todos los espíritus superiores, antes bien se desarrolló como al margen de las disciplinas ciudadanas, estas disciplinas, sin embargo, perdieron la unidad y la tonicidad interiores que habían tenido antes de la Revolución. Toda, o casi toda, la cubanidad fervorosa se trocó en esfuerzo para la manigua. En las ciudades quedaron, abogando por el integrismo y sus matices, espíritus de indudable vigor; en el silencio de las bibliotecas y de los gabinetes, continuaron sus devociones algunos cruzados de las letras y de las ciencias; pero la unanimidad espiritual, la comunión de ahíncos, el fervor de idealidades remotas, se diluyeron en la atmósfera cargada de inquietudes y disidencias. La guerra de independencia, pues, al destruir la unidad espiritual de la cultura, desterró de entre nosotros la contemplación, nodriza perenne del saber, y nos conquistó la dignidad política a cambio del estancamiento intelectual.

El ideal libertario lo absorbía todo. Una vez realizado, quedó nuestra sociedad estremecida del gozo de su conquista y harto fatigada también del espasmo para cortejar nuevos ideales, porque todos los delirios de amor cobran su tributo de cansancio. Agotados de momento todos los bríos, se perdía la disposición al nuevo esfuerzo. Gastados todos los impulsos del espíritu colectivo en una concentración militante, la hora del triunfo marcó también un momento de penuria espiritual que todavía estamos viviendo. Nuestra Cuba se abandonó a una gozosa lasitud, a una como disposición apoteósica, franca a todas las voluptuosidades, reacia a todos los rigores y alucinada de líricos optimismos, como el mozo que entra en posesión, sin trabas al fin, de su cabal hacienda. ¿Ha de extrañarse, pues, que las primeras décadas de nuestra vida republicana hayan sido nada más que un epinicio confuso y estéril, un desbandamiento de mílites orondos, con algo de vandalismo hacia la cosa pública y mucho de caudillaje y de indisciplina? La Historia no improvisa halagos ni ofrenda regalías. Lo que da, lo cobra. Toda conquista culminante pide su sacrificio previo y exige sus réditos de desengaño. Una revolución política que triunfa trae consigo, fatalmente al parecer, un período sucesivo de apatía, de indigencia ideológica y de privanza de los apetitos sobre el ideal. Abocados al panorama ubérrimo de juvenil albedrío, creyeron los cubanos de la pasada generación que podían seguir viviendo en usufructo de los viejos ideales triunfadores y que el progreso se nos daría por añadidura. Hubo un descenso general en el tono anémico de nuestro pueblo. No se comprendió la necesidad urgente de buscar un contenido trascendental para la patria meramente política que acababa de ganarse. Creyéndolo totalmente utilizado, se desechó el espíritu colectivo, y el individuo se afirmó reclamando sus derechos en la conquista de todos. Al desinterés, siguió la codicia; a la disciplina, el desorden pugnaz; a la integridad de aspiración ideal, una diversificación infecunda; a la seriedad colectiva, el choteo erigido en rasgo típico de nuestra cubanidad.

El *choteo* fue, en efecto, uno de los elementos perniciosos que entró entonces en el vivir cubano. Con él, la irresponsabilidad individualista y el prurito adquisitivo que le dio su tono peculiar a la nueva etapa. Esos tres agentes sutiles de amoralización, se combinaron para retardar el resurgimiento de nuestra cultura.

Del regocijo que nos dio el advenimiento a una vida nueva, plácida y libre, se engendró esa primera disposición, que han dado en llamar característica de nuestra índole. Consiste el choteo — todos los sabéis — en pensar con Oscar Wilde que *la vida es algo demasiado serio para tomarla en serio*; paradoja que está muy bien cuando por seriedad se entiende ánimo grave, gesto ceñudo y falta de flexibilidad comprensiva para las flaquezas humanas. Pero si la seriedad consiste en la virtud de ponderar racionalmente las cosas, ajustando nuestra conducta a ese discernimiento cuidadoso, la máxima del ironista británico es sólo una pirueta que puede dar con los huesos en una cárcel, como le aconteció al pobre cínico de Reading Jail.

Pues bien: la falta de esta suerte de seriedad — y no el ánimo divertido y el pronto gracejo — constituye lo que en Cuba llegó a señalarse como vicio nacional. El choteo, no sólo invadió las actitudes y criterios de los individuos, sino que trascendió, por consecuencia, al orden social, intelectual y político. Época hubo entre nosotros en que el miedo de ser *choteado* — como decimos — impidió a los políticos tener alteza de miras, a los abogados rehusar pleitos infames, a los hombres casados ser fieles, a los estudiantes ser filomáticos, es decir, estudiosos, y al ciudadano en general ir a un entierro con chistera. Poco a poco, por contagio y por intimidación, la mofa llegó a formar ambiente, enrareciendo el aire moral del país.

Y a este influjo enervante, que descorazonaba todos los esfuerzos y rendía los más nobles entusiasmos, se añadió para hacer aún más estéril nuestra adolescencia republicana, la irresponsabilidad engendrada por la falta de sanciones serias y efectivas. En la improvisación enorme que fue nuestro estreno como pueblo libre, nadie pedía cuentas a nadie, porque la guerra había agotado a unos jueces y silenciado a otros; porque se habían perdido todas las pautas estimativas y porque, en último caso, todos, aptos o no, nos reconocíamos igualmente facultados por la victoria para el aprovechamiento de sus múltiples posibilidades. Así como en la política se entronizaron hábitos de incautación, de inconsulta insuficiencia y de favoritismo, convirtiendo la cosa pública en tesoro de todos y revistiendo al gobernante de una sonreída inmunidad, así también se desvalorizaron todas las demás funciones: fue catedrático quien quiso, periodista quien lo osó, intelectual el primer advenedizo capaz de perpetrar un libro, de pulsar una lira clarinesca o allanar una Academia.

El esfuerzo serio hacia la cultura fue, al través de estos tiempos orondos y libertinos, una actividad recóndita de algunos — muy pocos — espíritus aislados. Pero ¿podrá decirse que su labor fue indicio de verdadera cultura — en el sentido parcial de integración que antes le hallamos al concepto — cuando el mismo tímido aislamiento de aquellos trabajadores y la discontinua parvedad de su producción intelectual hacían de ellos verdaderas excepciones?

La gestión educativa de la democracia, la instrucción pública, claro es que iba extendiendo entre tanto su dominio. Mal que bien, gracias al brío inicial que supieron infundir a nuestros administradores públicos los gobernantes de la Ocupación, y a la inercia con que se sostuvieron esos ajenos impulsos, íbanse abriendo escuelas y adoctrinando maestros, con lo que se le dieron las primeras embestidas al denso analfabetismo reinante en la República. Al cabo de diez años de esta labor, el nivel de educación general había subido al punto de suscitar no pocos optimismos que nos inducían a blasonar de ser ya un pueblo culto. Pero ni ésta era más que una pretensión insubstanciable, ni podía ella, en todo caso, justificar la confusión de la enseñanza con la verdadera cultura. Se había ganado en difusión, más no en intensidad ni en nobleza de luces. En agricultura, como todos sabemos, se distingue cuidadosamente entre el método extensivo y el método intensivo de cultivación. Mientras aquél consiste en ir utilizando sucesiva y superficialmente los terrenos feraces de una tierra virgen, abandonándolos por otros a medida que su rendimiento deja de ser espontáneo, el método intensivo de los pueblos viejos consiste en extraer de cada terreno fatigado, mediante los estímulos o abonos artificiales del hombre, su máxima potencialidad. Pues bien: aplicando esa fraseología a la cultura — que al fin y al cabo es también, como la palabra lo indica, una forma de cultivo — podemos decir que nuestro desarrollo cultural ha sido hasta ahora extensivo y no intensivo. Se han ido cultivando superficialmente nuevas inteligencias; pero no se ha organizado la cultura intelectual en forma de que cada inteligencia dé, merced a los estímulos oportunos, su cabal rendimiento. El resultado es que hoy, a los veintitrés años de vida republicana, estamos todavía en un estado de estancamiento respecto a anteriores apogeos.

Echémosle, si no, una rápida ojeada a las condiciones actuales que justifican esa aseveración. Sin perder de vista la obvia necesidad de generalizar y de apreciar los hechos relativamente a nuestra capacidad intelectual como pueblo, veamos en qué fenómenos notorios se manifiesta la dolorosa decadencia.

Notemos, en primer lugar, la falta casi absoluta de producción intelectual desinteresada entre nosotros. Llamo yo así a aquella que en otros países se produce al margen de las actividades profesionales, no como un diletantismo o escarceo sin importancia, sino con el rigor, con el ahínco disciplinado y las serias ambiciones de una segunda profesión. (Las actividades académicas quedan, pues, descartadas de la colación presente, puesto que ellas suponen una función retribuida). E impuestos estos límites, ¿cuántos ejemplos podréis citarme entonces de hombres que (...) sepan o quieran robarle tiempo al tiempo para dedicarlo a las nobles cuanto improductivas tareas del gabinete, del laboratorio, de la biblioteca? Se dirá que la vida es muy exigente, que la apreciación es escasa, que el clima es poco propicio, que los medios materiales necesarios no existen. Todo eso es cierto en parte, y la consideración de tales disculpas tendrá su momento cuando aludamos a las causas de nuestra penuria intelectual; pero el hecho en sí es que carecemos de ese alto y denodado esfuerzo, de esa briosa y heroica vocación a las labores más altas del entendimiento. Los Varona, los Aramburo, los Ortiz, los Guerra, los Chacón y Calvo, ¿no podéis contarlos con los dedos de una sola mano?

Aparte esa falta de dedicación marginal a ciertas especiales disciplinas, advirtamos que también va desapareciendo entre nosotros el tiempo del culto enciclopédico, del hombre versado con alguna intensidad en múltiples ramas del saber. Se ha contagiado a tal punto nuestra curiosidad intelectual — ¿pero es que en realidad tenemos verdadera curiosidad intelectual? — del prurito especializante, teorizado por el pragmatismo norteamericano; ha cundido tan extensamente entre nosotros el moderno afán hacia lo utilitario y lo práctico, que ya no se cosecha aquel *curioso* de antañazo, con el cual podía discurrir el coloquio por los más apartados y sinuosos meandros del humano conocimiento. ¿Cuántos hombres de nuestro tiempo han leído de veras a Ovidio y a Goethe, o cursado añejas teologías, o abrevado siquiera de paso en los manantiales filosóficos? Antiguamente, el bisabuelo de cada uno de nosotros era o no era partidario de Krause, había leído sus clásicos y sus enciclopedistas y esperaba con fruición la última entrega de alguna rara y abstrusa obra que los morosos veleros traíanle de Europa. Hoy día, apenas si nos preocupa otra cosa que los artículos de fondo (sin fondo) y quizás alguna novelita de ambigua notoriedad.

Cierto que existen todavía raros espíritus de capa raída y hasta algún mozo barbiponiente a quienes no les son del todo extrañas aquellas curiosidades de otrora; pero aparte la exigüedad numérica de tales excepciones, no cifran ellas tampoco verdaderos esfuerzos en el sentido de una copiosa asimilación por el gusto de la sabiduría en sí. Se limitan a ser curiosidades en el sentido más frívolo, sin integralidad y sin método.

Una de las consecuencias — que es a la vez indicio — de esa desaparición del tipo enciclopédico, es la decadencia actual del coloquio. Buenos conversadores, conversadores amables por la amena fluidez, los tenemos todavía y los tendremos siempre como no degeneren las facultades de imaginación y facundia en que la raza abunda, pero *crisólogos* de la vieja hechura, aptos para la continuidad profunda en el discurso, agotadores del tema, ricos en la alusión erudita, vastos en el señorío ideológico, — de esos apenas nos quedan ya. La conversación se depaupera en el contenido como en la forma; pierde en médula lo que acaso cobre en agilidad y en audacia; no es ya exploración ponderada y grave de los asuntos, sino leve y veleidoso mariposeo. Y por consecuencia, la tertulia — aquella inefable institución de nuestros mayores — o no existe, o toma visos veniales de peña de café.

Y si es verdad que nos va faltando cada día más la superior producción liberal y el tipo de rica cultura y el conversador erudito, ¿no podremos afirmar otro tanto de la alta especulación en los órdenes menos desinteresados del saber; es decir, en aquellos que más estrechamente se relacionan con la profesión del medro cotidiano? Yo, señores, que, como os dije al principio, quiero ser y soy profundamente optimista, pero con el optimismo riguroso que se refiere al porvenir y mira sin indulgencias al presente, tampoco hallo, en estas esferas de nuestra actividad intelectual, dechados que nos rediman de la condición indecisa y precaria porque nuestra cultura atraviesa. Tenemos, es verdad, en el orden profesional y científico, hombres que llamamos con frecuencia *ilustres*. Del campo, entre nosotros amplísimo, del Derecho, podemos espigar hasta media docena de nombres muy cuajados en su eminencia — nombres de jurisconsultos sapientes — que, desde la cátedra, desde el bufete y los estrados, y a veces desde los tribunales y asambleas más prestigiosos por su función universal, han conquistado, para sí mismos y para su patria, genuina distinción. Pero también estos hombres son excepcionales; y aún a los más de ellos habría que reprocharles en justicia, el no haber contribuído a la cultura jurídica estante de su país aportes menos efímeros, recogiendo en la obra escrita el fruto de su saber y de su experiencia. Entre los demás de su dedicación, desaparece a ojos vistas el antiguo tipo del jurisconsulto profundo y erudito, cediendo el paso a la avalancha de abogados sin más disciplina que la muy positiva de las aulas universitarias, cursada a veces con una rapidez de meteoro. No sólo ha degenerado la profesión de abogado en su tono moral, sino también en su cultura. Ya no se producen abogados sabios: sólo se dan abogados *listos*.

Aunque yo no quiero aventurar juicios condenatorios en terrenos vedados a mi directa experiencia, tengo entendido que algo muy semejante, aunque no tan manifiesto ni tan general, se echa de ver en las demás profesiones. En la Medicina, donde no deja de ser significativo el hecho de que el tipo erudito, o sea el clínico, ceda terreno al tipo práctico, o sea el cirujano. En las dedicaciones llamadas técnicas, como la Arquitectura y la Ingeniería, para las cuales el título profesional ya se considera menos que innecesario, porque bastan el experto mecánico y el contratista para satisfacer la demanda corriente, de donde se va engendrando una depauperación gradual de la alta pericia, del buen gusto y de la ambición innovadora.

En otras profesiones más alejadas de las exigencias utilitarias, la falta de estímulos a la superior disciplina va enrareciendo al entusiasmo y el deseo espontáneo de sobresalir, de perfeccionarse. Así sucede en la pedagogía, donde apenas se echa de ver el émulo del viejo maestro cubano, mentor espiritual de generaciones, a la manera del Padre Varela y de Don José de la Luz. La decadencia de la cátedra, por otra parte, es un fenómeno que se ha hecho últimamente tan notorio, con la ventilación de los problemas universitarios, que casi no sería menester subrayarlo si no fuese porque a ella, más que a ninguna otra influencia aislada, se debe nuestra actual penuria de cultura.

José Lezama Lima

José Lezama Lima (1910-1976), nació en el Campamento Militar de Columbia, en la ciudad de Marianao, cerca de La Habana, donde su padre era Coronel. Lezama vivió algunos de los momentos más turbulentos de la historia de Cuba, luchando contra la dictadura de Machado. Su producción literaria incluye la novela barroca semiautobiográfica **Paradiso** (1966), la historia de un joven y su lucha con su misteriosa enfermedad, la muerte de su padre y su creciente sensualidad y sensibilidad poética. Lezama Lima también editó varias antologías de poesía Cubana y las revistas **Verbum** y **Orígenes**, presidiendo como patriarca de las letras Cubanas durante la mayor parte de sus últimos años.

Lezama pasó poco tiempo fuera de Cuba, viajando a México en 1949 y Jamaica en 1950. Sin embargo, la poesía, los ensayos y las dos novelas de Lezama extraen imágenes e ideas de una amplia gama de culturas del mundo y períodos históricos. El estilo barroco que forjó se basó igualmente en su sintaxis influenciada por **Góngora** y sus asombrosas constelaciones de imágenes inverosímiles, que a menudo se basaban en textos filosóficos y narraciones mitológicas de la antigua China y Egipto. La primera obra publicada de Lezama Lima, el largo poema "*Muerte de Narciso*", le valió la aclamación nacional a la edad de veintisiete años y estableció su estilo bien trabajado y su temática clásica.

Además de sus poemas y novelas, Lezama escribió numerosos ensayos sobre figuras de la literatura mundial como **Stéphane Mallarmé, Valéry, Góngora** y **Rimbaud**, así como sobre la estética barroca latinoamericana. En particular, los ensayos publicados como **La Expresión Americana** exponen su visión del barroco Europeo, su relación con el clásico y el barroco Americano.

Lezama Lima murió en 1976 a los 65 años y fue enterrado en el Cementerio de Colón, La Habana. Fue influyente para los escritores Cubanos de su generación y de la siguiente, como **Virgilio Piñera, Reinaldo Arenas,** y **René Marqués**, quienes plasman su vida y obra en sus escritos.

Sobre Cangrejos, Golondrinas

Cangrejos, Golondrinas forma parte de una serie de relatos de carácter fuerte, pero imponentes. Relatos elaborados por un autor que no pertenece a ningún tiempo posible porque en él los tiempos y los lugares se confunden. Este relato, escrito en 1946, habla de una Grecia clásica donde, de pronto, aparecen los barrios de una Habana de los últimos años de Batista, una Cuba sin embargo que guardaba ya una cierta nostalgia por la aristocracia y las casas señoriales, los años de la abundancia. En una de estas casas vivía un notable brujo: "En 1850, los Marqueses daban fiestas nocturnas, maldiciendo la llegada de la aurora. (...) Ahora se guardaba una colilla para ser fumada tres horas después, en el blasón de una puerta de caoba".

El contraste es importante, porque los brujos habitan lugares del pasado, solemnes, necesarios para enmarcar el relato, para darle lugar y tema: atmósfera. **Eugenio Sofonisco** es un herrero que *"sólo alcanzaba su plenitud rodeado por la serenidad incandescente del metal"*... Cuando cobraba *"le parecía que le devolvían las mismas chispas congeladas, cortadas como el pan"*. La reiteración del material del trabajo del herrero con su profesión es llevada hasta el final del relato, donde ya no podrá trabajar porque no soporta ver las chispas: *"Me gusta más ver una luciérnaga de noche que sacarles una chispa a esos hierros de día"*. La transformación del personaje es tan fatal como gradual, incluso comprensible. Pero de él no trata la historia sino de su mujer. Un día **Sofonisco** va a cobrar por su trabajo a casa de un filólogo; para él, *"cobrar en monedas era mantener la eternidad recíproca que su trabajo necesitaba"*, pero es recibido de muy mala manera por el mayordomo del deudor; entonces manda a su esposa a cobrar de nuevo, pero cuando llega ésta a la casa del filólogo, *"que se había ido a ver al meteorólogo de las Bahamas, ya que tenían mucho que hablar acerca de la influencia de la literatura birmana en el siglo II de la Era Cristiana"*, es atendida por su esposa, que está avergonzada por la actitud del mayordomo y entonces, para suplir la mala conducta y llevada por la culpa, le paga con una pierna de res.

El relato, como verá el lector, tiene muchos tiempos y voces entremezcladas... no se sabe, ni está nunca claro, hacia dónde va la narrativa.

Cangrejos, Golondrinas

Eugenio Sofonisco, dedicaba la mañana del domingo a las cobranzas del hierro trabajado. Salía de la incesancia áurea de su fragua y entraba con distraída oblicuidad en la casa de los mayores del pueblo. No se podía saber si era griego o hijo de griegos. Sólo alcanzaba su plenitud rodeado por la serenidad incandescente del metal. Guardaba un olvido que le llevaba a ser irregular en los cobros, pero irreductible. Volvía siempre silbando, pero volvía y no se olvidaba. Tenía que ir a la casa del filólogo que le había encargado un freno para el caballo joven del hijo de su querida, y aunque el ayuda de cámara le salía al paso, Sofonisco estaba convencido de que el filólogo tenía que hacer por la mano de su ayuda de cámara los pagos que engordaban los días domingos. Para él, cobrar en monedas era mantener la eternidad recíproca que su trabajo necesitaba. Mientras trabajaba el hierro, las chispas lo mantenían en el oro instantáneo, en el parpadeo estelar. Cuando recibía las monedas, le

parecía que le devolvían las mismas chispas congeladas, cortadas como el pan.

Agudo y locuaz, le gustaba aparecer como lastimero y sollozante. El domingo que fue a casa del filólogo se entró al ruedo, oblicuo como de costumbre, y al atravesar el largo patio que tenía que recorrer antes de tocar la primera puerta, vio en el centro del patio una montura con la inscripción de ilustres garabatos aljamiados. Ilustró la punta de sus dedos recorriendo la tibiedad de aquella piel y la frialdad de los garabatos en argentium de Lisboa. Apoyado en su distracción avanzaba convencido, cuando la voz del mayordomo del filólogo llenó el patio, la plaza y la villa. Insolencia, decía, venir cuando no se le llama, nos repta en el oído con la punta de sus silbidos y se pone a manosear la montura que no necesita de su voluptuosidad. Orosmes, soplillo malo. No vienes nunca y hoy que se te ocurre, mi señor el filólogo fue a desayunar a casa del tío de un meteorólogo de las Bahamas que nos visita, y no está ni tiene por qué estar. Usted viene a cobrar y no a acariciar la plata de las monturas que no son suyas. Empieza por hacer las cosas mal, y después acaricia su maldad. Un herrero con delectación morosa. Te disfrazas de distraído amante del argentium, pero en el puño se te ve el rollo de los cobros, las papeletas de la anotación cuidadosa. Te finges distraído y acaricias, pero tu punto final es cerrar el pañuelo con arena aún más sucia y con las monedas en que te recuestas y engordas. No te quiero ver más por aquí, te presentas en el instante que sólo a ti corresponde, alargas la mano y después te vas. No tienes por qué acariciar la plata de ninguna montura. La voz se calló, desaparecieron los carros de ese Ezequiel, y Sofonisco saltó de su distracción a una retirada lenta, disimulada.

El domingo siguiente se levantó con una vehemencia indetenible para volver a repetir la cobranza en casa del filólogo. Se sentía avergonzado de los gritos del mayordomo, vaciló, y le dijo a su mujer la urgencia de aquel cobro y el malestar que lo aguantaba en casa. La mujer de Sofonisco se cambió los zapatos, se alisó, mientras adoptaba la dirección de la casa del filólogo. Se le olvidó acariciar la montura antes de que su mano cayese tres veces en el aldabón.

No le salió al paso el mayordomo, sino la esposa del filólogo. Insignificante y relegada cuando su esposo estaba en casa si éste viajaba adquiría una posición rectificadora y durante la ausencia del esposo presumía de modificar y humillar al mayordomo. Le había mandado que ayudase a fregar la loza, que abandonase el plumero y sus insistentes acudidas a la más lejana insinuación a su presencia, llenada con mimosas vacilaciones. Había visto la humillación de la noble distracción de Sofonisco, anonadado por la crueldad y los chillidos del mayordomo. Y ahora quería limpiarle el camino, reconciliarse.

A la presencia del deseo de cobranza, contestó con muchas zalemas que su esposo continuaba las visitas dominicales al meteorólogo de las Bahamas, ya que tenían mucho que hablar acerca de la influencia de la literatura birmana en el siglo II de la Era Cristiana. Ella no tenía dinero en casa, pero se afanaría por hacer el pago en cualquier forma. Sorprendió una indicación lejana. Ah, sígame, le dijo. La traspasó por pasadizos hasta que llegaron como a un oasis de frío, estaban en la nevera de la casa. Le enseñó colgada una buena pierna de res. Es suya, le dijo, se la cambio por el recibo. No tengo por ahora otra manera de pagarle. Quizás el domingo siguiente el mayordomo le entregue unas cuantas monedas que le envía mi esposo el filólogo. Pero no, dijo como iluminada, prefiero pagarle yo ahora mismo. Es suya, llévesela como quiera, pero no la arrastre, requiere un buen hombro. Vaya a buscar a su esposo. Las puertas quedarán abiertas para que no se moleste. Dispense, adiós.

Al llegar a su casa el herrero descansó la pierna de la res cerca del baúl, indeciso ante la situación definitiva del nuevo monumento que se elevaba en su cámara. Tenía unos fluxes[1] que nunca usaba, esperando una solemnidad que nunca lo saludaba, los empapeló y los llevó hasta una esquina donde fueron desenvueltos en un cromatismo xántico. Izó la pierna y la situó en el respeto de una elevación que no evitase la tajada diaria al alcance de la mano, y salió a airearse, el olor penetrante de la res le había comunicado una respiración mayor que necesitaba de la frecuencia de los árboles en el aire que él iba a incorporar.

La esposa se desabrochó, esperando el regreso del herrero para hacer cama. Desnuda se acercó a la pierna de la res, la contempló, acariciándola con los ojos desde lejos. La pierna trasudó como una gota de sangre que vino a reventar contra su seno. No reventó, al golpe duro de la gota de sangre en el seno sintió deseos de oscurecer el cuarto antes de que regresase el herrero.

Sintió miedo de verse el seno y miedo de ver el esposo. El sueño, uno al lado del otro, los distanció por dos caminos que terminaban en la misma puerta de hierro con inscripciones ilegibles. Cierto que ella era analfabeta; él, había comenzado a leer en griego en su niñez; a contar los dracmas limpiando calzado en Esmirna y había hecho chispas en los trabajos de la forja colada en la villa de Jagüey Grande. Cuando dormía después que había penetrado con su cuerpo en su esposa diversificaba su sueño, ocurriéndosele que recibía un mensaje de Lagasch, alcalde de Mesopotamia, comprando todas sus cabras. Al terminar el sueño, soñaba que estaba en el principio de la noche, en el sitio donde se iniciaba la inscripción de los soplos benévolos.

Al despertar la esposa tuvo valor para contemplarse el seno. Había brotado una protuberancia carmesí que trató de ocultar, pero el tamaño posterior la llevó a hablar con Sofonisco de la nueva vergüenza aparecida en su cuerpo. Él no le dijo lo que tenía que hacer. Se sintió tan indeciso, después consideró la aparición de algo sagrado, luego respetaba más que nunca a su mujer, pero no la tocaba ya. Todos los vecinos le hablaron del negro Tomás, cuyo padre había alcanzado una edad que los abuelos del pueblo en su niñez ya lo recordaban como viejo. Había curado viruelas, andaba con largo cayado de rama de naranjo, cuando se tornaban negras, abrazándose con blancas. Allí fue y el negro le habló con sílaba

---

[1] **Fluxes** son substancias basadas en bórax y haluros, usadas para facilitar las soldaduras de metales.

lenta, de imprescindible recuerdo: me alegra el herrero y me voy a entretener en devolverle a su esposa como un metal. Hay que hacer primero túnel y después salida. Yo tengo el aceite del túnel, no preveo la salida que Dios tiene que ayudar. Hay un aceite de nueces de Ipuare, en el Brasil, que es caliente y abre brecha e inicia el recorrido. Con esa dinamita aceitada su pelota desaparecerá, no desaparecer, va hacia dentro buscando una salida. Se lo pone una semana, dejando caer la gota de aceite hirviendo a la misma altura donde cayó la gota de sangre. Después, vuelva. Algo tiene que ocurrir. Ya no se espera que algo ocurra. Antes, cuando tocaban la puerta, se sentía que podía ser Dios. Ahora se piensa que sea un cobrador y no se abre. Mientras se aplica el aceite hirviendo, tiene que tocarla su esposo todos los días. Ya tiene túnel, ahora espere salida.

Se sentía penetrada, la penetración estaba en tan mínima dosis en su recorrido que no sentía dolor. El topo seguido de la comadreja, el oso hormiguero seguido de una larga cadena la recorrían. Buscaban una salida, mientras sentía que la protuberancia carmesí se iba replegando en el pozo de su cuerpo. Un día encontró la salida: por una carie se precipitó la protuberancia. Desde entonces empezó a temblar, tomar agua -orinar- tomar agua, se convirtió en el terrible ejercicio de sus noches. Estaba convencida que había sanado ¿acaso no había visto ella misma a la protuberancia caer en el suelo y desaparecer como una nube

que nunca se pudo ver? Tuvo que ir de nuevo a ver al negro Tomás. Hubo túnel y salida, le dijo, ésta la ganó usted. Yo no podía prever que una carie sería la puerta. Ahora le hace falta no el aceite que quema, sino el que rodea la mirada. Yo no podía ver a una carie como una puerta, pero conozco ese aceite de calentura natural que se va apoderando de usted como un gato convertido en nube. Vaya a ver al negro Alberto, y él, que ya no baila como diablito, le ofrecerá los colores de sus recuerdos, las combinaciones que le son necesarias para su sueño. Usted fue recorrida por animales lentos, de cabeceo milenario. Ahora salga, siga con sus pasos la lección que le va a dictar su mirada. Tiene que convertir en cuerda floja todo cuanto pise.

Fue a ver al negro Alberto. Vivía en una casa señorial de Marianao, la casa solariega de los Marqueses de Bombato había declinado lentamente hacia el solar. En 1850, los Marqueses daban fiestas nocturnas, maldiciendo la llegada de la aurora. En 1870, se había convertido en una casona gris de cobrar contribuciones. En 1876, era el estado ciudad de un solar de Marianao. Ahora se guardaba una colilla para ser fumada tres horas después, en el blasón de una puerta de caoba. La pila bautismal recibía diariamente la materia que hace abominables a las pajareras. El negro Alberto estaba sentado en una pieza que tenía la destreza de trabajo de un sillón de Voltaire con la destreza simbólica de un sillón Flaubert. Al verla se levantó para otorgarle las primeras palmatorias.[2] Ya hubo túnel, le preguntó con una solemnidad jacarandosa. Con una elasticidad madura que guardaba la enseñanza de sus gestos.

Lo hubo y la carie sirvió de puerta. Pero a pesar de que yo vi, estaba muy despierta, rebotar la bolita contra el suelo que todos los días brillantó, no me siento bien y sufro.

Alberto había sido diablito en su juventud. Cuando era adolescente bailaba desnudo, a medida que recorría los años iba aumentando su colección de túnicas. Cuando se retiró mostraba sus colecciones a los enviados por el negro Tomás con fines curativos. Transcurría diseñando los vestidos que ya no podía ponerse para ninguna fiesta, y su mujer costurera copiaba como si en eso consistiese su fidelidad. Algunos se complicaban en laberintos de hilos, sedas y cordones, que rememoraba a Nijinsky entrevisto por Jacques Emile Blanche. Otros se aventuraban en el riesgo sigiloso de dos colores contrastados con una lentitud de trirreme. Los fue entreabriendo en presencia de la esposa de Sofonisco. Las correas con campanillas que ceñían sus brazos y piernas estaban invariablemente resueltas siguiendo las vetas de oro en el fondo verde oscuro del cobre. Las más retorcidas combinaciones dejaban impávidas a la mujer del griego. Parecía que ya Alberto tocaría el final de su colección de túnicas y ni él se intranquilizaba ni la visitante mostraba la serenidad que había ido a rescatar. Por fin, mostró entre las últimas túnicas, la lila que mostraba grabada en sus espaldas una paloma. Los collares que ceñían sus brazos y sus piernas ya no eran circulares. En la boca de la paloma no se observaban ramas de trigo o aceitunas, sino muy roja, mostraba su boca en doble rojez. Alberto anotó fríamente en su memoria: blanco, lila y rojo. Como quien vuelve del sueño aparta los pañuelos que se le tienden, la esposa del herrero dijo: ya estoy en la orilla.

Fue a pagarle los servicios suntuosos del negro Alberto. Recordó lo horrible que era para ella cobrar, llevar a su casa aquella

---

[2] **Palmatoria** es un objeto en forma de platillo y provisto de asa en el borde, ideado para sostener una vela en un soporte cilíndrico hueco

enorme pieza de res. Pensó que pagar era como lanzar una maldición a un rostro que no la había provocado.

No busque, le dijo Alberto, coja el hueso de la pierna y entiérrelo. Recuérdalo, pero no lo mire. La ironía del túnel es la paloma, siempre encuentra salida. Yo creí que había que despertarla, pero su propia sangre la llevaba a poner la mano en un cuerpo blando. La paloma blanca y la lengua roja colocan su mirada en lo cotidiano de la mañana.

Sin embargo, le contestó, el negro Tomás me aconsejaba que Sofonisco me tocara y yo comprendía que él me tenía miedo. Me pasaban cosas extrañas y él huía. Me abrazaba, pero mostraba en el fondo de sus averiguaciones carnales una indiferencia, como si me hubiese convertido en una imagen desatada de la carne. Ahora me recordará con más precisión y podré caber de nuevo dentro de él sin atemorizarlo. Entonces se sacó del seno un hilo que el negro Alberto, siempre avisado, fue tirando, cuando todo el hilo estaba desconcertado por el suelo, lo cogió y lo lanzó en la saya de su mujer que seguía cosiendo, recorriendo mansamente sus diseños.

Habían pasado los años que ya mostraba el hijo de Sofonisco y el pitagórico siete se mostraba con el ritmo que golpeaba la pelota contra el suelo. Su frenesí lo llevaba a golpear tan rápidamente que parecía que en ocasiones la pelota buscaba su mano como si fuera un muro, con la confianza de ser siempre interrumpida. Otras veces, después de tropezar con el suelo la pelota se levantaba como si fuese a trazar la altura de un fantasma imposible. La madre contemplaba con una lánguida extrañeza aquel frenesí de su hijo. Crecía, se volvía roja como cuando el padre martillaba las chispas. Parecía estar ciego en el momento en que le pegaba a la pelota contra el suelo y luego casi con indiferencia no recobraba el orgullo de la mirada al ver la altura alcanzada. Al alcanzar una altura increíble para el golpe de su pequeña mano, alcanzó una altura misteriosa que ya más nunca podría rebasar. La pelota vaciló, recorrió una canal invisible y al. fin se quedó dormida en la pantalla de grueso cartón verde que cubría el bombillo. La madre del nuevo Sofonisco, se movilizó jubilosa para entregarle a su hijo la alegría del reencuentro. Como si hubiese resuelto la invención de poblar el aire de peces, fue al patio y cogió la vara que alzaba a la tendedora lo más alto posible de las manchas de la tierra. Le dio un golpe muy ligero a la pelota para ver que rodase por la pantalla.

No pudo prever la velocidad devoradora que adquiriría la pelota, muy superior a la huida de sus piernas. Le cayó en la nuca. El niño escondió la pelota para que llenase el mismo tiempo que le estaba dedicado al día siguiente. El herrero se fue a dormir, sus músculos estaban muy espesos por su ración diaria de martillazos y necesitaba del aceite flexible del sueño. El niño necesitaba esconder algo para dormirse. Ella ocupó su lugar: dormir sin despertar al que estaba a su lado. Soñó que por carecer de piernas, circulizada, se movía, pero sin poder definir ningún camino. Con una lentitud secular soñó que le iban brotando retoños, después prolongaciones, por último, piernas. Cuando iba a precisar que caminaba se encontró la entrada de un túnel. Ya ella sabía, el sueño era de fácil interpretación llevado por sus recuerdos y se sintió fatigada al sentirse la más aburrida de las aburridas.

Dejó el sueño en el momento en que entraba en el túnel, pero al despertar se llevó la mano a la nuca y allí estaba de nuevo la protuberancia carmesí. Ya está ahí, dijo, como quien recibe lo esperado.

Viene como siempre, contestó Sofonisco despertándose, a hacer su mal y lo peor es que tenemos que salir con él. Cualquiera que se quede sin el otro hasta el último momento, hasta entrar, es el que no podrá recordar.

Hay que averiguarlo, seguirlo, dijo ella, ya es la segunda vez y ahora viene a destruir como quien trabaja sobre un cuerpo relaxo que no tiene prolongaciones para atraer o rechazar. Puerta, túnel, carie, la paloma encuentra salida, todo eso está ya desinflado, Y no sé si el negro Tomás al surgir el nuevo hecho en la misma persona no se distraerá, fingirá que se pone al acoso para descansar. Yo misma he borrado la posibilidad de la sorpresa que mi cuerpo recién lavado puede ofrecer. Me veo obligada a recorrer un camino donde los deseos están cumplidos.

Sí, dijo Sofonisco, que ya no se rodeaba de un halo de chispas, pero eso sucede delante de mí y no puedo contemplar un espectáculo tan terrible sin ver las contradicciones que recibo cuando estoy dormido y siento que te acuestas a mi lado.

Entonces, dijo ella, tengo que buscar tu salud y aunque estoy ya convertida en cristal, tengo que girar para que tus ojos no se oscurezcan.

De pronto, cuando llega el cangrejo, dijo el herrero tiritando, me veo obligado a retroceder y ya no puedo tocarte. Cuando tú luchas con esas contradicciones que te han sido impuestas, me asomo y veo que lo que me transparentaba se borra, que es necesario reencontrarlo después de un paréntesis peligroso. Aunque ya tú no tengas curiosidad, me es necesario comprender una destreza, la forma que tú adquieres para caer en tu separación de mi cuerpo. Esa monotonía que tú esbozas, esa impertinencia para comprobar tus deseos revela un endurecimiento que yo disculpo, pues en los caminos que te van a imponer, requieres una gran opacidad, ya que la luz te iría reduciendo, descubriéndote en un momento en que ya tú no puedes ser conocida por nadie.

Ah, tú, silabeó la esposa, ahora es cuando surges y ya no necesitas tocarme. Cuando surge ese escorpión sobré mi cuerpo te entretienes con los esfuerzos que yo hago para quitármelo de encima. Cuando veas que ya no puedo quitármelo entonces empezará tu madurez. Al día siguiente, con la flor del aretillo sobre el seno, fue a ver al negro Tomás.

Atravesó la bahía. El negro la situó entre una esquina y un farol que se alejaba cinco metros. Precipitadamente le dejó el frasco con aceite y el negro se hizo invisible. La esposa del herrero distinguió círculos y casas. El semicírculo de la línea de la playa, el círculo de los carruseles que lanzaban chispas de fósforo y latigazos, y más arriba las casas en rosa con puertas anaranjadas y las verjas en crema de mantecado. Negros vestidos de diablito avanzaban de la playa a los carruseles y allí se disolvían. Empezaban desenrollándose acostados en el suelo, como si hubiesen sido abandonados por el oleaje. Se iban desperezando, ya están de pie y ahora lanzan gritos agudos como pájaros degollados. Después solemnizan y cuando están al lado de los carruseles las voces se han hecho duras, unidas como una coral que tiene que ser oída. Los carruseles como si mascasen el légamo de ultratumba cortan sus rostros con cuchilladas que dejan un sesgo de luna embadurnada con hollín y calabaza. La calabaza fue una fruta y ahora es una máscara y ha cambiado su ropa ante nuestro rostro como si la carne se convirtiese en hueso y por un rayo de sol nocturno el esqueleto se rellenase con almohadas nupciales. Aquellas casas que giran parecen escaparse, y golpean nuestro costado. Es lo insaciable; los diablitos avanzan hasta los carruseles y éstos lo rechazan otra vez y otra hasta la playa. Los soldados momificados soportan aquella lava. Uno saca su espada y surge una nalga por encantamiento y pega como un tambor. Un negrito de siete años, hijo de Alberto el de las túnicas, vestido de marinero veneciano, empina un papalote para conmemorar la coincidencia de la espada y la nalga. La esposa, portadora del cangrejo, acostumbrada a las chispas del herrero griego, retrocede de la esquina hasta el farol. Cuando los diablos son botados hasta la playa, ella avanza cautelosamente hasta la esquina. Cuando los diablitos llegan hasta los bordes del carrusel, ella retrocede hasta el farol. Sintió pánico y la voz le subía hasta querer romper sus tapas, pero el cangrejo que llevaba en la nuca le servía de tapón. Las grandes presiones concentradas en los coros de los negros se sintieron un poco tristes al ver que nada más podían trasladarla de la esquina hasta el farol. Y a la limitación, a la encerrona de su pánico oponían la altura de sus voces en un crecento de mareas sinfín. Después supo que un poeta checo que asistía para hacer color local, acostumbrado a los crepúsculos danzados en el Albaicín, había comenzado a tiritar y a llorar, teniendo un policía que protegerlo con su capota y llevarlo al calabozo para que durmiese sin diablos. Al día siguiente, las páginas de su cuaderno lucían como pétalos idiotas entre el petróleo y la gelatina de las tambochas, devueltas por los pescadores eruditos a las aguas muertas de la bahía.

Y más allá de los carruseles, las casas pobladas hasta reventar, con las claraboyas cerradas para evitar que la luz subdivida a los cuerpos. Bailándole a las esquinas, a los santos, al fango tirado contra cualquier pared, en cada casa apretada se repite la caminata de la playa hasta el carrusel. De pronto, un cuerpo envuelto en un trapo anaranjado es lanzado más allá de las puertas. Los soldados enloquecidos lanzan tiros como cohetes. Pero las casas cerradas, llenas hasta reventar, desdeñan el fuego artificial. "Aquí te encontré y aquí te maté". Y la cuchillada... Ah... La esposa del herrero siente que le clavan la cabeza y retrocede hasta el farol. Pasan por encima de ella, como en un asalto, todo el botín de la fiesta. Recibe una claridad, la mañana comienza a acariciarla. Empieza a sentir, a recuperar y sorprende que el frasco de aceite del Brasil hierve queriendo reventar. Cree que aún separa a los grupos, pide permiso y nadie la rodea. La lancha que la devuelve como única tripulante, le permite un sueño duro que galopa en el petróleo. Sale de la lancha con pasos raudos, como si la fuese a tripular de nuevo. Cuando llega a su casa percibe a su esposo y a su hijo respetuoso de las costumbres de siempre. Y lleva el aceite hirviendo hasta su nuca. Ya encontró camino, le dice de nuevo el negro Tomás cuando lo visita, y saldrá más allá del túnel. Por la mañana lanza de nuevo la protuberancia carmesí. Ahora ha saltado por el túnel de la cuenca del ojo izquierdo. Pero la zozobra que la continua es insoportable. El esposo alejado de ella, en una soledad duplicada, se lleva de continuo el índice a los labios. Y aunque está solo y muy lejos de ella, repite ese gesto, que la vecinería a su vez comenta y repite. Y el hijo, más huraño, antes de entrar en el sueño, se obstaculiza a sí mismo en tal forma que la pelota rueda como si fuese agua muerta o una cucharada despreciada cuyo vuelo es seguido con indiferencia.

¿Qué les pasa a ustedes?, dice despúes de la sobremesa, lanzándole la pelota a su hijo que la deja correr, importándole nada su desenvolvimiento.

Estás en vacaciones, ahora se dirige al esposo, para ver si tiene mejor suerte, no quieres hacer nada y las monturas de hierro van formando por toda la casa una negrura que será imposible limpiar cuando nos mudemos.

Nos mudaremos, le contesta casi por añadidura, y los hierros se quedarán, ya con ellos no se puede hacer ni una sola chispa. Me gusta más ver una luciérnaga de noche que arrancarles una chispa a esos hierros de día.

Ahora, le decía días más tarde el negro Tomás, no puedo predecir el combate de la golondrina y la paloma. Ni en qué forma le hablarán. Sé que la golondrina no puede penetrar en la casa y conozco la sombra de la paloma. Sin embargo, una golondrina se obstinará en penetrarla y la paloma le hará daño. Siempre que pelean la golondrina y la paloma se hace sombra mala.

Buscaba la huida de su casa. Con un paquete a su lado, por si tenía que permanecer en los parques a la noche, mostraba aún sobre su seno la flor del aretillo. En varias ocasiones la flor rodaba, queriendo escapársele, pero su indiferencia aun podía extender la mano y recuperarla. Su atención fue indicando los carros de golondrinas que borraban las nubes. No era su intención, hasta donde su mirada podía extenderse, poner la mano en el cuello de ninguna de ellas. El verso de Pitágoras, domésticas *hirundines ne habeto*[3] que aconseja no llevar las golondrinas a la casa, existía para ella. Observaba sus perfectas escuadras, sus inclinaciones incesantes y geométricas. Apenas pudo hacer un vertiginoso movimiento con la mano derecha para ahuyentar a una golondrina que se apartaba de la bandada y había partido como una flecha marcada a hundirse en su rostro. Rechazada, volvió un instante a la estación de partida como para no perder la elasticidad que la lanzaba de nuevo, como el rayo se hace visible mientras la nube retrocede. Aterrorizada asió a la golondrina por el cuello y comenzó a apretarla. Cuando sintió la frialdad de las plumas, asqueada abrió las manos para que se escapase. Entontada, el ave ya no tenía fuerza para alejarse y la rondaba a una distancia bobalicona. Le hacía señas y gritos a la golondrina para que huyese, pero ella insistía, idiotizada como en las caricias de un borracho. Tuvo que huir volviendo el rostro para asegurar que el ave ya no tenía fuer-

---

[3] Del Latín: golondrinas gorjeantes

za para perseguirla. A la otra mañana, como sucede siempre en la vergüenza de la conciencia, repasó aquel sitio donde se había manifestado el conjuro. Al lado del paquete, la golondrina lucía con sofocada torpeza la última frialdad. Pudo oír los comentarios de las esquinas que le indicaban que la golondrina había hecho esfuerzos contrahechos para acercarse al paquete. Esa misma noche soñó, mientras el herrero y su hijo guardaban de ella una distancia regida por la prudencia: la golondrina era de cartón mojado; el rocío había traspasado los papeles del paquete y algodonado los cordeles que lo custodiaban. Dentro, un niño gelatinoso, deshuesado en una herrería que manipulaba con martillos de agua, ofrecía su ombligo con una protuberancia carmesí para que abrevase el pico de caoba de la golondrina.

Después de tanto guerrear había ido volviendo a sus paseos del crepúsculo. Tuvo deleite de atar dos recuerdos, entremezclándolos y separándole después sus pinzas, irónicas. Creían que la habían dejado serena, no la huían, pero ya a su lado nada se le ponía en marcha para su destino. Creía recordar las cosas que pasaban a su lado con una dureza de arañazo. Alejaba tanto el rostro que se le acercaba o la mano que se le tendía que los gozaba como una estampa borrosa. Podía reducir el cielo al tamaño de una túnica y la paloma que le echaba la sombra a la otra inmovilizada con su lengua de rojez contrastada en la túnica lila. Gozaba de una sombra que le enviaba la paloma que no se acerca nunca tanto como la golondrina cuando está marcada. La luz la iba precisando cuando ya el herrero y su hijo no sentían el paseo del cangrejo por su nuca o por el seno que había impulsado con levedad acompasada la flor del aretillo. El cangrejo sentía que le habían quitado aquel cuerpo que él mordía duro y que creía suyo. Le habían quitado aquel cuerpo que él necesitaba para lo propio suyo, semejante al enconado refinamiento de las alfombras cuando reclaman nuestros pies.

Gastón Baquero

Gastón Baquero fue uno de los poetas Cubanos más destacados del siglo XX. Nació el 4 de Mayo de 1914 en Banes, Oriente. Graduado de Ingeniero Agrónomo, se licenció en Ciencias Naturales, pero abandonó la profesión para dedicarse por entero a la literatura. Por años se dedicó al periodismo, siendo jefe de redacción del **Diario de la Marina**. Fundó la revista **Clavileño** y colaboró en **Verbum**, **Espuela de Plata** y otras publicaciones. En Cuba mantuvo una estrecha relación con el grupo intelectual **Orígenes** dirigido por **José Lezama Lima**. En 1959, amenazado personalmente por Ernesto (Ché) Guevara, se exilió en España, donde vivió precariamente hasta su muerte. En 1988 fue candidato al **Premio Príncipe de Asturias de las Letras** y en 1992 fue finalista **al Premio Nacional de Literatura en el área de Poesía**, por su obra *Poemas invisibles*. En Cuba su nombre fue borrado de la lista de autores nacionales y se prohibió por largos años la publicación o mención de sus obras. En 1994 por primera vez desde 1959, se ofreció en la Universidad de la Habana una conferencia sobre su obra poética. Baquero falleció en Madrid el 15 de Mayo de 1997, a los 81 años, pocos días después que se le concedió un importante homenaje organizado por **Radio Nacional de España (RNE)** donde trabajó durante décadas. Baquero escribió en una ocasión...

> «... No hay comparación posible entre Martí y la realidad Cubana actual. Da pena que alguien se atreva a equiparar la personalidad de Martí o a poner a Martí como precursor de todo esto: de las colas, del hambre, de la dictadura...»

Su obra tiene numerosas referencias culturales y está enraizada en la herencia del modernismo. Su poesía, parcialmente recogida en 1984, **Magias e Invenciones** y reunida en 1995 junto a buena parte de su ensayística, comprende **Poemas** (1942), **Saúl ante la Espada** (1942), **Poemas escritos en España** (1960), **Memorial de un Testigo** (1966) y **Poemas Invisibles** (1991). Entre sus misceláneas de crítica figuran **Ensayos** (1948), **Escritores Hispanoamericanos de Hoy** (1961) y Darío, Cernuda y **Otros Temas Poéticos** (1969). En 2008 se publicó una biografía rigurosa de Gastón Baquero titulada "**Destellos y Desdén**," editada por *Advicium*.

Monólogo con don Quijote

"Yo pertenezco al régimen eterno." Unamuno

Ya estás, mi pobre don Quijote –escribías, Miguel de Unamuno, en el capítulo XXIX de tu Vida de don Quijote y Sancho–, hecho regocijo y períndola[4] de barberos, curas, bachilleres, duques y desocupados de toda laya. Empieza tu pasión, y la más amarga, la pasión por la burla». Decías esto, en aquella tu autobiografía que fingiste como no tuya, sino de don Quijote y Sancho, viendo que por siempre hay gentes dispuestas a poner cruz y escarnio en el alma del hombre. Aquel Quijano, más tuvo que de Cervantes, muchísimo más, puesto que le rescataste para su quijotismo lo que su autor concediera a los fariseos, se encontraba ahora en punto de su mayor trabajo: que es el que se sostiene con los que vienen simulando alumnidad[5] y simpatía, y tienen su estampa muy recosida de postizos e injertos.

Porque el hombre de una sola pieza, como el río, o la muerte, apunta siempre al pleno corazón de quien le rodea, mirándole como símil suyo, teniéndole por su noble igual: hijo, y amigo, y hermano.

Locura es, locura tuya, muy tuya, que da pavor a quien la contempla, porque no quiere ver, porque le duele en conciencia de hombre, dar asentimiento al horror de bastedad, de ignorancia, de bachillería, que habita corazones y corazones, largamente, por doquier sin otra pasión que la de provocar pasión vergonzosa y farisaica en el hombre de honda pasión central, de la desligada de pasioncilla y remiendo. Pasión de eternidad, teológica y humana pasión.

Burla, como sabes, es no sólo el reír abierto, ni el sotorreír[6]. Burlar a un hombre es tergiversarle el alma a fuerza de ignorar su verdad. Cuando los duques hacen jolgorio del buen Quijano, no está la burla en que se rían o permanezcan serios, la burla está en que sin saber cuál es el alma briosa del Caballero, lo rebajan a su mezquino sentir; y creyéndole espejo de aquel su espíritu enteco, ríen lo que ignoran.

---
[4] **Períndola** es simplemente un adorno.
[5] **Alumnidad** es lo que la escuela enseña
[6] **Sotoreir** quiere decir "*cotorrear.*"

La ignorancia jactanciosa es la madre de la burla. Y si alguien, conociendo la intimidad de otro alguno, hace burla de éste, ya no es burlón sino impío. Los duques, ¡vaya nobleza!, son tan sólo ignorantes: buenos y totales ignorantes: de los que por ser tales, rendidamente, ignoran hasta que ignoran lo que ignoran. Don Quijote les sube mil codos en nobleza porque les toma en serio. No les hace caminos ni estancias de pasión. Ellos no serán crucificados, no pueden serlo, porque les faltan caminos de amor en el corazón; porque les falta tragedia. Pero tú, don Quijote, don Miguel de Cervantes, don Miguel de Unamuno, estallabas de ti mismo en ti. Eras –¿por qué del tiempo pasado?– eres, digo, toda la España, agria y viril, conflictiva, y tenaz y heroica. A uno y otro lado de ti como hay uno y otro ventrículo en el corazón, viene y reviene el alto mareaje de lo histórico. Los tiempos saltan por encima de la sangre, sedientos de hombres.

Un fiero dolor, un enhiesto brazo de héroe, navega insensata, heroicamente, de Castilla a las rías, de Castilla hacia el mar. Y junto a ello, tú. Tú, en ello, al modo del bravo, Escorial, y de la dulce Granada. Sin que se sepa cómo, Sancho duda de ti. Van los aires ensordecidos de odio y desesperación. Mira cómo revientan de pronto los viejos dolores de España. El cura, el bachiller, el barbero, el duque lanzan a la cabeza de Sancho –que tú habías visto quijotizada ha tiempo– su más odioso venablo. La pobre tierra hispana se descalabra por los miembros de Sancho. Por toda Castilla, cobrando aire levantino, mediterráneo, se desahoga una sombra. De una vez, y el rencor, la injusticia, la ciega corriente de grandeza y miseria que es tu España –hija y madre tuya– estalla. Con nombres diversos; con rótulos que esperan sustituir el viejo encuentro de la España bifronte: se dicen ismos de lenguas extrañas, se suponen doctrinas ajenas a la tierra española, pero tú sabes, lo sabemos todos, que esta sangre vertida no es sino la teatralización en muchedumbre de aquel capítulo LXIV que pone Cervantes en la parte segunda de su libro. Porque no hay sino dos doctrinas, que son una sola: la de don Quijote, con su sombra negra, rebelde arcángel de anti-Dios asesina de sí. No hay más que don Quijote y Sansón Carrasco. En medio de ellos, junto a don Quijote, Sancho.

Recuerda, Miguel de Unamuno, que fuiste tú quien comprendiera cómo habíase efectuado una recíproca vitalización entre el caballero noble y el labrador. Veías que a la par que don Quijote quijotizaba a Sancho, Sancho sanchificaba a don Quijote. Hay un momento del sol manchego, en un lugar cualquiera de la vasta

Castilla, en que de las dos sombras, caballeras que avanzan destino español al trotecillo de sus jamelgos, no se ve sino una sola. Sombra de amor y conjugación, de síntesis, que siendo un pavés de la España, llega, como en el capítulo LXI, a las playas de Barcelona y gana el mar.

¿Recuerdas el Buque Encantado que don Quijote viera allá en las quietas aguas del Ebro? ¿Sabes qué playas y puertos son estos que tiene ante sí ahora aquí en Barcelona y qué barco era aquel durmiente del río? Un puerto es una choza del mar, es el sitio en que éste penetra y descansa un poco sus fatigas tocando tierras firmes con sus temblorosas aguas. Un puerto es el puente entre una tierra cualquiera y la mar océana. Mira cómo llega hasta aquí una poca de agua azulosa, espumeante, que habla un eco de voz lanzada en distante costa. Son las aguas, anchas, pero unidas, las que separan ante Dios a los hombres. Pero mira, don Quijote, don Miguel de Unamuno, mira, que está aquí un barco. Y un barco es un libro que anda; un mundo que va al encuentro de otro; un ideal que quiere conmover y contagiar de su locura a los cuerdos, despertar a los que, estando vivos, duermen semipodridos entre los muertos.

Ya está don Quijote en el mar, que es decir como que está en todas partes. Pero hoy, en un hoy que es un negro torrente de exigencia y denuedo, don Quijote está perplejo y entristecido en su grave dolor de Castilla.

Nada, nada de nuevos nombres para las viejas heridas. Tiene tu patria en ti el vivo espejo de su Destino y no es cosa de que se conturben más los entendimientos por la mixtificación y arropamiento de lo que anda y debe andar desnudo. España, la tierra-hombre, la más humana de las tierras porque es la que mejor representa el extraño e indefinible corazón del ser humano, es, como se te hizo claro a ti, gran señora y fregona, rapaz y manisuelta, noble y bastarda. Y todo, a un tiempo; todo a un golpe de sangre. La plaza de toros ofrece a la vez que el valor de imponer destreza a la bestia, la vergüenza de colocar al hombre en condición de asesino.

Hay pedazos del territorio en que puede reconocerse todavía la huella de cuando el Ángel Tal moraba en ello. Otros son resecos, polvorientos, horros de verdor y frescura como el corazón despiadado del comerciante infeliz que sólo aspira al duro y respira números. Justo es, pues, que en el subterráneo de esta espléndida y áspera vivienda de hombres luzcan un Quijote y un Bachiller. Justo es que nazcan aquí, por una parte, Santa Teresa y San Juan, glorias y supremo gusto de lo humano, y, por otra parte, bandidos, avaros y crueles hombres. La tierra de Alvar González y del Cid, de Velázquez, hijo de la luz, y de los turdetanos[7], es demasiado humana, suma en sí demasiados elementos hominales (que tú dirías), para que no tenga, porque humano es que así sea, como todo lo viviente, un andar que va, quiéralo o no, sépalo o ignórelo, rumbo a don Quijote, camino de un mejor destino –de una luz definida, camino de Dios–. Como todo lo humano, o, si lo prefieres, como todo lo hombre.

España ha de entrar, a rastras o muerta, por aquella ley de cambio que tu veías como lo único incambiable. ¿Quién se queda? ¿No has sido tú quién más y mejor ha dicho que todo queda porque pasa todo? Que pase, que pase todo, Quijote del estar y del quedar, Miguel del pasar, Unamuno del irse. Que pase, sobre todos y todas, la historia brutal, mezquina, pequeña, para que no pasemos nosotros, para que no seas tú un gramatical tiempo pasado, sino un duro y vivo tiempo presente. Para que yo no lo sea nunca, como he de serlo, cuando estos años míos que son ahora mínimos de contar sean mañana horrible fardo y venga tras este fardo, cabalgando en él, el supremo pasar para quedarse que es la Muerte... Quiero poner y pongo aquí esos puntos suspensivos, que son los puntos que lo suspenden a uno en el punto en que se le queda suspenso el corazón, porque he de continuar pensándote los pensamientos de este conversar contigo, que bien sé yo no es sino un breve recuerdo de lo mucho que has dialogado conmigo en las letras tuyas. Quiero seguir, porque aún me acuden cosas que mi voluntad repudia y mi gusto desprecia, pero que han de ser dichas para poder decir luego lo que más me mueve a hablarte hoy como si tuvieras ocasión de oírme vivamente la palabra o de leer esto con tus ojos. Porque no se me acomodan los ánimos con esa anécdota que cuentan de que te quedaste muerto en Salamanca. Hay aquí algo secreto que no entienden las gentes ni yo entiendo tampoco, pero que tú sí sabes ahora mejor que nadie. A ese punto de las cosas apunto. Y, como tú decías, ¡Dios dirá!

Estos tiempos de la España –prosigo, que proseguir es seguir en pos de y eso es prueba de que vivo– se perderán mañana en el Tiempo. Pero hay un alma de lo hispano, un raigón de ese cúmulo de vidas, que ha de sobresalir renaciendo de entre los muertos,

---

[7] Los **turdetanos** fueron un pueblo prerromano que habitaba en la Turdetania, región que abarcaba el valle del Guadalquivir desde el Algarve en Portugal hasta Sierra Morena, esto es Andalucía. Eran enemigos de los Lusitanos

eternamente, para confundirse, para fundirse de una vez –si Dios lo quiere, y Dios quiera que Dios lo quiera– con la sombra vagarosa de don Quijote. Llegará un día en que todo el dolor fructificará en sonrisa. O si es que la sonrisa definitiva es un amargo gesto de espanto ante la nada, llegará el día en que los hombres dispondremos de tiempo –no tiempo histórico, sino tiempo tiempo– para espantarnos como nos sea pedido, para tener la sonrisa final, la definitiva sonrisa del espanto.

Acaso lo que imponen credos de humanidad, de amor, es no añadir una palabra más sobre la tragedia de tu pueblo. Hay siempre la presencia del riesgo espantable, del riesgo que es ahondar más, aun cuando no sea sino un centímetro más, la llaga que es el odio en cada corazón. Mas, Miguel de Unamuno, no eres tú cosa distinta de España. Y cuando se va en busca de un hombre es inevitable y acaso imprescindible ojear primero ese arnés de historia que es nacer en el pueblo tal y en hora precisa. Nadie podrá nunca escribir una historia de tu patria sin intercalar en ella la biografía tuya. Y digo biografía y no historia tuya, porque los hombres no tenemos historia, sino biografía tan sólo. Historia tienen las cosas; los hombres, biografía. Eso sí, la Historia, que tiene ella en sí biografía y no historia (porque hay biografía de la historia pero no historia de la historia), nos impone historia a nosotros –nos historia o historiza– y esto es su biografía, su vivir, que a fuerza de biográfico se hace histórico, como nos pasa, ¡y tan nos pasa!, a nosotros. ¿No será en último término que la Historia no es sino la biografía pública y nada más? Pero lo que decía o quería decir por esta vez es que no veo como posible el mirar a España quitándote de en medio de ella o mirarte a ti prescindiendo de España. No se puede hablar de ti si no es a la luz entera de tu España. Sobre todo, ahora que por ser tú tan Miguel de Unamuno, la tragedia secular de España se ha preocupado especialmente de ti. Los del bando aquel –¡y qué dolor esto de que haya bandos, pero los hay!– dicen que tú eres de los suyos; los de éste afirman lo propio. Estás, otra vez, dentro del mecanismo histórico y por mor de él, dentro de dos bocanadas de aire desigual, entre dos senderos, en un conflicto. Yo sé que tú no eras derechista o izquierdista, o no eras, a lo menos, lo que generalmente se entiende por una u otra cosa, que es, para los derechistas, no ser más que derechistas y, para los izquierdistas, no ser más que izquierdistas. Si hemos de hablar de esto –y para no soslayar un hecho que tanta sangre lleva dentro de sí, hemos de hablar algo–, yo diría que tú eras izquierdo-derechista y derecho-izquierdista.

Pienso que cuando Dios hace política se les aparece como Gran Derechista a los izquierdistas, a fin de que moviéndoles a pugna y persecución de enemigo salgan a buscarle y le encuentren: a fin de que dejen de ser nada más que izquierdistas.

Y a la recíproca, o a la inversa, con los derechistas hace: asómase a la conciencia de esto como Gran Izquierdista, y les promueve encono y furor hasta que se le lanzan en pos. Tócanse de este modo en su corazón y ganan por dimensión de vida mayor un ser que es algo más del que hasta entonces fueran. Porque a los que Dios teme es a esa mezcla del nada con el más que da por suma la nulidad, el no avanzar. Así Unamuno, así fuiste tú del modo éste que era no ponerse al brazo una insignia, que representa la marca de fábrica o amo que se tiene, sino el de Socratizar o Unamunizar a unos y a otros. Tu política era ir contra la política que sume a los hombres en un nada más que derechistas o izquierdistas. Querías para España un mañana que fuera un definitivo mañana: hecho con la hechura única del todo español; pedías España eterna, eternización de la momentaneidad hispana, para que en este aguaje de ser permanente permanecieras tú, eternamente.

Eras —¿vamos a decirlo ya?— un poeta. Poeta eras, en el sentido hondo y real (guiñemos los ojos a esta palabreja) que la palabra tiene y que va entramando, como metáfora que lleva en sí el menester de designar a un tipo de hombre capaz para deshistoriar, o sea, para pasar por encima de la Historia, de lo formal y dado hecho, construyendo un mundo ideal, una realidad que no le es dada, sino que él da. Pero esto no importa nada al ciego hecho de una guerra. La guerra es la ocasión suprema en que la Historia se hace sentir como señora de los hombres, porque la tal Historia es el constante foetazo del Tiempo y del Espacio sobre el espíritu humano. Y como guerra quiere decir muerte, y muerte es esto que termina o acaba aquí y ahora, dentro de unos minutos, cuando esta bomba estalle o cuando aquel enemigo acierte, viene la razón furiosa de estar vivo, de realizar vida viva, inmediata, continuada y velozmente: hay que amar la mujer que no se había amado, engendrar el hijo que no se había engendrado, comer lo que no se había comido, pecar de una vez, ¡por última vez!, los últimos pecados. En la guerra, digo, la Historia se hace péndulo de reloj, tiempo contado para el hombre. Que nadie venga, pues, a decir, bajo el terror de muertes y muertes, bajo la avalancha del odio irracional, cosas de un tiempo futuro. ¿Tiene futuro el hombre que está en una trinchera? Deshistoriar, libertarse de la Historia, es el supremo signo de cultura. Pero la guerra es exactamente lo contrario de la cultura, y no porque en las operaciones de ella sean destruidos el monumento este o la ciudad aquella, sino porque la guerra atosiga dehistoria al hombre, lo embrutece al reducirle al momento en que vive, a la angustia del tiempo presente y fatal.

Pero hay aquí unos hechos –o lo que las gentes llaman así– en los que vienen a apoyarse unos y otros beligerantes para ponerte de su parte.

Tanto se ha distraído de ti con esta tremenda tergiversación que se te hace póstumamente de la vida, que quien como yo viaja por los mares tuyos desde hace ya más de un lustro, se ha visto obligado a invertir horas y andanzas largas en revisar cuanto le ha sido dable obtener en relación con esto que denominan tu experiencia histórica. Españoles, americanos, holandeses, franceses, ¡etcétera!, han escrito sendas justificaciones de sus prejuicios. Sales de unas como un prisionero de determinado bando y de otras sales como un traidor a viejos ideales. Y es a esto a lo que llamo burla y a lo que me refería cuando puse las primeras letras que llenan estas páginas, tomándolas de tu propia voz. Burla es, Miguel de Unamuno, porque quieren, unos y otros, que des como saldo de acción, como resumen de vida, el ser de un hombre estereotipado en un ismo cualquiera. Burla es, porque no hay incomprensión mayor de ti, porque no hay otra negación más fuerte de tu vida, que está de ponerte en el mismo renglón de los que no son más que nada más que. Y quien crea que puede encasillarte porque en el día tal dijeras esto o lo otro sobre determinada cosa o secta, bien poco o nada sabe de ti. Sólo los tontos afirman de cuajo. Pero los tontos lo son porque no dudan, porque no escogen, sino que aceptan. Y tú, don Miguel, decías y contradecías, dudabas, porque tenías siempre los caminos de la mente pobladísimos de estancias en que descansar o agitarte. Sé que mucha de esta historicidad manca en que se te quiere encarcelar prodúcese por cariño, por terror que sienten algunos de que vayas a caer entre los que ellos consideran como enemigos del género humano. Pero por encima de la bandería, y aun del amor que se te tenga, si es preciso, hay que poner los pedazos de verdad que son tu vida. Quisiera olvidar por un instante mis propios prejuicios para preguntarte, ¿de quién eras tú, Miguel de Unamuno, en esta trágica hora en que se nos obliga a ser de alguien y no de nosotros mismos? Sé, por lo pronto, que eras el primer español de España, el más español de los españoles. Pero además –y es esta además la palabra más importante– ¿qué eras tú? Y hablo aquí sólo de un ser político, ¿quién eras, realmente, es decir, fantástica realmente? ¿Puede ser cierto esto de que tu palabra impuso alguna vez sentido parcial, disociador en el alma de España? No y mil veces no. Creo, si se quiere, si en ello se empeñan los que toman empeños tan tontos como estos, en un desconcierto. Creo en una fugaz y turbada apreciación anticipada de hechos recientes. Creo en cualquier cosa que se me diga, menos en que tú, tú, has sido alguna vez anti-hombre, anti-España, enemigo de la tradición española, de la tradición humana y universal. Toda tu vida estuvo al servicio de la tradición: de la honda y verdadera, de la única posible tradición bajo los cielos, que es el hecho angustiador y grandioso de la presencia del hombre.

Dije alguna vez que eras un hombre sin partido, y mentía al decirlo. Porque tenías filiación a un serio partido, al más riguroso y serio que es posible codificar y sostener por los hombres. No eras fascista –o como lo escribías, fajista–, ni comunista eras: tu ismo consiste paradójicamente en no ser ista alguno, puesto que para las gentes esta terminación quiere decir que el bautizado con ella es enemigo de todos los que tengan un ista distinto detrás de su nombre; quiere decir en definitiva, sin circunloquios, que el ista, sea cual sea, es un enemigo del hombre puesto que aborrece a determinados hombres. Pero tu partido era, llana, españolamente dicho, el partido de los hombres: tú eras hombrista, que es lo mayor que el hombre puede ser en la tierra. Por todos nosotros, por todo el género humano, libraste la gran batalla. La batalla que se pierde sin humo pero con niebla, sin estallidos pero con muertes. El día en que viniste al mundo, una guerra civil asordaba los contornos de tu tierra bilbaína.

Y quedaste muerto, o lo que decimos así –o lo que sea– otro día en que tu gran patria española, y con ella el mundo, sufrían el dolor de ver que lo que hasta entonces había sido guerra civil se hacía en aquellos instantes, y en tu tierra de Salamanca, guerra internacional. Entre estas dos monstruosidades del odio, entre dos guerras, incorporaste un ser español de incansable batallar; diste vida a un español de recia sangre, de concluyente fisiología, que hubo de encontrarse con la más crecida conciencia de nuestro tiempo navegando por su sangre.

Y conciencia es tragedia: ¡qué gran hazaña trágica, consciente, fue tu vida! Luchabas contra lo que nadie lucha, contra lo que todos aceptan como natural, y cambian por una lucha mezquina en que se persigue tan sólo cambiar los nombres de quienes mandan en el país. Y el país puede ser el que se llama así en política, o país del arte, de la religión, etcétera. Fuiste revolucionario de entraña, de corazón y dolor humanísimo, por el advenimiento de un régimen que no tiene nada que ver con afanes mercantiles ni odiosos, sino con Dios, la muerte y el cielo. Con la primera y última realidad de nuestra vida. Y ahora, como decimos, estás muerto... La gran lección que nos dejas, maestro de Salamanca, maestro de los hombres, es la de enfrentarnos abiertamente con la muerte como única salvación ante su invencible presencia. Hay que saber morirse cada minuto; hay que estar dispuestos cada segundo, cada latido del corazón, para que aquel segundo y este latido sean los últimos que vivamos. Otrora, en ocasión de cumplirse el primer aniversario de tu muerte, hube de escribir dos breves capitulillos, «El hombre del séptimo día» y «La muerte en el árbol», que fueron publicados bajo el rubro de «Unamuno en su primer año de vida» (y las buenas gentes dijeron que eso no era sino paradoja y juego de palabras, ¡menuda cosa!) y en todo lo cual hube de esforzarme en destacar que el gran símbolo de tu estancia terrestre, la magna doctrina de tu saber, fue la de haberte hecho un maestro de la vida y de la muerte. Decía entre otras cosas y después de haber explicado –o lo que fuera aquello– que el hombre del séptimo día era aquel que luchaba abiertamente con la muerte, a diferencia del hombre histórico o de los primeros seis días de la Creación, decía, digo, finalizando aquel trabajo: «Unamuno está ahora en su primer año de vida total, de experiencia sumada en más y en menos. (La tabla de multiplicar, como él hubo de demostrarnos, sólo sirve para acortarnos la vida. ¡En cambio la de restar!). Ahora está cobrándole a la muerte las cartas triunfadoras que barajara en vida. ¿Para qué si no bajó de nuevo al hontanar de Montesinos y oyó claramente la orden de los misterios, ¡paciencia y barajar!? Para esto erigió el soliloquio, continuo de su vida, frente al espejo de la muerte, ingente espejo».

«Volvía a encontrar lo que años antes había llamado la disnea cerebral, acaso la enfermedad X de Mac Kenzie, y hasta creía sentir un cosquilleo fatídico a lo largo del brazo izquierdo y entre los dedos de la mano. En otros momentos se decía: En llegando a aquel árbol me caeré muerto y después que lo había pasado una vocecita, desde el fondo del corazón, le decía: acaso estás realmente muerto. Y así llegó a casa». (Cómo se hace una novela).

Entró en su casa, la muerte por delante, no detrás. Revés de la inmortalidad, que es el sacrificio de la persona. Sombra de un árbol cualquiera, depósito de muerte, contra voz y signo pleno de la vida. Porque el maestro no se acaba, pero termina; mientras que la lección ni termina ni acaba. No termina la lección. Húndese en la superficie del séptimo día, desgajada de un árbol cualquiera. Y ese día, y ese árbol, están ante todos nosotros vueltos señales visibles de la gran claridad que lidia y derrota oscuridades. La vida no es sólo estar vivo. «Un primer año de vida para Miguel de Unamuno, sabio de lenguas y decires, pero más sabio todavía, ¡todavía!, del secreto y espejo de la muerte, espejo y secreto de la vida».

Esto decía, Miguel de Unamuno, y se me quedaba un leve rastro de inseguridad entre los dedos. No por lo de tu maestría, sino por lo de la muerte misma. ¿Quién me dice a mí que esta idea de que la muerte es una forma de la vida es cosa cierta? Distinta, muy distinta, es la experiencia diaria e histórica de ello. ¿Es que vive la muerte su estar muerta, que es su vida? O, como todos sentimos, ¿no es que la muerte muere a la vida y ésta se queda muerta, que esto es muerte? Ese de morir es el hecho que con llevarnos –o dejarnos– ante la gran duda, no deja lugar a duda ninguna. Ignorancia mía será, o insuficiencia de penetración cósmica –llamado sea como se quiera llamarlo– pero no entiendo, no, doctrina ninguna que quiera explicarme la muerte desde el punto de vista de la propia muerte. Yo estoy vivo, o lo que llamamos así, o lo que sea. Y mientras estamos vivos no podemos hacer otra cosa que sentirnos vivos y nunca muertos. Queda en pie, más que como panacea, como alivio, aquella tu enseñanza que he mentado arriba. Ya que la muerte es una brava cosa que ha de tocarnos inexorablemente, seamos nosotros inexorables con ella aprendiéndonos a morir. Esto, Miguel de Unamuno, como lo supiste tanto, no quita ni borra, sino que acrecienta el punto más fuerte de la vida, la neuralgia máxima del existir, que es la angustia. Y a lo que el hombre ha de resignarse sin resignación, a lo que ha de entregarse sin vencimiento, es a la suprema operación de mirarse vivir, de sentirse, con-sintiéndose, en la creación que hace con todo esto de lo que llamamos conciencia. Tener conciencia, con ciencia, es con saber que se siente. Y sentir que se siente es vivir, y angustiarse, y morir.

Muerto ya, Quijote del vivir, don Miguel de Unamuno, rector y señor y padre, entregas ahora íntegramente todo lo que fuera tu destino y tu hacer, tu hazaña y tu empresa. Si de todo ser humano puede decirse otro tanto, acaso sea de este ser que tú fuiste de quien haya que decirlo con mayor rigor y certidumbre. Vida más viva, ardor más sostenido y peraltado, no animó jamás la carne de un hombre. Lo que en el francés Pascal rezumaba angustia dulce y como de mansedumbre, era en ti un volcán. Porque lo más tuyo, la sangre hispana, su pathos biológico, injertáronte para siempre –que dijeras con Tucídides– en tu cuerpo mortal, aquello que no está en el Norte ni en el Sur, sino que pervade lo cardinal y vuela por cima de ello hacia lo esencial y eterno.

A este destino, vida y pensamiento tuyos, quiero acercarme ahora con especial e interesado interés. Lo quiero, porque siento como propia –recojo lo que me pertenece– la tragedia general de nuestra vida humana en lo que ahora vive. Y no hay, según yo lo veo, aporte mayor a este trastorno y turbulencia de los tiempos que la luz de una conciencia cual la tuya; que el ejemplo titánico de tus tareas excepcionales. Volver la cabeza hacia las estrellas cuando el barro nos gana ya el corazón, es nuestra gloriosa ventaja sobre las bestias. Fuiste hombre de problemas fundamentales en la edad en que el problema fundamental del hombre es el de su vida histórica, en el peor sentido de la palabra, fuiste de los que toman en sus manos el hecho tangible de su vida y hacen con él un incendio, una profusión de luces ansiosas de penetrar los cielos. Al revés de lo que hacemos los que no somos ni santos ni héroes, erguiste, Miguel de Unamuno, con todo el pecho, con toda tu luz bajo la desolación del cielo y de los astros, la caña de angustia y sentimiento del hombre –tragedia que fuiste, clamando por todo el género humano, por la salvación del hombre, eternamente–.

Descansan –o mejor, reposan– tus huesos, ya en la recia Castilla, y has de tener, como lo pedías, los ojos abiertos. Róndenme la memoria, o el sentimiento, aquellos versos de la espera desesperada:

> Logre morir con los ojos abiertos
> Guardando en ellos tus claras montañas,
> –Aire de vida me fue el de sus puertos–
> Que hacen al sol tus eternas entrañas
> Mi España de ensueño!
> [...]
> Se hagan mis ojos dos hojas de hierba
> Que tu luz beban, oh sol de mi suelo;
> Madre, tu suelo mis huellas conserva,
> Pone tu sol en mis huellas consuelo,
> Consuelo de España!

Árbol y raíz de la España, de tu España, descansa, niño de la muerte, en la cuna del suelo. Duerme, Quijote de una Mancha mayor que es toda la tierra, en tu esperanza de eternidad que es la larga espera de la resurrección. Duerme y sueña tu sueño sin muerte y espera en él: que todo espera sobre la superficie de la tierra: esperan las estrellas, y el Sol, y los astros todos esperan también. ¿A quién esperan las estrellas, clavadas sobre la faz de la noche, llenas de fidelidad y amor? ¿A quién espera el alba, día a día, en la diana de su hora, que viene plena de gozo cada vez? Duermes ahora, y en ello –sea lo que sea– esperas. Duerme tu pecho titánico y fatigado sobre el que la Historia, toda fragor y turbión, como una hostia incendiada, enfureciera más crudamente que en parte alguna sus aherrojantes designios. Queda insomne, viva, cálida, la gruesa llama de tu Voz. Como lo quisiste, el canto sucede al cantor. Como fue soñado por tu alma, una obra perdura sobre unos débiles latidos de sangre y vida. Tu voz nos llega, mayor, tan defendida heroicamente por todo el trayecto de su permanencia en la tierra, que lanzada hacia adelante afanosamente, en soledad, en pureza, en verdad, bebió las fronteras de tu pueblo y de tus gentes haciéndose grito del corazón humano. Ganaste universalidad, Miguel de Unamuno, don Quijote, no porque dejaras de ser lo que eras disolviéndolo en la esencia de lo universal, sino porque en ti, dentro del recinto que Agustín nos dona, en el hombre que eras, fijaste a tu ser verdadero las señales todas del Universo. Ahora, defensor nuestro, sacrificado por nuestra salvación, viejo héroe cristiano, hombrista, tienes, como don Quijote que eres también, el sepulcro enturbiado de fariseísmo e impiedad. ¿Qué menos pedir para ti, por agradecimiento de hombres, por veneración de hijos humildes, por justicia, que un poco de justicia para ti? Que no se te haga burla el presente de tu inmortalidad: que no se continúe sumiéndote el alma en senderos que no fueron los íntimos y reales tuyos. Que seas para todos, como lo quisiste ser y como lo fuiste, un Hombre.

Porque todo esto tiene que ser así, para que en algo lo sea, vengo, Miguel de Unamuno, a poner en letras –pobres, imprecisas, tardas letras– una débil cantidad de todo ese mundo de pasión, sentimiento y grandeza que fuera tu pensamiento en la tierra. Otros vendrán, más profundos y avisados, más cercanos a ti en la medida del haber. Pero sabes, don Quijote, amigo mío, y padre y madre mía, sabes, que no soy en las tierras tuyas un hombre de esos que llaman de fríos estudios y razonada visión. No me he acercado jamás a ti como a un bello espectáculo de hombre excepcional e impar. He querido siempre llegar hasta el corazón tuyo, hasta lo que era la fuente de tu ser, por una inexplicable atracción que sobre mí has tenido desde mi más fresca mocedad. Y con esta turbación de Historia que nos rodea y ahoga a todos, los ánimos se me desesperan por decir cosas y cosas sobre ti, para que todo mi cariño sea, entre quienes me rodean y viven, un puerto o remanso –choza del mar– en que seas brevemente huésped y maestro y paz.

Con todo este decir mío contravengo, lo sé, aquello que tú pedías de que no se hicieran prólogos o programas de las cosas que iban a hacerse o estaban hechas. Mas, tú sabes que nada es tan imposible de determinar ni más fácil de comenzar que un monólogo. En tanto que hablamos, vivimos. Pero este que me ha nacido ahora, ajeno en mucho al puro intento de mi dedicación hacia ti, y forzado ahora por la Historia, por los otros, es ya en él un primer paso de la tarea que desarrollaré luego. Porque ya veo aquí cómo la tragedia de la conciencia humana comienza en que no es posible monologar, en que nadie puede quedarse hablando consigo mismo, nada más que consigo, radicalmente. Pues cuando creemos estar hablando solos, nos estamos oyendo. Estamos ya pluralizándonos en el yo que habla y el yo que escucha, con el yo que ha echado a andar a los yos que hablan y escuchan. ¿Y este yo no tiene también un yo que también tiene otro que a su vez tiene? Mira cómo del monólogo se pasa al diálogo y es entonces el diálogo quien monologa y no nosotros. ¡Que no hay soledad suficiente es lo que nos lleva el alma a negra encrucijada! ¡Que estamos aquí abajo, en la sima, ligados a las cosas, sin soledad desnuda y pura para hablar con Dios es el trampolín de la angustia! Diálogo, diálogo eterno de una noria preñada de Historia es lo que hay. Hablando con las cosas y con nosotros mismos, desmedidamente, no oímos a Dios. Los hombres estamos condenados a diálogo perpetuo, como si dijéramos, que es el delito mayor / del hombre el haber nacido, que decía, como sabes, el español de La vida es sueño. Ya que nuestro grillete y nuestra ala es el diálogo, dialoguemos. Dialoga tú por mí, pues dialogar es vivir el sueño del diálogo, el sueño que nos vive sueño de vida, en el soñar que vive el diálogo soñando que vive lo que sueña –que es vida, y diálogo y sueño–. Diálogo es lo que hay: diálogo con ente humano, real, o con ente ideal, fantástico.

Y aquí, como termino, veo que guiñas los ojos, búho de Salamanca, por si alguien sueña creer que lo humano y lo ideal son cosas opuestas; por si alguien cree –sueña– que lo fingido en ficción de idea, en sueño de idea, no es la misma y única cosa que esto fingido como real, sueño y ficción de realidad, así llamada...

Paso –por quedar– a lo que no ha de pasar de ti: al mundo de tu vasto sufrimiento hominal, a la trágica lidia de tu pensamiento.

Es mi voluntad que ello sea algo en el viaje hacia ti, en el que será emprendido, creo y espero, cuando se trate de amar lo grande y no lo mezquino. Yo soy también –suprema lección de tu cátedra viviente– de los que esperan, llenos de angustia y de fe, las esperanzas del alba.

1937

«Monólogo con don Quijote», Revista Cubana, Publicaciones del Ministerio de Educación. Dirección de Cultura, vol. XIV, Julio-Diciembre, 1940, págs. 143-160.

"En mi casa se leía mucho. Recuerdo que había un libro que rodaba por aquí y por allá, y los muchachos lo cogíamos para divertirnos con las cosas que decía. Ese libro era Don Quijote. Así que yo leí El Quijote, digamos, en vivo. Lo leía para divertirme: mira a Sancho lo que dice. Sancho se hizo para mí un amigo personal, un juguete, un compañero, lo cual creo es el mejor destino para un libro, convertirse para los niños en un amigo"

Gastón Baquero

Luis Aguilar León

Historiador, ensayista político y profesor cubano, nacido en Manzanillo (Oriente), aunque de niño también vivió en Cárdenas y Remedios. A los once años se mudó a Santiago de Cuba y se educó en colegios jesuitas en Santiago de Cuba (**Colegio de Dolores**) y en La Habana (**Colegio de Belén**), coincidiendo en ellos con el joven Fidel Castro. Se tituló en Derecho por la **Universidad de La Habana** (1949), por la **Universidad Complutense de Madrid** (1950) y en Relaciones Internacionales (Ph.D.) por la **American University de Washington**, D.C. (1967). Tomó un curso en Ciencias Sociales en la **Universidad de Toulousse** (1953).

Enseñó Filosofía del Derecho en la Universidad de Oriente a partir de 1951, después de ganar la cátedra en brillantes oposiciones. A mediados de los cincuenta se trasladó a La Habana a ejercer su profesión de abogado y como **articulista político** (Bohemia, Prensa Libre, Carteles). Fue Director de la **Universidad del Aire** del Circuito CMQ (radio). En 1959 fundó, junto a José Ignacio Rasco, Dámaso Pasalodos y otros, el **Movimiento Demócrata Cristiano** (MDC), pronto proscrito por el nuevo gobierno revolucionario y que, en el exilio, se unió a otras organizaciones en los primeros intentos de derribar violentamente al nuevo régimen. En el exilio desde 1960, enseñó en **Columbia University**, N.Y., en 1961-62, y en Georgetown University en Washington, D.C. a partir de 1962, con un intervalo en **Cornell University** en Ithaca, N.Y. de 1969 a 1970. En 1988 inauguró la Cátedra Emilio Bacardí Moreau sobre Estudios Cubanos de la Universidad de Miami antes de volver a Georgetown University y allí jubilarse en 1992 como profesor emérito de historia, después de 30 años de docencia en ese centro. Ha sido Senior Fellow del Instituto de Estudios Cubanos y Cubano-Americanos de la Escuela de Estudios Internacionales de la **Universidad de Miami**, y por cuatro años hasta el 2002 profesor de esta.

Ha publicado prolíficamente en prensa y revistas sobre temas cubanos e internacionales (*Washington Post, Diario Las Américas*) y de 1994 a 2004 en El Nuevo Herald de Miami con una columna semanal (publicada con frecuencia en inglés en *The Miami Herald*). En su trayectoria de profesor ha dictado cursos en diversos centros, entre otros, en el «**Centre de la Amerique Latine**» en París y en **St. Antony's College** en Oxford, Inglaterra, en 1995. Ha disertado sobre estos temas en numerosas conferencias en Estados Unidos, Hispanoamérica y Europa. Políticamente ha mantenido su filiación con el **Partido Demócrata Cristiano de Cuba en el Exilio**, hoy integrado en la Organización Demócrata Cristiana de América (ODCA). Residió últimamente en Key Biscayne, Florida, donde murió el 5 de enero de 2008 a causa del mal de Altzheimer.

Por un régimen democrático para Cuba

Cuba Democracia y Vida – Suecia. Septiembre 29, 2006

No sé por qué, la imagen de Fidel Castro me trae a la mente un encuentro que tuve en la **Universidad de Georgetown** cuando, hace años, iba a hablar sobre la Revolución Cubana.

Un pequeño grupo de latinoamericanos se me acercó y con un tonillo de irónica insolencia me anunciaron que venían a oír *"lo que iba a decir de Fidel Castro un cubano contrarrevolucionario".*

"Tal vez se sorprendan" les comenté. *"Voy a iniciar mi charla afirmando que, a mi juicio,* **Fidel Castro es el líder más grande que ha dado la América Latina".**

El pasmo esfumó las sonrisas. *"Respetando caracteres y nacionalidades,"* les añadí, *"es posible afirmar que Bolívar, San Martín, Sucre y todos los "liberadores" de nuestro continente no le llegan al tobillo a Fidel."*

"Oiga", atinó a decir uno de ellos, *"tampoco hay que exagerar"*, *"Pero yo no exagero"*, le dije *"¿en definitiva que hizo* **Bolívar***? Arrastrándose hacia el exilio, enfermo y lacerado, él mismo hizo la confesión, había "arado en el mar". ¿Y* **San Martín***?, exiliarse en Francia y negarse a volver jamás a la Argentina. ¿Y los demás? Los demás fragmentaron el continente* **creando repúblicas sin ciudadanos** *y constituciones que terminaban siendo pasto para los caballos de los* **caudillos***. Y, al final, todos esos caudillos de resonantes títulos, "El Supremo", "El Benefactor", fueron más efímeros que el polvo que dispersa el viento en las desérticas faldas de los Andes."*

El grupo desplegó crecientes síntomas de indignación, pero no les di oportunidad de protesta.

"En cambio", proseguí, *"¿qué ha hecho Fidel?* **Fidel ha hecho de todo.** *Y en todo ha recibido aplauso. Y todavía está ahí en el poder. Fidel estremeció a Latinoamérica con sus guerrillas y obligó a todos los países a sacrificar tiempo, dinero y vidas, y cuarenta años más tarde presidentes y pueblos lo tratan con respeto. Desafió al norte y quiso aniquilarlo con la cohetería soviética; y cuando*

ahora lo visita, las cadenas de televisión se derriten bajo su encanto. Cerró los colegios católicos, expulsó a curas y monjas, arrestó a muchos sacerdotes, impuso el ateísmo como la única verdad; y cuando va a Roma ni un índice se alzó acusadoramente. Ha insultado múltiples veces a la Organización de Estados Americanos; y la organización clama por su presencia".

"Recuerden que Fidel lanzó **la única expedición militar que ha salido de la América Latina.** Sus tropas llegaron a **Angola** y a **Etiopía**, y si no es porque a los soviéticos les temblaron las rodillas y algunos pueblos africanos, como el de Eritrea, no entendieron su mensaje, Fidel hubiera ocupado el trono milenario de **Halie Helassie**. ¿Se puede ir más lejos partiendo de Birán, en Oriente, Cuba.?"

"Si hubiera podido aplicar sus planes, Fidel hubiera revolucionado a México barriendo la costra corrompida del **PRI** y eliminado ese jugar a ser izquierda en el exterior y ser todo derecha en el interior. Desde luego, su victoria hubiera evaporado todas las libertades "burguesas" y hubiera extendido sobre México la vieja miseria de los campesinos de Chiapas."

"Según el mismo confesó una vez, en **España**, donde es tan popular, Fidel hubiera aplastado en diez días a los separatistas vascos y catalanes; establecido una Inquisición atea y, en caso de encontrar resistencia, se hubiera proclamado Califa y llamado a sus amigos árabes para que restablecieran el orden en España."

"Tales cosas no pudo hacer porque le fallaron los pueblos. En **Colombia**, por ejemplo, donde las montañas son más altas que en Cuba, un cura siguió el ejemplo de Fidel y se alzó en armas. Seis meses más tarde cayó abaleado. En **Bolivia**, los campesinos se mostraron sordos a las llamadas del Ché. En casi todas partes sus guerrillas fueron derrotadas. Y aún el pueblo ruso se sacudió de encima el poder comunista."

"¿Y Uds. saben por qué Fidel ha llegado tan lejos?".

Los estudiantes seguían ceñudos y silenciosos.

"Porque Fidel se ha mantenido leal a sus convicciones y no altera ni una coma de ellas. Como **Calvino**, Fidel cree firmemente que los hombres están abocados hacia el mal, que el odio es más fuerte que el amor, que la envidia aplasta a los que quieren distinguirse, y que el miedo es el más calmante de todos los sentimientos humanos."

"Por eso, mientras otros líderes apelan al **sentimiento**, Fidel apela al **resentimiento**. Sus palabras sobre los pobres son siempre un pretexto para fomentar el odio hacia los que no son pobres. Él, que ni sabe ni puede eliminar la miseria, pero sí puede **hacer igualmente miserable a todo el pueblo**. Su solución no es mejorar a los que nada tienen sino quitarle todo a los que tienen algo. Así impuso en Cuba la socialización de la miseria y la igualdad del hambre. Lo cual tiende a eliminar la envidia. De ahí su negativa a hacer reformas y sus esfuerzos por mantener a los cubanos alejados de los centros turísticos para extranjeros, para que no caigan en la horrible tentación de esforzarse en mejorar sus vidas."

Así concluí y me quedé esperando por algún comentario o pregunta. Pero los tipos se miraron entre sí, hicieron gestos negativos y se fueron musitando discusiones.

Y ninguno asistió a mi clase.

La hora de la unanimidad
Prensa Libre, La Habana, 13 de mayo de 1960

La libertad de expresión, si quiere ser verdadera, tiene que desplegarse sobre todos y no ser prerrogativa ni dádiva de nadie. Tal es el caso. No se trata de defender las ideas del Diario de la Marina; se trata de defender el derecho del Diario de la Marina a expresar sus ideas. Y el derecho de miles de cubanos a leer lo que consideren digno de ser leído. Por esa plena libertad de expresión y de opción se luchó tenazmente en Cuba. Y se dijo que si se comenzaba por perseguir a un periódico por mantener una idea, se terminaría persiguiendo todas las ideas. Y se dijo que se anhelaba un régimen donde tuvieran cabida el periódico Hoy, de los comunistas, y el Diario de la Marina, de matiz conservador. A pesar de ello, el Diario de la Marina ha desaparecido como expresión de un pensamiento. Y el periódico **Hoy** queda más libre y más firme que nunca.
Evidentemente el régimen ha perdido su voluntad de equilibrio. Para los que anhelamos que cristalice en Cuba, de una vez por todas, la libertad de expresión. Para los que estamos convencidos de que en esta patria nuestra la unión y la tolerancia son esenciales para llevar adelante los más limpios y fecundos ideales, la desaparición ideológica de otro periódico tiene una triste y sombría resonancia. Porque, preséntesele como se le presente, el silenciamiento de un órgano de expresión pública, o su incondicional abanderamiento en la línea del gobierno, no implica otra cosa que el so-

juzgamiento de una tenaz postura crítica. Allí estaba la voz y allí estaba el argumento. Y como no se quiere, o no se puede, discutir el argumento, se hizo imprescindible ahogar la voz. Viejo es el método, bien conocido son sus resultados.

He aquí que va llegando a Cuba la hora de la unanimidad: la sólida e impenetrable unanimidad totalitaria. La misma consigna será repetida por todos los órganos publicitarios. No habrá voces discrepantes, ni posibilidad de crítica, ni refutaciones públicas. El control de todos los medios de expresión facilitará la labor persuasiva: el miedo se encargará del resto. Y, bajo la vociferante propaganda, quedará el silencio. El silencio de los que no pueden hablar. El silencio cómplice de los que, pudiendo, no se atrevieron a hablar.

Pero, se vocifera siempre, la patria está en peligro. Pues si lo está, vamos a defenderla haciéndola inatacable en la teoría y en la práctica. Vamos a esgrimir las armas, pero también los derechos. Vamos a comenzar por demostrarle al mundo que aquí hay un pueblo libre, libre de verdad, donde pueden convivir todas las ideas y todas las posturas. ¿O es que para defender la justicia de nuestra causa hay que hacer causa común con la injusticia de los métodos totalitarios? ¿No sería mucho más hermoso y digno ofrecer a toda la América el ejemplo de un pueblo que se apresta a defender su libertad sin menoscabar la libertad de nadie, sin ofrecer ni la sombra de un pretexto a los que aducen que aquí estamos cayendo en un gobierno de fuerza?

Lamentablemente, tal no parece ser el camino escogido. Frente a la sana multiplicidad de opiniones se prefiere la fórmula de un solo guía y consigna, y una total obediencia. Así se llega a la unanimidad totalitaria. Y entonces ni los que han callado hallarán cobijo en su silencio. Porque la unanimidad totalitaria es peor que la censura. La censura nos obliga a callar nuestra verdad; la unanimidad nos fuerza a repetir la mentira de otros. Así se nos disuelve la personalidad en un coro colectivo y monótono. Y nada hay peor que eso para quienes no tienen vocación de obedientes rebaños.

He aquí que el Profeta hable de los Cubanos
Diario Las Américas de Miami en diciembre de 1986

Desde una roca en el puerto, el Profeta contemplaba la blanca vela de la nave que a su tierra natal había de llevarlo. Una mezcla de tristeza y alegría inundaba su alma. Por nueve años sus sabias y amorosas palabras se habían derramado sobre la población. Su amor lo ataba a esa gente. Pero el deber lo llamaba a su patria. Había llegado la hora de partir. Atenuábase su melancolía pensando que sus perdurables consejos llenarían el vacío de su ausencia. Entonces un político de Elmira se le acercó y le dijo: Maestro, háblanos de los cubanos.

El profeta recogió en un puño su alba túnica y dijo:

«Los cubanos están entre vosotros, pero no son de vosotros. No intentéis conocerlos porque su alma vive en el mundo impenetrable del dualismo. Los cubanos beben de una misma copa la alegría y la amargura. Hacen música de su llanto y se ríen con su música. Los cubanos toman en serio los chistes y hace de todo lo serio un chiste. Y ellos mismos no se conocen.

Nunca subestimes a los cubanos. El brazo derecho de San Pedro es un cubano, y el mejor consejero del Diablo es también cubano. Cuba no ha dado ni un santo ni un hereje. Pero los cubanos santifican entre los heréticos, y heretizan a los santos. Su espíritu es universal e irreverente. Los cubanos creen en el Dios de los católicos, en Changó, en la charada, y en los horóscopos al mismo tiempo. Tratan a los dioses de tú y se burlan de los ritos religiosos. No creen en nadie y creen en todo. Y ni renuncian a sus ilusiones ni aprenden de sus desilusiones.

No discutáis con ellos jamás. Los cubanos nacen con sabiduría inmanente. No necesitan leer, todo lo saben. No necesitan viajar, todo lo han visto. Los cubanos son el pueblo elegido... de ellos mismos. Y se pasean entre los demás pueblos como el espíritu se pasea sobre las aguas.

Los cubanos se caracterizan individualmente por su simpatía e inteligencia, y en grupo por su gritería y apasionamiento. Cada uno de ellos lleva la chispa del genio, y los genios no se llevan bien entre sí. De ahí que reunir a los cubanos es fácil, unirlos es imposible. Un cubano es capaz de lograr todo en este mundo, menos conseguir el aplauso de otros cubanos.

No les habléis de lógica. La lógica implica razonamiento y mesura, y los cubanos son hiperbólicos y desmesurados. Si os invitan a comer, os invitan a comer no al mejor restaurante del pueblo, sino «al mejor restaurante del mundo». Cuando discuten no dicen «no estoy de acuerdo con Ud., dicen «Ud. está completa y totalmente equivocado»

Tienen una tendencia antropofágica: *«¡Se la comió!»*, es una expresión de admiración, *«comerse un cable»*, señal de situación crítica, y llamarle a alguien «comedor de excrementos» es su más usual y lacerante insulto. Tienen voluntad piromaníaca, ser «la candela» es ser cumbre. Y aman tanto la contradicción, que llaman a las mujeres hermosas «monstruos» y a los eruditos «bárbaros», y cuando acceden a un favor no dicen «*si*» o «*no*», sino que dicen «*sí, como que no*».

Los cubanos intuyen las soluciones aun antes de conocer los problemas. De ahí que para ellos «nunca hay problema». Y se sienten tan grandes que a todo el mundo le dicen «chico». Pero ellos no se achican ante nadie. Si se les lleva a visitar el estudio de un famoso pintor, se limitan a decir «*a mí no me dio por pintar*». Y, sin embargo, su hablar está matizado por los diminutivos. Piden «*un favorcito*», ofrecen «*una tacita de café*», visitan «*por un ratico*», y de los postres sólo aceptan un «*pedacito*».

Cuando visité su isla me admiraba su sabiduría colectiva. Cualquier cubano se consideraba capaz de liquidar al comunismo, enderezar a la América Latina, eliminar el hambre en África, y enseñar a los Estados Unidos a ser potencia mundial. Cuando quise predicarles mis ideas, empezaron por enseñarme como yo podía llegar a ser un buen predicador. Y se asombran de que las demás gentes no acepten cuan sencillas y evidentes son sus fórmulas. Así, viven entre Uds. Y no acaban de entender por qué ustedes todavía no hablan como ellos».

Había llegado la nave al muelle. Alrededor del Profeta se arremolinaba la multitud transida de dolor. El Profeta tornose hacia ella como queriendo hablar pero la emoción le ahogaba la voz. Hubo un largo minuto de conmovido silencio. Entonces se oyó la imprecación del timonel de la nave: «*Decídase, mi hermano, dese un sabanazo y súbase ya, que ando con el schedul retrasao*». El Profeta se volvió hacia la multitud, hizo un gesto de resignación y lentamente abordó la cubierta. Acto seguido, el timonel cubano puso proa al horizonte.

«Seguramente reconfortado con la popularidad que alcanzó este artículo, **Aguilar León** volvió dieciséis años después a la veta que le había abierto **Kahil Gibran** y el 9 de junio de 2002, en **El Nuevo Herald** de Miami, escribió de nuevo sobre el Profeta y Cuba.»

El Profeta habla del regreso a Cuba
El Nuevo Herald, Miami, 9 de junio de 2002

En cuclillas, a orillas del mar, el Profeta trazaba en la arena rasgos enigmáticos y observaba cómo las olas los borraban lentamente. Entonces un grupo de cubanos se le acercó y uno de ellos le dijo: «Maestro, háblenos de cuándo regresaremos a Cuba». Irguiendo la frente hacia el horizonte, el Profeta habló casi en susurro.

«Ustedes no están en Cuba, pero Cuba está en ustedes. Cuba es una isla cargada de dolor y de alegría. Aférrense a ese dolor, porque en él están las raíces de su pueblo; cultiven esa alegría porque ella es el carácter que salva a ese pueblo. Dondequiera que ustedes estén, el sufrimiento los hermana; donde quiera que ustedes canten, canta el indomable espíritu y la dolorosa esperanza de ese pueblo. Ustedes son una ola en el mar infinito de la patria. ¿Por qué preocuparse tanto por el *'cuándo van a volver'*, si ustedes no saben cuándo van a morir?

«Ustedes se afanan todos los días en sus menesteres, y hacen planes de futuro y no se preocupan por cuándo llegará el viento negro que borra los semblantes. Pues bien, trabajen con igual fervor por el retorno a la patria y no se preocupen por cuándo ha de llegar la hora del retorno. ¿O es que el amor tiene una cuota de tiempo y la esperanza un término fijo, y el deber un plazo limitado? Cumplid la cuota de deber de cada día y cada día mejoraréis la faz del futuro. Pero no le pidáis al futuro que os señale una fecha.

«Vivan con la ilusión del regreso, pero no crean que van a regresar a la ilusión. Las arenas del tiempo caen inexorablemente, y nadie retorna a su pasado o a su juventud. *'Generación va y generación viene, más la tierra permanece siempr*e', dice la Biblia. Hubo una Cuba antes de vosotros y habrá una Cuba después de vosotros, pero la que ustedes conocieron y amaron no la han de encontrar jamás. Ella es parte de vuestra música y parte viva de vuestro dolor, pero el recuerdo amado es como la luz de un farol rodeado de sueños que se va extinguiendo en la mente.

«Aprendan la parábola de una madre prudente a quien su hijo le dijo: *'Madre, enseña a mi esposa a hornear el pan, porque el que ella me hace nunca sabe cómo el que tú me hacías'*. Y la madre prudente le respondió: *'Ni yo ni nadie puede hornearte ese pan, hijo mío. Yo lo cocinaba para un muchacho de doce años que corría como el viento y tenía un voraz apetito. Mas tú eres ahora un hombre de cuarenta años volcado en el trabajo y los problemas. Yo puedo ofrecerte el mismo pan que siempre hago, pero no puedo devolverte la energía ni la voracidad de los doce años. Vuelve a tu esposa y aprende a disfrutar el pan de los cuarenta. El de los doce años nadie te lo puede devolver'*.

«Cuidad de vuestros hijos, y no permitáis que la ilusión del regreso se convierta en tema que os separe de ellos. Ellos marchan detrás de ustedes, pero su visión cabalga a la vanguardia de ustedes. Y el futuro de la caravana está en las manos de aquéllos que sepan mirar con ojos firmes el mañana. Muchos cubanos han ayudado y van a ayudar al regreso, aun cuando ellos mismos no lograron o no lograrán regresar. Y en ellos alentó y alienta el verdadero amor a la patria. Pues, ¿quién tiene más mérito, aquél que trabaja esperando una recompensa o aquél que se sacrifica sin esperar recompensa? ¿Quién tiene más valor, quien siembra para recoger su cosecha, o quien siembra esforzándose porque la cosecha sea fecunda y a todos aproveche?

«Trabajad cada día para que haya una amplia y generosa cosecha que abrigue a los cubanos de hoy y a los de mañana. Y si alguien os critica venenosamente, no permitáis que el odio tienda sus negras alas en vuestras almas y cubra de resentimientos el futuro. No olvidéis que aun cuando parezcan triunfantes, los malvados saben cuán ásperas se tornan las horas del odio; y odiar al tirano no justifica derramar odio en todos los rincones. Vuestro pueblo marcha hoy malherido y necesita vasto apoyo y larga generosidad; ofrézcanle toda la cuota que puedan ofrecer. Y no olvidéis que no ha bastado aprender las palabras de vuestro apóstol para crear libertad; es necesario conocer su conducta, que debió haber sido modelo de ética en vuestra historia. De ahí que sea más sabio preocuparse más del cómo que del cuándo será el regreso».

Y el Profeta reclinó su mirada y volvió a trazar rasgos en la arena y a observar cómo las olas barrían lentamente las huellas de sus trazos.

44 Años bajo la Dictadura de Castro
Libertad Digital, Madrid, Enero 17, 2003

Me comentó una vez, con la rectilínea ironía de los psiquiatras, un amigo que enseñaba en la Universidad de Columbia: "Ustedes conservan su revolución en formol". Era el año de 1964 y había otros profesores españoles que ya diagnosticaban la fosilización del régimen castrista. El dato básico era el absorbente y total poder que había adquirido rápidamente el líder de la revolución.

El peso de esa pasmosa longevidad de Castro no puede apreciarse sólo con las cifras: 44 años de poder absoluto. Es un dato que no impresiona mucho, ni provoca exclamaciones. Pero mencióneenle a un americano que cuando Fidel Castro llegó al poder el presidente de los Estados Unidos era Dwight Eisenhower, el líder de Francia era Charles de Gaulle, el de España Francisco Franco y el de la hoy desaparecida Unión Soviética Nikita Kruschev.

Castro despliega una movilidad que le permite, entre otras cosas, demostrar cuán falsa es la fe democrática de muchos líderes del continente. Tal hace cuando trepa con sus barbas a las reuniones y "cumbres" de los presidentes de la América y, con una conocida sonrisa sarcástica, firma los documentos colectivos que proclaman las glorias de la democracia y condenan la negatividad de la dictadura. Y luego algunos presidentes le rinden homenaje, y le regalan libros antiguos y le otorgan medallas al más largo dictador que ha tenido "nuestra América".

Comparar al número de víctimas de la dictadura castrista con otras crueles situaciones, como la de El Salvador en Centroamérica, suele tornarse difícil y, a veces, doloroso. El dolor no tiene medida. En una conversación sobre Cuba con profesores judíos en Georgetown, les reconocí que no era posible comparar el horrible crimen del Holocausto con lo de Cuba. Pero, a pesar de eso, el impacto de un dolor colectivo, la visión de muertes, torturas y miedo en Cuba, deben ser condenados siempre y en todas partes. Y lo que provoca más ira es que el mismo sujeto que comenzó a fusilar en la isla en 1959 sigue matando hoy dentro y fuera de las prisiones. Sin que nadie lo condene.

Claro que en cualquier conteo del daño castrista conviene añadir las bajas sufridas por los luchadores que desplegaban las banderas del Che, o los que murieron en los actos terroristas, que en esa época se llamaban "revolucionarios"; y los servidores, empleados, ministros, o generales "héroes" de la revolución, liquidados por el propio régimen. Los soldados cubanos enviados al África para regalarle destellos imperiales al dictador, que fueron enterrados en tierras desconocidas, donde jamás han de ser hallados. Y todos esos balseros anónimos, ahogados cuando llegaban al sueño que les enmarcaba el horizonte.

De ahí que sea conveniente recalcar que lo que más significa la presencia de Castro en Cuba es precisamente su presencia. Esa presencia debe ser siempre analizada. Verlo y juzgarlo vacilante y remoto significa no prestarle atención al más visible poder que existe en Cuba y creer que ya lo peor ha pasado. En Cuba no hay rebeldes; hay disidentes heroicos. No hay un campesinado que resista la sentencia de hambre que le ha impuesto el gobierno, ni obreros que apenas si encuentran trabajo bajo menudos salarios. Pero hay un miedo y una obediencia atmosféricos.

Nadie en Cuba, ni los viejitos solitarios, recuerdan otra cosa que la Cuba de hoy, la que cerró las puertas a todo cambio y condenó al exilio a buscar el futuro fuera de Cuba. Esa es la imagen que conocen los hombres y mujeres de hoy, los que viven hurgando trabajos ilícitos para sobrevivir y soñando con escapar.

Lo cual ni remotamente quiere decir que se debe abandonar la lucha contra la dictadura. Eso nunca. Pero lo que sí se puede hacer es conocer bien la realidad psicológica y económica del pueblo, sus esperanzas y sus amarguras y su voluntad. Que los estudios y proyectos sean realistas, que no se dé por descontado que Fidel Castro va a dejar detrás esta o aquella estructura. En Cuba hay muchos fidelistas y Fidel todavía inspira respeto o admiración en miles de cubanos. Y, a juzgar por Venezuela, no siempre las fuerzas armadas están dispuestas a tomar el poder.

Cuba es un trágico y complicado problema. Es preciso tratar de estudiarlo con realismo y sin retórica para encontrar soluciones y aprender lo que piensa el pueblo cubano. No lo que creemos que piensa, sino lo que piensa realmente. Y jamás dejar de examinar la actitud de los Estados Unidos. Lo único que no debe hacerse es subestimar al enemigo y sobrevalorar a los amigos.

Raúl Eduardo Chao recibió su doctorado de la Universidad Johns Hopkins y después de un breve paso por la industria estuvo 18 años en el mundo académico, como Profesor Titular y Director de los Departamentos de Ingeniería Química en las Universidades de Puerto Rico y Detroit.
En 1986 fundó una firma de consultoría enfocada a ayudar a empresas y agencias gubernamentales a desarrollar un ambiente de trabajo positivo e implementar técnicas de mejorar procesos para asegurar aumentos simultáneos en productividad y calidad. El *Grupo Systema* tuvo como clientes empresas de las catalogadas como *Fortune 100* y diversas organizaciones federales y estatales, tanto en los EE.UU. como en el extranjero. Como Presidente de Systema, Chao ha escrito más de 30 libros sobre gerencia, política, ciencias e Historia de Cuba y numerosos artículos en periódicos y revistas. Él y su esposa Olga viven en Lakeland, Florida.

www.ingramcontent.com/pod-product-compliance
Ingram Content Group UK Ltd.
Pitfield, Milton Keynes, MK11 3LW, UK
UKHW041952230426
12048UKWH00008B/296